婚姻家庭社会学

Sociology of Marriage and Family

潘允康 著

图书在版编目(CIP)数据

婚姻家庭社会学/潘允康著. —北京:北京大学出版社,2018.8
(21世纪社会学规划教材·社会学系列)
ISBN 978-7-301-29592-2

Ⅰ.①婚… Ⅱ.①潘… Ⅲ.①婚姻问题—高等学校—教材 ②家庭问题—高等学校—教材 Ⅳ.①C913.1

中国版本图书馆 CIP 数据核字(2018)第 102991 号

书　　　名	婚姻家庭社会学
	HUNYIN JIATING SHEHUIXUE
著作责任者	潘允康　著
责任编辑	武　岳
标准书号	ISBN 978-7-301-29592-2
出版发行	北京大学出版社
地　　　址	北京市海淀区成府路 205 号　100871
网　　　址	http://www.pup.cn
新浪微博	@北京大学出版社　　@未名社科-北大图书
微信公众号	北京大学出版社　北大出版社社科图书
电子邮箱	编辑部 ss@pup.cn　总编室 zpup@pup.cn
电　　　话	邮购部 010-62752015　发行部 010-62750672　编辑部 010-62753121
印刷者	河北滦县鑫华书刊印刷厂
经销者	新华书店
	730 毫米×980 毫米　16 开本　16 印张　240 千字
	2018 年 8 月第 1 版　2024 年 12 月第 6 次印刷
定　　　价	40.00 元

未经许可,不得以任何方式复制或抄袭本书之部分或全部内容。
版权所有,侵权必究
举报电话:010-62752024　电子邮箱: fd@pup.cn
图书如有印装质量问题,请与出版部联系,电话:010-62756370

自 序

20世纪70年代末,中国结束了"文化大革命",开始拨乱反正,以经济建设为中心,实行改革开放的国策,同时也为社会科学研究和社会科学院正名。1980年,中国社会科学院在全国第一次公开招考哲学社会科学研究人员,本人应考,成绩合格,被正式录取,并被推荐到天津社会科学院,开始从事社会科学专业研究工作。研究伊始,我从哲学专业转变为社会学专业。为了弥补社会学知识方面的缺陷,我参加了由中国社会科学院举办的全国第二期社会学讲习班和教育部委托南开大学举办的首届社会学专业班的学习。1981年,美国纽约市立大学社会人类学家伯顿·帕斯特奈克教授应费孝通教授的邀请来中国天津进行有关"中国女性生育、婚姻和家庭状况"的调查,我又有幸参与了这项合作研究,有机会在社会学研究的实践中直接向国外的学者学习,从此开始了婚姻家庭研究的学术生涯。以后在天津的这项由中外学者联合进行的生育、婚姻和家庭研究,由中国学者扩展到北京、上海、南京、成都等其他四个城市同时进行,称为"中国五城市家庭调查"。该课题被立项为"六五"国家哲学社会科学研究重点项目,得到了资助。我是该课题的负责人之一。

特殊的历史机遇和经历,使我在三十多年的社会学研究生涯中与婚姻家庭研究结下了不解之缘。1986年我撰写的第一本《家庭社会学》公开出版,以后我又发表过大量与婚姻家庭相关的学术论文和著作，包括论文《试论婚姻中的交换价值》《中国城市现代家庭模式》《论婚姻的社会性》等，以及著作《现代家庭生活方式》、《当代中国家庭大变动》、《家庭导论》（译著）、《社会变迁中的家庭：家庭社会学》等，其中日文版《中国家族的变迁》由日本著名的岩波书店出版。在此过程中我积累了大量的婚姻家庭研究资料，经历了多维度的理性思考，为撰写好本书奠定了坚实的基础。

本书注重婚姻家庭社会学知识的介绍，注重婚姻家庭社会学知识中蕴含的理论体系的研究与构建。内容包括对婚姻家庭社会学学科基础知识的概述、婚姻编、家庭编，强调家庭是一个历史范畴，对它的过去、现状和未来进行了回顾和展望。婚姻是家庭的重要组成部分，是家庭的基础和前提，和家庭不可分割，从某种意义上说，本书称为"婚姻家庭社会学"，而不是像以往那样概称为"家庭社会学"，是想把关于婚姻的概念更加突出出来。从本书设计的框架和内容上看，有关婚姻问题的议论和阐述也占据了很大的篇幅，占有很重要的位置，这是符合实际的。婚姻编涉及婚姻要义，婚姻的动机、准则和要件，婚姻择偶，婚姻媒介与婚姻的成立，离婚等内容。家庭编则包括家庭与社会、家庭关系与家庭结构、家庭功能、家庭伦理、家庭生活方式与管理，以及家庭发展史等。

今天，中国和世界都在发生着快速的、天翻地覆的变化，和这样的变化相适应，婚姻家庭领域出现了很多新鲜事物和问题，也有各种奇谈怪论，有些议论反映了在婚姻家庭基本理论中的混乱。因此，我以为今天更应该崇尚科学，追求真理，重申婚姻家庭的基本理论。本书将集中阐述什么是婚姻，什么是家庭，婚姻的本质在于婚姻的社会性，婚姻是私人行为和社会行为的矛盾统一，家庭是社会的细胞，家庭的关系、结构、功能、伦理等，以及到目前为止家庭还不能为其他社会组织和群体所取代等重要理论问题，以正本清源，建立起婚姻家庭社会学的科学理论体系。

本书首先是大学社会学专业以及其他相关专业的本科生、研究生的教材，以满足教学和科研需要。从社会的角度说，每个人都有自己的家庭。在"男大当婚,女大当嫁"的社会风俗和氛围中,绝大多数人到一定年龄都会结婚并拥有自己的新家庭。但很少有人认真思考过人为什么要结婚,社会为什么要有婚姻家庭制度,很多人在这两个基本问题上也许是"文盲"了一辈子。因此我以为,阅读本书及其他相关的书籍,获取婚姻家庭知识,增加婚姻家庭的理性认知,对正确地处理婚姻家庭现实问题,建设幸福和睦的家庭是必要的。理论是对事物本质的揭示和客观运行规律的阐述,对每个人都是不可缺少的,从这个意义上说,本书的读者群不仅是大学生和相关的理论工作者,还包括社会大众。

在本书出版之际,我由衷地怀念我的恩师、中国社会学界老前辈雷洁琼教授对我的关怀和教诲,她曾经为我写过的第一本《家庭社会学》作序。在她老人家仙逝七周年之际,我向她的在天之灵表示深深的祝福和谢意,没有她的鼓励和帮助,我的家庭社会学研究是坚持不到今天的。

潘允康
2018年1月

目 录

第一编 导 论

第一章 婚姻家庭社会学 ································· 3
　一、什么是婚姻家庭社会学 ························· 4
　二、婚姻家庭社会学的简要发展历程 ················· 5
　三、婚姻家庭社会学的主要视角 ····················· 14
　四、婚姻家庭社会学与其他相关的社会学专业理论 ····· 17
　五、婚姻家庭社会学研究方法 ······················· 22

第二编 婚 姻

第二章 婚姻要义 ······································· 31
　一、婚姻的定义 ··································· 31
　二、婚姻是男女结成夫妻关系的社会制度 ············· 33
　三、婚姻从表象上是私人行为,从本质上是社会行为 ····· 37

第三章 婚姻的动机、准则和要件 ························· 40
　一、婚姻动机 ····································· 40

二、婚姻准则 …………………………………………………… 41
　　三、无效婚姻与婚姻要件 ……………………………………… 43
　　四、婚龄的变化和婚龄差 ……………………………………… 49

第四章　婚姻择偶 …………………………………………………… 57
　　一、什么是婚姻择偶 …………………………………………… 57
　　二、择偶不自由和择偶自由 …………………………………… 57
　　三、婚姻择偶不自由的社会解读 ……………………………… 60
　　四、自由择偶的客观规律 ……………………………………… 64

第五章　婚姻媒介与婚姻的成立 …………………………………… 82
　　一、什么是婚姻媒介 …………………………………………… 82
　　二、什么是婚姻成立 …………………………………………… 87
　　三、"订婚"——传统的婚姻缔结方式 ……………………… 87
　　四、婚姻登记——现代婚姻成立必经的法律程序 …………… 89
　　五、婚礼——向社会宣告婚姻成立的仪式 …………………… 90

第六章　离　婚 ……………………………………………………… 96
　　一、离婚是对死亡婚姻的法律认定 …………………………… 96
　　二、现代社会离婚的主要特点和规律 ………………………… 97
　　三、产生离婚的现代社会因素 ………………………………… 101

第三编　家　庭

第七章　家庭与社会 ………………………………………………… 105
　　一、家庭的概念界说 …………………………………………… 106
　　二、家庭是社会的细胞 ………………………………………… 109
　　三、社会学视角中的家庭 ……………………………………… 111

第八章　家庭关系与家庭结构 …… 119
一、什么是家庭关系与家庭结构 …… 119
二、家庭关系 …… 120
三、家庭结构 …… 130

第九章　家庭功能 …… 162
一、什么是家庭功能 …… 162
二、家庭的各种功能 …… 164

第十章　家庭伦理 …… 192
一、什么是家庭伦理 …… 192
二、家庭伦理和社会伦理 …… 193
三、传统家庭伦理的继承与批判 …… 197

第十一章　家庭生活方式与管理 …… 201
一、什么是家庭生活方式 …… 201
二、现代家庭消费方式 …… 202
三、现代家庭生活闲暇方式 …… 206
四、现代家庭建设与管理 …… 209

第十二章　家庭的历史、现状和未来 …… 213
一、摩尔根与恩格斯关于人类家庭历史的回顾与推断 …… 214
二、当代社会大变动中的婚姻家庭 …… 230
三、人类社会家庭的未来 …… 236

主要参考文献 …… 243

第一编 导 论

第一章

婚姻家庭社会学

每个人自呱呱坠地就生活在各自的家庭之中,从咿呀学语,到蹒跚试步,唯赖父母,不能离开家庭一日。在家庭中和父母兄弟姐妹共处,接受教育和启迪,相互耳濡目染、潜移默化,逐渐长大成人、走入社会,到了一定的年龄要寻找配偶,组织自己的新家庭,生儿育女、繁衍后代,重复自己父母做过的事情,即使到了垂暮之年,也大多希望和老伴及子女相依为命,得到扶助、赡养和慰藉,以获得生活上的保障和精神上的安宁。对于家庭这样一个无处不在、极其重要的社会群体和社会组织,不加以重视和研究是不可能的。

自人类进入文明社会以来,各种社会组织和结构发生过巨大的改变,只有家庭还保持它的基本形态和内核。因为家庭的特殊结构和功能不能为其他社会组织取代,它始终处于社会的中心地位。美国著名的家庭社会学家古德先生认为:"在绝大多数部落社会,亲属关系模式是整个社会结构的主要组成部分。与此相反,在现代工业社会中,家庭只是整个社会结构的一小部分。不过,家庭在这种社会中仍处于关键地位,特别是将个人与其他社会机构如教会、国家或经济机构联系起来。假如没有这个看来是原始的社会结构所做出的贡献,现代社会就会崩溃,这是确实无疑的,尽管它有复杂而先进的技术和训练有素的科层制组织、阶级制度,包括它对教育和其他机会的限制、或高或低的社会流动率和出生时的社会地位,也是建立在家庭基础之上的。"①家庭是社会的细胞,我们要思考和研究家庭,特别要把握关于家庭的社会学知识,进行婚姻家庭社会学研究。

一、什么是婚姻家庭社会学

婚姻和家庭不可分割,婚姻是家庭的基础和前提。所谓婚姻家庭社会学,也可以简称为家庭社会学(以下同),是社会学的一门分支学科,它运用社会学的理论和方法来研究婚姻和家庭及其演化的客观规律,研究家庭和社会的诸种关系,研究家庭在社会中的地位和作用。

在人类社会的文明史上,以一夫一妻为主体格局的家庭存在了数千年,人类对家庭的思考和研究也有几千年了,然而关于家庭社会学的研究只有一百多年的历史。

家庭和每一个人息息相关,正如我国古代的《诗经》上所说的:"无父何怙,无母何恃。""父兮生我,母兮鞠我。拊我畜我,长我育我,顾我复我,出入腹我。"②人一出生就离不开家庭,离不开父母,家庭是被社会和大众关注的话题,更是社会思想家所关注的热点。美国著名的家庭社会学家古德先生在他所写的《家庭》一书中说,中国古代最伟大的思想家之一孔子就认为,如果每个人都能"循规蹈矩",做一名像样的家庭成员,幸福和繁荣就会充满人间。他还认为家庭关系和伦理是整个社会关系和伦理的基础,应当扩展到社会中来,比如说主仆之间合乎体统的关系应该和父亲与子女之间的关系一样。③ 儒家经典《礼记·大学》中提出了"修身,齐家,治国,平天下"的逻辑思想,把个人、家庭和社会紧密地联系起来。儒家把人与人之间的关系称为人伦,包括"五伦",即君臣、父子、夫妇、兄弟、朋友,"五伦"中的三伦都是家庭关系,也是家庭与社会的关系。西方国家的圣经《旧约全书》中的《出埃及记》《申命记》《传道书》《诗篇》和《箴言》中都有过关于家庭和家庭思想的描述和阐述,比如都主张人应该服从家庭。

---

① 古德:《家庭》,魏章玲译,社会科学文献出版社1986年版,第4页。
② 程俊英:《诗经译注》,上海古籍出版社2004年版,第341页。
③ 古德:《家庭》,魏章玲译,社会科学文献出版社1986年版,第2页。

古摩西律法和罗马法都有关于家庭的系统论述和规定。古罗马历史学家塔西佗的著作就描写了野蛮人的家庭。雅典人的演说、荷马的史诗也都对家庭做过描述。

人类文明家庭延续了几千年,人类对家庭的研究也有几千年的历史,但对家庭的社会学研究是从19世纪中期才开始的。1838年,孔德在他的主要著作《实证哲学教程》第4卷出版之际,提出了建立社会学独立学科的要求,社会学就此产生。以后社会学理论和方法被运用于社会研究的各个领域,也被用来研究婚姻和家庭。作为社会学的分支学科——家庭社会学也逐渐产生并发展了起来。

二、婚姻家庭社会学的简要发展历程

婚姻家庭社会学在产生的初期,主要关注人类家庭的历史,比较人类家庭的古今异同。以后随着社会学理论的逐步成熟和社会调查方法的完善与发展,人们开始更多地关注现实的家庭问题,婚姻家庭社会学在20世纪下半期蓬勃发展起来。

1. 19世纪中期社会进化论影响下的婚姻家庭社会学

早期的家庭社会学研究受达尔文的生物进化论影响较深。社会达尔文理论在19世纪的欧洲和北美十分流行,其主要的代表人物有斯宾塞、巴霍芬、梅因和摩尔根等。社会达尔文主义者的基本主张是:由于生物进化链是由一系列的阶段构成的,所以文化方面也具有同步的进程。他们试图把进化发展的思想运用于社会形态和制度中,并因此形成了关于家庭和婚姻的进化图式。他们对文明人与原始人的家庭进行对比分析,多数人认为现代人的家庭是一夫一妻制的家庭,而原始人的家庭以多偶为特征。他们讨论的话题是,人类社会最初是乱婚,还是一夫一妻?人类社会在父权之前有没有母权时期?社会达尔文主义者称,人类历史是由低级向高级不断发展的历史。恩格斯说:"家庭史的研究是从

1861年,即从巴霍芬的《母权论》的出版开始的。"①瑞士法学家巴霍芬认为,人类在更严格的两性关系前是"杂婚",他提出母权家庭在先的思想,认为历史上曾有过妇女统治社会的母系社会阶段。他对母权家庭如何转变为父权家庭做了宗教式的神秘解释,在他看来,并不是人们的现实生活条件的发展,而是这些条件在撰写的人们头脑中的宗教反映,引起男女两性相互的社会地位的历史性的变化。巴霍芬的继承人是麦克伦南,1865年麦克伦南撰写的《原始婚姻》一书问世,他也认为人类曾经历过乱婚阶段,并且认为母权家庭先于父权家庭存在,原因在于外婚制部落和内婚制部落的对立。梅因持有不同的观点,1861年他出版了《古代法》一书,认为父权制是家庭的最初形式,母系社会在历史上纯属子虚乌有,在上古社会,就是以男子在家庭中的主导地位的原则来组织的。当时的男子享有最高的权力,他掌握着妻子、子女和奴隶的生死大权,随着罗马法律制度的变化,男性权威渐趋衰落,于是人们摆脱了其父亲的控制而获得了日益增加的自由。梅因提出了家庭成员"从地位到契约"的重要思想。他认为在原始社会中,血缘关系规定了组织中的基本准则,在这种血缘关系占主导地位的社会中,群体关系和传统就决定了人们的权利和义务。后来,随着城市化运动的发展,血缘关系的纽带松弛了。这种差别最明显地表现在:古代社会的单元是家庭,而现代社会的单元则是个体。②

"摩尔根是第一个具有专门知识而尝试给人类的史前史建立一个确定的系统的人。"③摩尔根是一位美国人类学家,他和欧洲那些书斋式的进化论者不同,他曾在北美易洛魁族人和其他的美洲印第安人团体中进行实地考察,并用这些实地考察资料来证明自己的观点。他出版了《古代社会》一书,把整个人类社会进步的历史划分为三个主要阶段,即蒙昧时代、野蛮时代和文明时代,每个阶段都以人类借以获得生存的不同发明为特征。技术、政权、血缘和家庭模式以及其他制度的发展可以通过这些阶段描述出来:蒙昧时代包括渔业的发展、火的使用

---

① 《马克思恩格斯选集》第4卷,人民出版社1995年版,第6页。
② 马克·赫特尔:《变动中的家庭——跨文化的透视》,宋践、李茹等译,浙江人民出版社1988年版,第14页。
③ 《马克思恩格斯选集》第4卷,人民出版社1995年版,第18页。

和弓箭的发明;野蛮时代有了陶器烧制、动物畜养、玉蜀黍和其他植物的栽培、铁矿冶炼和使用铁器工具;文明阶段开始于语言文字的发明。他认为人类的家庭是一个历史范畴,是运动的、变化的,是从较低阶段向较高阶段发展。人类家庭曾经经历了从母系氏族过渡到父系氏族,从母权社会过渡到父权社会,从群婚时代过渡到个体婚时代,其相应的家庭形式为:"血缘家庭"和"普那路亚家庭"(群婚的两种形式)、"对偶家庭"和"一夫一妻制家庭"(个体婚的两种形式)。摩尔根在解释家庭进化和演变的原因时说:"人类进步过程中每一个重要的新纪元大概多少都与生活资源的扩大有着相应一致的关系。"[①]马克思和恩格斯对于摩尔根的研究给予了很高的评价。

马克思于1881年5月到1882年2月研读了《古代社会》,并做了十分详细的摘录,他不仅高度概括了摩尔根的主要论点和材料,而且附带阐述了自己的观点。例如,针对摩尔根所说的家庭是一个能动的要素,它从来不是静止不动的,而是随社会的发展,从较低形式进化到较高形式。他认为,政治的、法律的、宗教的、哲学的体系,一般都是如此。恩格斯在评论摩尔根的贡献时说:"……这个重新发现,对于原始历史所具有的意义,正如达尔文的进化理论对于生物学和马克思的剩余价值理论对于政治经济学的意义一样。它使摩尔根得以首次绘出家庭史的略图;这一略图,在目前已知的资料所容许的限度内,至少把典型的发展阶段大体上初步确定下来了。"[②]恩格斯又运用摩尔根《古代社会》一书提供的资料写成了不朽的著作《家庭、私有制和国家的起源》,从作为文明社会细胞的家庭,揭开了文明社会内部发展着的对立和矛盾,阐述了私有制、国家的起源和整个文明社会发展的历史,具有十分重要的意义。

19世纪中期,人们对家庭史方面研究的兴趣除去和西方国家的工业化、城市化进程有关外,也和知识上的革命有关。当时围绕着进化论的争论席卷了整个欧洲,它导致在人类的本质和地位问题上的争论,家庭制度也受到这种知识革命的冲击。另外,在西方殖民主义和帝国主义的扩张中,西方人从其他地区和民

---

① 摩尔根:《古代社会》,杨东莼、马雍、马巨译,商务印书馆1977年版,第18页。
② 《马克思恩格斯选集》第4卷,人民出版社1995年版,第14、15页。

族中了解了各种不同的文化制度和生活方式，发现人类竟然存在如此繁多的家庭制度，无论从种类上还是相互差异上都超出了人类的想象。因此人们判定原始的家庭和今天的家庭一定不是一个样，有关家庭和家庭发展史的研究也就成了热门。

关于家庭史的研究热持续了将近半个世纪，到19世纪末就冷了下来，一方面人们在研究中逐步感觉到他们援引的资料并不可靠，这些资料大多属于很少受过社会科学训练的旅行者和传教士所提供的道听途说，他们掌握的古代历史资料也缺乏可信性。从现实研究和收集资料的角度说，一些历史资料会迅速遗失，而且可能永远消失，因为那些残存的原始人正在从现代人那里不断接受新的工具和新的观念，他们的原始文化将发生质的变化而不能复原。另外，新陈代谢、生老病死的规律，人们也不能抗拒，比如在许多美国印第安人部落中，操着存在几千年语言的最后的老妪已经衰朽不堪以致神志不清，曾参加过围捕野牛的最后的长老不久就会死去，再从他们那里获取原始资料的可能性和机会越来越少了。因此，人们对家庭的研究开始从对家庭史的兴趣转为对家庭现实问题的兴趣。

2. 20世纪上半期婚姻家庭社会学面向社会现实

20世纪初，家庭社会学作为社会学的一个分支学科是和社会学其他领域研究发展同步的。家庭社会学作为一个独立的学科出现了、成熟了，其主要标志是社会学理论和方法的逐步成熟，并在家庭研究领域中得到运用，从而产生了家庭社会学理论和方法。学者们从思考家庭的历史转向关注家庭的现实问题。

其实，此前一些学者就关注过现实的家庭问题。英国的学者曾经研究过英国工人的家庭预算，讨论工厂的工人是否生活在灾难和贫困之中。法国社会学家勒普累受社会学创始人孔德的影响，研究过家长制血统家庭，他同意孔德将家庭描绘为保持社会连续性的基本社会单位一说，他对当时的家庭预算和经济生活进行了精确的数量研究。而德国的社会学家里尔以观察和询问为依据，提出了家庭由于启蒙运动、自由主义、平均主义和工业发展而引起危机与解体状态。他主张进行"保守"的社会改革，以建立"稳定"的家庭家长权威结构。

芝加哥学派是关于社会和家庭问题实证研究的杰出代表。美国的芝加哥学派在美国社会学史乃至世界社会学史上都占有很重要的地位。其主要代表人物如帕克、伯吉斯、弗雷泽、沃思和托马斯等。20世纪20—30年代，他们从社会现实出发，把变迁中的城市和社区作为天然实验室，以社会问题为对象，开展社会学研究，创造了社会学中的独立学派和风格，在社会学界有较大影响。他们在对家庭问题的研究中也充分体现了本学派的风格，他们的基本观点是：我们不仅要了解家庭，而且要明了城市化和工业化的发展所导致的后果，现有的问题亟待我们去解决，而家庭也等待着我们去巩固。19世纪末20世纪初，美国社会学家的兴趣从对家庭进化的研究转向了对社会问题和社会改革的探讨，对家庭的研究也是如此。工业化和城市化的过程所产生的后果对家庭也产生了影响，芝加哥学派对家庭研究的重心已从家庭制度理论转向具体的家庭及成员状况——私生子、卖淫、虐待子女、家庭成员出走、流浪汉、盗贼以及其他方面的弊端。这些问题被看作是无政府主义制度和城市体制产生的恶果。他们中有的人认为传统的生活模式正在被邪恶的城市化力量所破坏，社会的解体不期而至，家庭也深受其害。以社会学家奥格本的观点为例。他关注的重点就是城市化和工业化导致家庭功能的丧失。在他的著述里，列举了社会变迁引起的美国家庭的八大变化：第一，日趋增长的离婚率；第二，生育控制的广泛普及和家庭规模的缩小；第三，丈夫和父亲权威的下降；第四，日益增加的非婚姻性交；第五，妻子为薪金而工作的人数增加；第六，家庭成员的个人主义和自由的增强；第七，政府日益代替家庭的保护功能；第八，婚姻和家庭中宗教行为的减少。奥格本还认为上述变化不仅和工业化、城市化的过程有关，也和现代社会中的发现和发明有关，换句话说，和科学技术的进步有关，这些都会使美国家庭的经济、教育、娱乐、宗教和保护功能削弱，以致使美国的现代家庭迥异于早期的令人满意的、舒适的美国家庭。①

3. 20世纪下半期婚姻家庭社会学研究的蓬勃兴起与发展

美国是世界上重视社会学研究且重视家庭社会学研究的国家。美国不仅经

---

① 潘允康：《家庭社会学》，中国审计出版社、中国社会出版社2002年版，第24页。

济发达，重视有关经济问题的研究，也重视社会建设，注重包括家庭在内的有关社会问题的研究。在美国，社会学教学和研究都很发达。有关统计数字证实，美国经济学研究和社会学研究所占比例为1∶1，这表明经济学和社会学是同等重要的。到了20世纪80年代的美国，每年已经有几百种家庭社会学的书刊出版，有很多大学讲授家庭社会学课程，不仅民间广泛讨论家庭问题，政府有关部门对此也十分关注。美国婚姻家庭的现实问题迫使政府修改有关法令，以适应家庭变化的需要。20世纪70—80年代，由于经济的衰退和越南战争的失败，一些颓废的美国人曾经寻找两性问题进行发泄，在婚姻家庭领域各种越轨行为层出不穷，严重威胁着美国传统的婚姻家庭秩序和现实正常的家庭生活。时任美国总统卡特宣誓要重建美国传统家庭。他不仅召开过白宫家庭问题会议，请来了哈佛著名教授、历史学家哈利文担任白宫家庭问题顾问，而且对白宫工作人员训示：你们尽管工作很忙，但不要忘记自己作为父亲、母亲和一个家庭成员的责任。你们要规规矩矩地结婚，不要做现在流行的那种未婚同居的事情。后来，在美国"家庭"一度成为冲突的代名词，它和许多社会问题，如流产、同性恋权利等相联系着。然而美国在2015年奥巴马总统执政时期，通过了允许同性恋者结婚的法律，成为同性恋婚姻合法化的国家。

苏联解体前，其婚姻家庭问题也很突出。苏联的家庭社会学研究是从1956年苏联共产党第二十次代表大会以后随着社会学研究的复兴而发展起来的。1967年在苏联的沃伊里纽斯召开以"生活、婚姻、家庭诸问题"为题的第一届家庭社会学大会，会上宣读、交流了许多重要的研究论文和论著。著名家庭社会学家哈尔切夫就基础理论方面做了题为《关于历史唯物论范畴的家庭》的报告。索洛维也夫对离婚的动机的研究也很引人注目，他的研究表明，由于道德上、心理上的不一致而离婚的人，要比由于物质上的问题而离婚的人增加得多，当然以酗酒和打架为理由而离婚的人仍占多数，这也的确是苏联离婚问题的事实。从20世纪80年代以来，苏联家庭社会学发展起来的一些研究领域是：(1)对结婚、离婚情况的调查，如兹·伊·法因布尔格著有《有关婚姻的伦理动机》一书，研究了结婚的满意程度。(2)对家庭病理的研究，如恩·弗·格弗里洛娃在《"有问题的"家庭是社会学调查的对象》一书中把"家庭解体"和"有问题的家庭"区分开来。(3)关于"生活问题"和"业余时间"的研究,其中包括对改为周休 2 日制的自由时间的调查,代表作有勒·阿·戈尔顿和埃·佛·克洛波夫等人写的《下班后的人们》。(4)关于妇女劳动问题。在这方面有哈尔切夫和戈洛特著的《妇女与职业家庭》等。(5)关于青年和与青年相关的"世代"问题。如尤·阿·扎莫什金和弗·阿·亚多夫等所著的《社会与青年》、勒·茨·乌尔拉尼斯的《某世代的历史》、勒·恩·莫斯克维切也夫的《社会学问题的世代继承》。

不仅美国和苏联注意家庭问题研究,世界其他国家也都注意家庭问题研究。比如在波兰和匈牙利的学校里普遍开设了"家庭生活常识"方面的课程,在德国则设置了家庭生活常识方面的选修课。在巴西,法律规定要登记结婚的人一定要到政府专门组织的婚前教育机构受训,学习的主课是家庭社会学。这种办法对巴西人一生的家庭生活起了很大作用,甚至对下一辈的人也有良好的影响。在新加坡,至今政府还在推行传统中国的家庭价值观念,比如鼓励青年人结婚后仍然和父母生活在一起,组成三代同堂家庭,以利于三代人关系的亲密和对老年人的赡养。政府还制定了包括住房方面的优惠政策,以鼓励这种家庭模式。总之,有关家庭和家庭社会学方面的研究在世界各国都很热门,正如美国社会学家英克尔斯所说,如果人们不对家庭这样一种无处不有的制度和社会分层这样重要的过程进行充分专门的研究,那就不可思议了。

4. 中国的婚姻家庭社会学

在中国,20 世纪以来对家庭和家庭社会学的研究也十分活跃。决心要改变中国面貌的有志之士,一直把对家庭的研究和对社会的研究结合起来。在 1949 年以前半殖民地半封建的旧中国,这种研究可以分为两个方面:

一个方面是以推翻压在中国人民头上的"三座大山",建立光明的人民民主专政的新中国为己任的中国共产党人进行的。他们把对家庭的研究和武装夺取政权、完成新民主主义革命的中心任务结合起来,其代表人物首先是毛泽东。早在五四运动时期,毛泽东就十分关心婚姻家庭问题,他透过婚姻问题考察旧中国,分析旧中国的社会矛盾,把争取婚姻自主权作为争取妇女解放的一个重要斗争目标。1919 年 11 月,长沙发生一女子(赵玉贞)抗议父母包办婚姻,在花轿中自刎身亡的事。这一事件发生后,毛泽东同志先后在长沙《大公报》《女界钟》等报刊上连续发表了九篇论文和杂感,其中包括《对于赵女士自杀的批评》《"社会万恶"与赵女士》《非自杀》《赵女士的人格问题》等,揭露封建制度罪恶,呼吁社会各方力量都来支持妇女争取恋爱自由、婚姻自主的斗争,并把这一斗争和反对帝国主义、封建主义、官僚买办资产阶级的斗争结合起来。在革命战争年代,毛泽东同志率领中国工农红军和国民党反动武装进行殊死搏斗,在紧张斗争之余,仍不忘在社会做调查,不忘研究中国的家庭。1930年10月,毛泽东同志见兴国县有许多农民来当红军,趁此机会对傅济庭等8个农民家庭进行了个案调查,较详细地记录了他们的生活状况和生活方式,并据此分析了旧中国农村土地占有情况,贫苦农民租佃地主、富农的土地受剥削和受压迫的情况,由于革命的到来给贫苦农民减租减息和分田情况以及他们对革命的态度等,进而分析了旧中国农村尖锐的阶级矛盾、阶级斗争和迅速发展的革命形势。和毛泽东同志一样,在新民主主义革命时期,党内许多同志都十分注意调查和研究家庭,并把它和新民主主义革命的任务联系起来。例如,1942年冬,当时中共中央政治局委员、中央书记处书记兼中央宣传部部长张闻天同志带领工作组对陕北米脂县杨家沟的农村地主家庭经济进行了典型调查,通过调查"马氏家族"("马光裕堂")的剥削情况,尤其是马维新一家的情况,揭露了地主如何以地租剥削为基础,同高利贷和商业剥削结合在一起,对农民残酷剥削的情况,以及大地主如何对中小地主进行弱肉强食的土地兼并的情况。

另一方面,在旧中国,对家庭的研究是由专门从事社会学研究的社会学家、人类学家进行的。社会学家孙本文先生在其所著的《社会学原理》一书中有关于家庭社会学的理论阐述。他在《现代中国社会问题》一书中论述了中国家族制度的结构、特点和长短处,比较研究了西洋(西方资本主义国家)家庭制度和中国家族制度的演变及问题,以及非常时期(抗战时期)中国的家族问题。社会学家李景汉1933年出版的河北省《定县社会概况调查》、社会学家言心哲1935年出版的《农村家庭调查》,都有对中国农村家庭调查的丰富资料。社会学家潘光旦则研究了中国城市家庭,他著有《中国之家庭问题》一书,分析研究了中国城市的婚姻家庭问题。他根据调查统计资料,证实了中国人家庭观念正在发生变化,开始接受小家庭观念,并指出中国的家庭出现了越来越多的由传统大家庭向现代小家庭过渡的折中家庭模式。社会人类学家费孝通在1947年出版的《生育制度》一书,从家庭的基本职能(生育职能)的角度分析了婚姻家庭的社会性本质,论述了以"人类种族绵续保障"为中心的婚姻家庭本质论、以"社会结构中的基本三角"为模式的婚姻家庭结构论和以"双系抚育"为中心的婚姻家庭功能论。费孝通的家庭社会学思想是婚姻家庭建设的理论基础,是当代研究家庭社会学的必读书。尽管旧中国的社会学研究还很薄弱,但就已有的成果来看,研究婚姻家庭的为数不少。从1930年中国社会学社成立,到1948年我国社会学界共举行了九届年会,每届都有一个主题,1932年在北京召开的第二届社会学大会就以家庭问题为中心议题。

中华人民共和国成立以来,政府十分关心婚姻家庭问题。1950年新中国颁布的第一部法律就是《婚姻法》,明确宣布废除一切封建的婚姻家庭制度,反对包办买卖婚姻,实行婚姻自由、一夫一妻、男女平等的婚姻制度,为建立我国现代的社会主义婚姻家庭制度奠定了法律基础,实行法律保障。20世纪50年代,全国妇联倡议在全国开展"五好"家庭活动,进一步推动了现代家庭模式的建立。但是由于我们从1952年模仿苏联,错误和盲目地取消了社会学,所以关于家庭和家庭社会学的研究也同时停了下来。

1979年我国恢复了社会学研究,家庭社会学研究也随之兴起。1981年10月,中国婚姻家庭研究会在北京成立。1982年5月由中国社会科学院社会学研究所组织北京、天津、上海、南京、成都五城市部分地方社会科学院和高等院校中从事社会学研究的有关专家,对中国城市的婚姻、家庭和生育状况进行了大规模协作调查,被称为"中国五城市家庭调查"。该调查在统一设计、指标统一的情况下,用社会学抽样方法在五大城市抽取了4385户家庭和5057个婚姻个案,用访问和问卷相结合的方法进行调查,并使用电子计算机储存和分析调查数据,进行了定量分析和比较研究。1993年中国社会科学院社会学研究所在北京、上海、成都、南京、广州、兰州和哈尔滨开展了"七城市家庭调查",每个城市的样本量为800户。2008年,中国社会科学院社会学研究所在广州、杭州、郑州、兰州和哈尔滨五个城市组织了"中国城市家庭结构和家庭变迁"调查,共获取4016

户、4016人的总样本量。20世纪80年代以来,除上述三次全国大规模家庭调查外,在中国比较著名的婚姻家庭研究还有1987年进行的中国14省市农村家庭研究、1991年进行的全国27省市城市家庭调查,以及1998年进行的"现代中国城乡家庭研究"等。至于各省市所做的各种规模和形式的婚姻家庭研究就更多了,所发表的研究成果也十分可观。现在关于家庭社会学的研究已经成为中国社会学研究中有规模、有影响的重要部分。

三、婚姻家庭社会学的主要视角

婚姻家庭社会学的主要视角包括社会整体论、社会角色论、社会关系论等三个主要方面。

1. 社会整体论(社会背景论)

从社会整体的角度,在社会背景中研究婚姻家庭是家庭社会学的首要特点。根据历史唯物主义观点,社会是一个复杂的有机整体,家庭如同其他一切社会关系和组织一样不能脱离社会而独立存在。在社会的整体环境中,在社会变迁的大舞台上观察、研究和分析家庭,才能了解婚姻家庭的本质与婚姻家庭存在、演变和发展的客观规律。社会学家蓝尼和梅尔曾说:"社会学因此是一门普通科学,即在于它是研究一复杂东西的整体。它不仅是把一样的东西拿来分析或解剖成为许多部分,然后把它们综合起来或建立成一整体的东西。它是要设法对社会得到一整体的看法。""这暗指社会学是从社会的部分来研究它的整体,并由它的整体来研究它的部分。只要想一想就可以证明要想从社会生活的整体中把任何特殊社会问题孤立起来,这是不可能的。"[①]家庭作为社会的一个有机组成部分,随着社会的发展而发展,社会的变化而变化,社会影响家庭,家庭也影响社会。美国著名家庭社会学家古德认为,家庭好比一个小体系,社会好比一个大体系,社会是通过家庭来取得个人对社会的贡献的。家庭与社会相互依存,个人的社会化首要要在家庭中实现,任何一个家庭都不能脱离社会而生存。尽管家

---

① 龙冠海:《社会学》,三民书局1991年版,第42页。

庭机构不像军队、教会或国家那样强大,但它却是最难征服、最难改造的;尽管一个个具体的家庭可能是脆弱而不稳定的,但家庭制度这一整体却是坚不可摧的。古德在研究家庭时还特别注意了社会对家庭的影响。他认为在今天这个瞬息万变的时代里,家庭不可能成为世外桃源。1963年他出版了《世界革命与家庭模式》一书,公开声明:"史无前例的工业化和城市化以其强大的社会威力影响着每个我们所熟悉的社会。在新几内亚、中国、南斯拉夫这些相距遥远、文化迥异的国家中,传统的家庭制度都在发生变化——这又何尝不是工业化和城市化的结果呢?"古德强调指出:"社会的普遍性变迁摧毁了旧的社会秩序和传统的家庭制度。这种革命性的变化在世界各个角落都发生了。"① 无论如何,从社会整体的角度,在社会发展变化的背景中研究家庭,思考和分析各种婚姻家庭现象,是今天家庭社会学研究的主要视角之一。

和整体性相连的是社会学的系统综合性。社会学的方法其实就是对社会生活的各种现象进行系统综合的一种方法。这种系统综合包括多学科知识和多种研究方法在研究中的综合运用。从20世纪下半期开始,各种学科的知识被越来越普遍地运用到社会学和家庭社会学研究之中。用经济学的有关知识研究家庭的收入、支出和各种消费行为,用心理学和法律知识来研究包括两性关系在内的各种家庭关系,研究家庭成员间的相互权利、义务和责任,用教育学知识来研究家庭教育,在家庭社会学中都很常见。

2. 社会角色论

和社会背景论、社会舞台论相关的理论是社会角色理论,它是婚姻家庭社会学研究的又一个主要特点和视角。"个人在一定的社会组织中处于特定的地位,并按照这个地位的规定行为办事,这就是人的社会角色。'角色'这个概念,按其本义讲,是指演戏的人化妆戴上面具以后所扮演的那个人所说的话,所做的行为。所谓角色是一套行为模式,这套行为模式和个人的地位、身份、性格是一

---

① 马克·赫特尔:《变动中的家庭——跨文化的透视》,宋践、李茹等译,浙江人民出版社1988年版,第4页。

致的,观众往往评论某个演员扮演的角色像不像,所谓像不像就是演员是否根据戏中人的身份、地位、性格把应当怎样举止行为淋漓尽致地表演出来,表演得好,就是这个角色扮得好。社会学根据实际生活中,围绕一个人的社会地位也有一套权利义务和行为模式的情形,把角色这个概念引申来使用,把围绕人的社会地位的一套权利义务模式叫做角色。角色也是社会对一个人的行为期待。"①

在民间有一句流传的俗语:"社会是个大舞台,人生就是一场戏。"这是人们在长期的社会生活中悟出的道理,是通俗的社会学语言。这是说人来到这个世界上,生活在社会之中,是社会之人,都要按照社会期待的角色规范行事,从某种意义上说,按社会的期待角色扮演成功者,就是生活和事业的成功者,否则是不成功者,或者说是失败者。

婚姻家庭是一种最为普遍的社会组织,社会也有对家庭成员的角色期待,丈夫、妻子、父亲、母亲、儿子、女儿、兄弟、姐妹、爷爷、奶奶、孙子、孙女等不同的称呼,标志着家庭成员有不同的角色,有不同的角色期待。一个家庭成员对于其他成员来说常常会有多重角色,也称角色重叠,比如家庭中的一个成员对妻子而言是丈夫,对子女而言则是父亲。社会对家庭中的丈夫和父亲有不同的角色期待。每个家庭成员都要有清醒的家庭角色和角色重叠意识,善于在不同的场景和不同的对象面前扮演不同的角色,实现角色转变,以利于家庭结构的整合和功能的正常发挥。

3. 社会关系论

从社会关系角度研究家庭是婚姻家庭社会学的又一个特点。社会只是一个抽象的名词,它的存在只有从社会成员的相互关系和互动中才能表现出来,是社会的本质所在。家庭是一种社会关系,是用婚姻、血缘联结起来的一种特殊的社会关系。社会关系是社会的经纬,家庭关系则是家庭的经纬。社会学家米勒和福姆说:"社会学最基本的一个观念是人们只有从其彼此关系才能被了解。社会关系,不是个人,乃是观察的基本单位。因为社会关系构成团体的要素,当社

---

① 杨心恒主编:《社会学概论》,知识出版社 1997 年版,第 110—111 页。

会学家检讨人类的活动时,他们便开始去寻求社会关系或团体。"①

人类社会有三类本源的社会关系,即家庭关系、邻里关系和业缘关系。家庭关系以婚姻和血缘关系为联系纽带,邻里关系是以居住地邻近为联系纽带,而业缘关系则是以职业、事业和其他社会交往为联系纽带。按照社会发展规律,社会越不发达,婚姻家庭关系越重要,邻里关系次之,业缘关系最不发达。社会越发达,婚姻家庭关系变得不那么重要,邻里关系淡化,业缘关系变得重要起来。

20世纪后期,所有有关家庭的热门话题,诸如离婚、家庭模式小型多样化、家庭教育、消费、生育、家庭质量、家庭结构和功能等研究都离不开家庭关系,有关这方面的研究文章和论著很多。《理论与现代化》1997年第10期发表题为《婚姻质量的家庭结构观》的署名文章指出:"研究婚姻质量可以有多种视角,从家庭结构入手研究婚姻质量,是一个重要的方面,它可以使我们从夫妻关系和亲子关系的角度去了解婚姻质量的内涵和影响因素。"②该文从夫妻关系和亲子关系在家庭中的不同地位,比较得出西方家庭和中国家庭关系的重心不同,衡量家庭质量的标准也不相同。在西方,以夫妻关系为重心,因此,夫妻生活是否浪漫,人在家庭中能否自我实现成为婚姻家庭质量的首要标准;而在中国的家庭中以亲子关系为重心,因此亲子之间义务的履行,子女的成长与成功非常重要。今天随着家庭关系的重心从亲子关系向夫妻关系转移,婚姻家庭的质量观也会发生明显的变化。

社会整体论、社会角色论、社会关系论是社会学研究的三大切入点,也是婚姻家庭社会学研究的切入点,这对于作为社会学分支学科的婚姻家庭社会学,是十分重要的。

四、婚姻家庭社会学与其他相关的社会学专业理论

婚姻家庭社会学除去具有社会学的特点和视角外,还和社会学的其他专业理论有着密切的联系。这些社会学专业理论主要有:"结构功能理论""社会冲

---

① 龙冠海:《社会学》,三民书局1991年版,第20页。
② 潘允康:《婚姻质量的家庭结构观》,《理论与现代化》1997年第10期。

突理论""符号互动理论""社会交换理论""发展理论"等。它们被广泛运用到家庭研究领域之中。

1. 结构功能理论与婚姻家庭社会学

结构功能理论有时也称为功能分析,在社会学中曾是一个重要的,甚至居于统治地位的理论流派。在家庭领域,它被广泛使用,用来分析各种家庭关系(夫妻关系、亲子关系和其他家庭关系),并分析家庭在广阔的社会生活领域中所承担的各种职能(诸如生育、教育、宗教和职业等)。结构功能理论认为,作为一种社会结构的家庭是社会的生活单位,是社会关系和社会组织的典型。尽管"结构"和"功能"的概念可以分开讨论,但它们也互相联系和互相包容。可以这样论证,社会结构是社会的单位,执行和表现着一种或多种功能;另一方面,功能也能说明和影响社会结构。就家庭来说,在世界的范围内,其结构有千差万别,比如说一个家庭中有一个妻子或几个妻子,新婚夫妇和双亲住在一起或离开双亲去寻找新住所,家庭中的事务是由丈夫决定、妻子决定或共同决定,家庭继承权归长子或众子平分等,都有很大差别。人类学家、社会学家从不同角度对家庭结构实行分类,有不同的家庭结构名称,诸如"核心的""主干的""一夫多妻的""家长制的""舅权的""双系的""长嗣继承的""外婚制""包办婚姻""血亲家庭"等都体现了不同家庭制度中的一些特殊家庭结构。这些不同的家庭承担着相同的功能或不同的功能。对于个人来说,家庭的功能是提供一些人的基本需求,是人的本来归宿,教育人的社会化和解除人的紧张和压力。对于整个社会来说,家庭的功能是人的再生产、人的社会化、接受社会规范和社会价值以及控制人的各种行为。塔尔科特·帕森斯和罗伯特·贝尔斯认为家庭有两个基本的不能忽视的功能:第一,孩子的生育、初级社会化,以及使他们能真正成为社会的一员;第二,使社会成年人的性格具有稳定性。[1] 从结构功能理论出发研究家庭,产生了婚姻家庭社会学研究的特殊视角。

---

[1] J. 罗斯·埃什尔曼:《家庭导论》,潘允康等译,中国社会科学出版社1991年版,第56页。

2．社会冲突理论与婚姻家庭社会学

　　冲突理论的假设来源于一系列假定的看法,即许多不平等的资源分配引起了统治者和被统治者之间的巨大冲突,被统治者开始意识到他们的集体利益,并日益怀疑现存的正统模式。他们的主要矛盾是不平等,这使他们广泛地加入公开反对统治集团的斗争中来,以促使社会发生巨大的变化,使资源再分配。社会学界认为经典的冲突理论是由马克思首先提出的,他假设了经济组织,特别是私有财产,是阶级斗争和革命的根源。刘易斯·科瑟认为冲突理论可能是功能理论的特殊形式。达伦多夫针对在西方社会学中一度占主要地位的结构功能主义片面强调共识、秩序和均衡的倾向,指出要更多地关注社会现实生活中的变迁、冲突和强制方面,与其把冲突看成是"坏事",看成是对社会制度、人类关系的破坏,不如说冲突是一切制度和关系存在的条件。冲突理论者认为,压迫者和被压迫者之间的冲突不仅存在于经济和职业领域,而且也存在于家庭之中,诸如丈夫对妻子的统治,家长对子女的统治。从冲突模式的本质上看,家庭不是如某些功能主义者认为的那样,处在等级模式之中。功能主义者认为家庭是青年人最初实现社会化的地方,而冲突理论者认为这是虚构的,青年人的观念不是靠教,而是来源于两性差异和"自然"的等级。功能主义者把家庭看成是"永恒的生活场所",在家庭中从一代人到另一代人,富的总是富,穷的总是穷。冲突理论认为这恰恰保留和促进了不平等,在这点上,家庭带来的不平等超过了它的功绩。功能主义认为孤立的核心家庭的存在是资本主义社会变迁的结果,冲突论认为分裂是成员追求独立和感情需求的结果。功能论者认为现代家庭是平静的、被动的,是和其他社会单位平衡的部分。冲突论者则认为家庭组织蕴含着潜在和事实上的冲突。在社会、家庭和人际关系中冲突是不可避免的,它带来了变迁。[①]美国密歇根大学社会调查研究专家的研究表明,夫妻双方彼此的恶感会随着时间的推移而增强,希望这一发现有助于夫妻认清吵架的真相,从而更好地维持婚姻关系。吵架互不相容是正常的家庭生活不可分割的组成部分,但通常不会导

---

① J.罗斯·埃什尔曼:《家庭导论》,潘允康等译,中国社会科学出版社1991年版,第60页。

致关系的破裂。因此,只要不压抑自己的情绪,并在吵架后去理解和包容对方,婚姻关系就会愈加牢固。①

3. 符号互动理论与婚姻家庭社会学

符号互动论来源于心理学或社会心理学。所谓符号互动论是使用一些特殊或不同的标记为指标去研究团体生活和人的生存行为。它有两个主要方面的问题,这两方面的中心都与家庭有关,它们是:社会化与人格化。第一方面——社会化——集中在人如何才能使行为、思想和感情社会化,并使之成为内在的人格。第二方面——人格化——集中在使态度、价值和行为内在人格化。把符号互动论运用到家庭研究中,便形成了一种社会心理学研究方法。社会学家伯吉斯称家庭是一个"人的相互作用的单位",它是充满生命力、多功能或者说是个确定的过程。符号互动论在研究家庭时注重家庭互动的不同模式,如求婚、蜜月期、抚育子女、离婚和分居、老年人的角色等。使用符号互动去解释人类生存和社会化中的相互作用,能起到解释关系、探明意义以及其他一些作用。比如用相互作用方法论研究家庭就能形成如下假设:"婚姻家庭研究离不开它自身的性质,我们不能从研究非人类或类人猿去推断人的行为、人的相互作用或一些社会组织。""婚姻、家庭及其组合只能在社会背景条件和它们存在的社会中才能被认识。只有在社会中才有所谓语言、概念和规范性的行为。""人类生育的婴儿是既非社会性的,也非反社会性的,但如果他们不与其他人来往,不在和其他人交往中学习,就不知道什么是好,什么是坏,也不知道应该怎样做。""一个社会的人的存在既是被动的也是主动的,他或她既能传达某种信息,也能理解某种意义,就是说,一个人不仅能对客观刺激做出反应,而且能识别和解释它们。独立的个体之间能互相影响,能扮演不同的角色,能对信号刺激做出反应。"②符号互动论者对于家庭的研究做出过方法论方面的贡献,这些方法包括社会调查、访问和问卷调查表以及参与观察法。

---

① 《俄报:争吵越多,婚姻越牢固》,网易新闻,2008年2月11日,http://news.163.com/08/0211/08/44DJNVD1000120GU.html。

② J.罗斯·埃什尔曼:《家庭导论》,潘允康等译,中国社会科学出版社1991年版,第63页。

4. 社会交换理论与婚姻家庭社会学

社会交换理论认为在社会中一定的交换随时随地都在发生。人在付出工作、礼物、情感或思想时总是期望得到某种回报。经济领域发生的交换往往是制度化的、先定的,是一种十分精确的交换。社会领域中的交换虽然不像经济领域中的交换那样制度化、那般精确,但普遍存在是无疑的。人期望在社会行为中得到回报,得到的回报越多,人们重复某种行为的可能性越大、积极性越高。人与人之间新的合作开始是因为他们期望得到回报,而旧的联合还在继续是因为他们正在得到回报。当我们从其他人那里得到了报答和酬谢,我们就应该予以回报。社会交换理论是以美国社会学家乔治·霍曼斯和彼得·布劳为代表的。霍曼斯被公认为是社会交换理论的创始者,他表达了行为心理主义者的观点,或者说坚持心理还原理论和增强作用理论,理论的焦点集中在实际行为报答或惩罚是被其他人的行为所决定的。霍曼斯认为,就像动物那样,人对于刺激的反应,源于需求、报答和奢望,在交换关系中期望行为能得到相当的回报(合理分配理论)。布劳和霍曼斯的不同在于他表达了一系列符号互动理论。他认为交换不能解释所有实际的个性行为,交换更多表现为主观和解释性的,就像相互作用那样,交换是两者之间形成的某种过程,并非在任何个体之间都存在,或者是由于什么外部因素的作用。当人们想得到某些报酬,那么他们的选择和决定就会被社会各个方面,诸如朋友和亲戚的影响所决定。人通过概念、定义、价值、反映和符号对于刺激做出主观反应。作为一种推论是把行为的结果解释为一种人的功能,这种人是相互作用的象征,拥有社会自我,能担任社会角色。① 社会学家和婚姻问题专家曾列举了大量的例子说明婚姻和家庭中的交换行为。比如在包办婚姻中,劳动力、彩礼和"新娘的价格"是恰当的婚姻中最常见的交换。在一般的婚姻行为中"权威和权力""夫妻关系""配偶的选择""亲属关系""性模式""亲子冲突"和其他都可以进行交换。美国的金斯利·戴维斯发现了在美国黑人中男性和白人女性的结合率远远超过黑人女性和白人男性的结合率,他认为

---

① J.罗斯·埃什尔曼:《家庭导论》,潘允康等译,中国社会科学出版社1991年版,第66—67页。

这是黑人男性用较高的社会地位去换取白人女性"较高"的人种地位的结果。

5. 发展理论与婚姻家庭社会学

起源于20世纪30年代的发展理论主张用动态的观点、发展的观点去研究社会各种现象,包括研究家庭。希尔和汉森讨论了发展理论的一些特点,指出它并不是一个精确的、专门的理论框架,而是一个想跨越几种方法而综合其共同点,并使之成为一个统一体的框架。比如它从心理学那里借来了家庭生命周期的概念,从儿童心理学学者和人类发展专家那里引来了发展需求和任务的概念,从社会学家的著作中采集了关于家庭的综合概念,从结构功能理论和符号互动理论中借用了年龄和性角色、多元典型、功能决定条件和一些有关家庭作为一种互动组织的概念。

无论如何,发展理论还是有自己的特点的,就是动态研究的特点。发展理论试图解释家庭现象中社会—制度的、互动—合作与独立—个性之间变化着的东西。它在很大程度上兼顾了宏观和微观分析两个方面。它在解释各个时期不同的家庭典型及其相互作用的同时,解释了不同时期家庭的变迁。这种从时间角度分析家庭的主要概念被称为家庭生命周期。有关家庭生命周期的研究在今天十分热门,仍具有生命力。

五、婚姻家庭社会学研究方法

各种社会科学研究方法已经被广泛运用到婚姻家庭社会学研究之中,这些社会研究方法主要有:历史的方法、类比的方法、区位学的方法、观察法、个案的方法、社会调查方法等。应当指出,还在社会学和家庭社会学形成初期,这些方法中的有些方法就已经被一些人用过,而到了19世纪末、20世纪,它才被研究者广泛而成熟地运用于家庭社会学研究。

1. 用历史的方法研究婚姻家庭

历史资料是过去所发生的事情的记录。用历史的方法研究婚姻家庭,就是应用科学的态度和方法对历史遗留下来的各种文献和有关资料进行考证,以了解不同历史时期不同家庭的状况,了解现在的家庭和过去的家庭的联系与区别。这是一种间接的观察方法,是由今及古的历史"透视法"和从个别到一般的历史"复原法",它多被用来研究家庭史,因为历史上家庭的兴替和演化是今天的研究者不能直接看到的。

19世纪和20世纪用历史的方法研究婚姻家庭大致分为两个方面:一是从宗教的和其他民间传说、民歌、民俗中寻找原始状态的痕迹,另一方面则从现代仍然存在的原始民族的状况来研究。瑞士法学家巴霍芬从埃斯库罗斯的戏剧《奥列斯特》三部曲中给出"没落的母权制跟发生于英雄时代并获得胜利的父权制之间的斗争"的有名的例子的新的解释,被恩格斯称为是巴霍芬"全书中最美好精彩的地方之一"[①]。19世纪以来,一些民俗学者采用了一个新的方法,他们用野蛮人的现状同古希腊神话相比较,来理解神话的含义,这样对神话的研究有了更多的现实的基础,如人们对荷马史诗《伊里亚特》《奥德赛》及欧洲中世纪有名的史诗《尼伯龙根之歌》所做的那样。我国古代的史料和民间传说、民歌等也能反映人类社会史初期的婚姻家庭形态,如纳西族史料《创世纪》写道:"除了利恩六兄弟,天下再没有男的,除了利恩六姐妹,世上再没有女的。兄弟找不到妻子,找上了自己的姐妹;姐妹找不到丈夫,找上了自己的兄弟。兄弟姐妹成夫妇,兄弟姐妹相匹配。"这首民谣反映了在原始时代,曾经有过兄弟姐妹杂婚的家庭状况。神话既不是骗子的谎话,也不是无谓的想象的产物,不如说它们是人类思想的朴素的自发的形式之一。只有当我们猜中了这些神话对于原始人和他们许多世纪以来丧失掉了的那种意义的时候,我们才能理解人类的童年。

用历史的方法研究家庭还可以从现代仍然存在的原始民族的状况来研究,这是人类学经常使用的方法。例如摩尔根研究了易洛魁人遗留的亲属制度后指出,家庭是一个能动的要素;它从来不是静止不动的,而是随着社会从较低的形式进化到较高的形式。反之,亲属制度却是被动的;它只不过在一个长久的时期把家庭逐渐发生的进步记录下来,并且只是在家庭已经急剧变化了的时候,它才

---

① 《马克思恩格斯选集》第4卷,人民出版社1995年版,第7页。

发生急剧的变化。① 摩尔根根据现有的亲属制度推断人类古代婚姻家庭的各种形式,得到了恩格斯的充分肯定。恩格斯说:"我们也可以根据历史上所留传下来的亲属制度,同样确实地断定,曾经存在过一种与这个制度相适应的业已绝迹的家庭形式。"②

2. 用类比的方法研究婚姻家庭

所谓类比的方法是说,我们观察到两类事物在许多属性上都相同,便推出它们在其他属性上也相同。科学已经证明,黑猩猩、猕猴等是人类的近亲,它们和人类有很多共同属性。于是一些人便通过观察和研究黑猩猩等的"家庭"和"家庭制度"去研究早期人类的家庭和家庭制度。比如英国的学者珍妮·古道尔对非洲森林中的黑猩猩进行了专门研究,她和黑猩猩在一起生活了30年,她发现黑猩猩在两性关系上彼此并没有什么"妒忌的感情",性交是随便的、杂乱的。因而可以推断,人类婚姻史初期也有杂乱的性交时期,即血亲杂交时期。相反,日本的学者在猕猴很多的太平洋岛屿上发现,猕猴每年有一次青春交配期,在这个时期,母子是分开的,从未发生过性的关系。一个英国乡村教师在非洲研究猿猴,发现一种长臂猿的"家庭制度",是猿猴中的唯一"小家庭制度",其子女稍大,就被赶到另一棵树上去筑巢,母子间也没有性关系。于是这些学者得出结论:连猿猴都有"乱伦禁忌",何况人呢? 在原始人中最先有的文化就是乱伦禁忌,杂交状态在人类中是不可能存在的。

3. 用区位学的方法研究婚姻家庭

区位学原是生物学的一个分支,它是研究有机体与环境之关系的一门学问。后来它被引入人类学和社会学。社会学和人类学学者常常以人和人的空间距离来研究和推测他们的社会距离。社会学家费孝通说:"居处的聚散多少是有关于生活上的亲疏,因之,空间距离给了我们研究社会联系的一个门径。从人与人

---

① 奥古斯特·倍倍尔:《妇女与社会主义》,葛斯、朱霞译,中央编译出版社1995年版,第10页。
② 《马克思恩格斯选集》第4卷,人民出版社1995年版,第26页。

在空间上的分布和移动所发生的距离和接触上去考察它给予社会生活上的影响,是社会区位学的研究方法。"①

运用区位学方法可以研究家庭结构。恩格斯在论述法国鲁昂地区的家庭不是现代意义上的个体家庭,而是由几代人或者说几个个体家庭所构成的大家庭时,就是从区位学角度找到根据的。他说在鲁昂地区"还可以见到巨大的农民住房,中间是公用的很高的、直达屋顶的大厅,四周是卧室,由六级至八级的梯子登入,在这里住着同一家庭的好几代人"②。

运用区位学方法可以研究家庭关系和家庭生活的各个方面。如雷蒙德·弗思在他所著的《我们提科皮亚人》一书中曾应用这种方法研究了家庭亲属关系。他认为从空间的位置来研究亲属的居处入手法使我们可以明了亲属间如何联系,这种联系如何在财产所有权中表现出来,如何由这些联系最后结成较大的亲属团体,因为空间的位置容易观察,所以居处的入手研究法在通常情形下,是了解亲属关系初步工作最易的路径。社会人类学家费孝通主张用研究家庭分子"行止轨迹"和绘制"住宅内部结构图"的方法研究家庭。他说:"考察家庭里各分子的居处关系最简捷,也是最基本的方法,是绘一个住宅内部结构的图,注明白天各间房做什么用,夜里哪个人睡在哪间房里,每间房里有几个床,同床的是哪几个人。这个图立刻就显示了这家里日常生活的状况和各分子间的关系。"③他用这种方法描绘了在禄村所见到的一对夫妇每天各自的"轨迹",研究了这对夫妻的生活和关系。

当代家庭社会学常常研究家庭住房对家庭结构和职能的影响,使用的也是区位学的方法。发表在《社会学研究》1997年第6期上的文章《住房与中国城市的家庭结构——区位学理论思考》一文就是用区位学方法研究住房对家庭结构影响的重要文章。该文依据1993年在津、沪两地进行的住房与家庭生活调查的有关资料,运用区位学理论,即区位中心论、区位聚散论、区位共生论分析了住房对中国家庭模式的影响,指出当今住房是家庭两代人同居共处的因素,也是两代

---

① 费孝通:《生育制度》,天津人民出版社1981年版,第79页。
② 《马克思恩格斯选集》第4卷,人民出版社1995年版,第57页。
③ 费孝通:《生育制度》,天津人民出版社1981年版,第80页。

人分离的因素,随着中国住房建设速度的加快和人民住房状况的变化,中国家庭模式必将进一步变化,中国家庭的现代化进程必将加速。

4. 用观察法研究婚姻家庭

德国心理学家柯夫嘉说,一切科学皆以观察为依据。观察法在家庭社会学研究中同样很重要。用观察方法研究家庭是指运用我们的五官(特别是视觉),或借用其他工具(如调查表格、地图、照相机、录像机、录音机、登记卡片等)去探察家庭或家庭的某一方面,并将观察的结果记录下来,尔后进行分析。观察法和社会调查方法不可分割,是社会调查方法的一部分。对于客观事物来说,许多质的内涵往往反映在表象之中,因此许多学者把观察法作为重要的研究方法,特别是人类学家多使用观察法。

观察法分为非参与观察与参与观察两种。非参与观察是局外观察,不参与团体活动。参与观察是观察者直接加入该团体,成为它的一分子,直接参与其活动,但同时仍保持着客观态度从事研究。摩尔根就是用参与观察法研究家庭的。他一生大部分时间是在易洛魁人中度过的,而且他被一个易洛魁人部落收养入族,积40年的参与观察,使他获得了研究人类家庭史方面的大量宝贵资料。使用观察法要求观察者和被观察者的协调一致,只有这样才能获得真实可靠的材料。

5. 用个案的方法研究家庭

这种方法就是选择一个或数个家庭为研究单位,收集与它有关的一切资料,详细分析与描述它的状况、发展过程与它内在、外在的各种因素间的相互关系,并进行个案间的比较,然后以此为根据,进行分析、概括和判断。个案应有一定的典型性、代表性,因此个案法也可称典型法。1930年毛泽东在兴国所做的八个农民家庭的观察,20世纪40年代张闻天在陕北米脂县对地主马维新家庭和家族的调查,都是用个案的方法研究家庭。现代人类学很注重个案研究的方法。有的人认为从方法论上说,社会学更注重大面积的抽样问卷调查和统计,而人类学比较注重个案观察,应当优势互补,不无道理。

用个案研究法研究社会现象(包括研究家庭)有如下特征:第一,详尽。即对所选择的家庭个案能做一定广度和深度的研究,包括家庭关系、家庭结构、家庭功能、家庭伦理等,特别是能研究家庭成员心理、交往等十分深刻的方面。第二,质的研究。用个案法可以了解家庭中不易用尺度测量和用数字表达的方面,可以达到入微的程度。第三,采集资料以访问为主。第四,由于用个案法进行研究时所选择的个案都是有一定典型性的,因此其所得的结论也有一定的推论和推广价值。

6. 用社会调查方法研究家庭

社会调查方法是指应用科学态度及方法与合作步骤,对家庭问题,在确定范围之内做有计划的实地考察,并设法获取大量的事实材料,依据这些材料进行理性思考。社会调查法一直被广泛运用于家庭问题研究。社会学家潘光旦、李景汉、言心哲在20世纪二三十年代所做的城市和农村家庭调查和研究,是社会调查方法在中国家庭社会学中的最早应用。进入80年代,中国恢复社会学研究以来,社会调查被广泛运用到家庭研究之中,"中国五城市家庭调查""中国14省市农村家庭调查"都是代表。

用社会调查方法研究家庭从选取样本的角度主要有三种:一是全体调查,即在所规定的范围内对所有家庭的调查;二是抽样调查,即在一定的范围内按随机和非随机原则抽取若干家庭样本调查;三是典型调查,即选取若干有代表性的家庭样本进行调查。

用社会调查方法研究家庭在收集资料的方法上主要有"访问"和使用"问卷"两种。访问的方法包括个别谈话、开调查会等,调查员口问手写。这种办法常被用于深入细致地调查婚姻家庭的有关情况和典型案例,如各种特定社会背景中的结婚形式、礼仪、风俗习惯等。"问卷"也称"问题表格"和"访问表格",是一种为统计和调查用的表格,适合于调查有关婚姻家庭的基础资料,如家庭成员的性别、年龄、文化、职业、家庭经济收入和支出;调查家庭生活,如家务劳动、闲暇和娱乐等项;特别适合调查对家庭问题的认识和态度。问卷调查一般使用统一的指标和题器,调查者和被调查者不必面对面,回答问题的方式简单,收集资料的范围大、时间短,调查所得资料可以进行统计和定量分析。

第二编 婚 姻

婚姻要义

家庭是从婚姻开始的。一次新的婚姻标志着一个新的家庭的诞生,研究家庭自然从研究婚姻开始。要知道婚姻的要义,即什么是婚姻,应该从婚姻的概念(定义)、婚姻是男女结成夫妻关系的一种制度性安排,以及婚姻从表象上是私人行为、从本质上是社会行为等三个方面理解。

一、婚姻的定义

婚姻是男女双方通过择偶,依据一定的法律、伦理和风俗所结成的夫妻关系。在传统礼制社会,婚姻的主要依据是风俗和伦理;在现代社会,婚姻的主要依据是法律。

自古以来已经有过对婚姻的严格的定义。《释名》上说:"婚,昏时成礼也,姻,女因媒也。"东汉班固等编撰的《白虎通》上说:"婚姻者,何谓也?婚者昏时行礼,故曰婚。姻者,妇人因夫而成,故曰姻。"①这是说古代婚姻一般在黄昏时进行,行礼成婚。有的研究认为中国古时,"婚"指妇家,"姻"指婿家(夫家),且"婚"与"昏"是分不开的。这是因为那时将婚礼看成是阴礼,必在黄昏阳去阴来之时进行。②《礼记·昏义》上则说:"敬慎重正而后亲之,礼之大体,而所以成男

---

① 陈立:《白虎通疏证》,吴则虞点校,中华书局1994年版,第491—492页。
② 杨善华:《家庭社会学》,高等教育出版社2006年版,第39页。

女之别,而立夫妇之义也。男女有别,而后夫妇有义;夫妇有义,而后父子有亲;父子有亲,而后君臣有正。故曰:昏礼者,礼之本也。"①

在现代社会,社会学及其相关的学科对婚姻有多种定义:

哈夫洛克·霭理士在《性心理学》一书中论婚姻第一句话就说:"婚姻是性关系的一种。"②叔本华、弗洛伊德及在当代的追随者们认为婚姻是肉体的机能,家庭是肉体生活同社会机体生活之间的联系环节。

"婚姻者,所以承先业而继后嗣者也。"③

"婚姻系指社会认可之配偶安排,特别是关于夫与妻的关系。依通常用法,婚姻含有两种明显的观念:(1)一男一女同居,共同创立家庭;(2)婚姻有别于其他方式性的结合,如婚前、婚外、通奸等。此一区别常被引为婚姻定义之要素。""无同居及养育子女之意图,仅系临时性之交媾,是不能视之为婚姻。"④

谢苗诺夫认为:"婚姻是两性关系的一定的社会组织。它必须以结婚双方负有一定的为社会所承认的权利和义务为前提。凡未经社会核准的两性关系都不是婚姻,即使这种关系具有长久的性质亦一样。"⑤

"婚姻不消说是男女的结合关系,但并非一切男女结合关系全可以称为婚姻,男女的结合关系必须经过社会的承认,才可以说是婚姻。所以社会的承认,可以说是婚姻最基本的条件。不但在现代文明社会如此,就是在原始未开化的社会,也有它婚姻所要求的条件,这种社会的承认,一方面是道德上、风俗上以至于经济上的要求,但同时也是法律技术的结果。"⑥

综合各种关于婚姻的定义,在现代社会所谓婚姻必须有以下四个要义:第一,婚姻是男女之结合,被自然天体运行的客观规律所决定。第二,婚姻必须为社会所认可(承认)。第三,从婚姻中产生了特殊的社会关系,称为夫妻或夫妇之角色关系。第四,婚姻当事者要承担以生育、抚育为中心的家庭与社会责任。

---

① 贾德永译注:《礼记·孝经》,上海三联书店2013年版,第258页。
② 霭理士:《性心理学》,潘光旦译注,商务印书馆1997年版,第346页。
③ 罗敦伟:《中国之婚姻问题》,大东书局1931年版,第14页。
④ 王云五:《云五社会科学大辞典》(社会学卷),台湾"商务印书馆"1971年版,第156页。
⑤ 参见杨善华:《家庭社会学》,高等教育出版社2006年版,第39页。
⑥ 李宜琛编著:《婚姻法与婚姻问题》,正中书局1946年版,第5页。

二、婚姻是男女结成夫妻关系的社会制度

社会学家古德在《家庭》一书中说:"人们所积累的有关动物行为的知识正在不断增加,人们在遗传学方面也取得了明显进展,这些成就促使生物学家(也有非生物学家)开创了社会生物学这一新的综合性学科,并向社会学家提出了挑战。他们的总论点是,由生物因素所引起的人类行为远比人们过去所知道的多得多。这本来是古代观点,现在又复兴了。其中有些观点是有道理的。如果人们认为,与生物学密切联系的这一社会机构根本不受生物学动力的影响,这是没有道理的。"①

德国哲学家康德认为,婚姻是关于性器官的相互利用的法律协定。②

为了进一步理解婚姻,我们还要进一步认识婚姻是男女结成夫妻关系的一种制度性安排。20世纪英国著名的哲学家、思想家伯特兰·罗素先生说:"诚然,婚姻与性关系不同,事实上,它是一种法律制度。在大多数社会中,婚姻还是一种宗教制度,但是,主要的还是法律制度。"③哈罗德·克里斯坦森则说:"婚姻是一种男女之间择偶的制度性的安排。"④

社会学家伯吉斯则说:"动物求偶,而人结婚。其意义不同是简单明了的。求偶是生物性的,而婚姻是社会和文化的。婚姻是一种仪式,一种被社会认可的结合,一种一旦进入就要对社会承担某种认可责任的关系……"⑤

人类学家威廉·斯蒂芬斯认为,婚姻是:(1)社会的合法的性结合;(2)开始于一种社会公告;(3)具有某些共同的思想职能;(4)假设有一个多多少少明确的婚姻契约,详细说明配偶之间、配偶和子女之间的责任和义务。⑥

两性关系是婚姻的基础和属性,但它只是婚姻的自然基础和属性,还不是它

---

① 古德:《家庭》,魏章玲译,社会科学文献出版社1986年版,第21页。
② 转引自潘允康:《家庭社会学》,中国审计出版社、中国社会出版社2002年版,第72页。
③ 罗素:《性爱与婚姻》,文良文化译,中央编译出版社2005年版,第95页。
④ J.罗斯·埃什尔曼:《家庭导论》,潘允康等译,中国社会科学出版社1991年版,第79页。
⑤ 同上。
⑥ 同上。

的社会基础和属性。两性结合形成婚姻,但绝非所有的两性关系都是婚姻,只有规范化、制度化了的两性关系才是婚姻。人是有社会性的,人的社会性决定了人的性冲动和要求要严格加以控制。人的两性关系也必须克服主观随意性使之臻于规范化。自有人类社会以来,使两性结合规范化的主要手段是社会的风俗、道德和法律。依社会风俗、道德和法律的规定,为社会风俗、道德和法律所承认的两性结合是婚姻。现代社会是法治社会,法律在规范和认可婚姻行为中有决定性的作用。婚姻是社会对男女结合成夫妻的一种制度性的安排。在我国,婚姻是男女双方依照法律规定的条件和程序,确立夫妻关系的行为。

既然婚姻是社会的一种制度性的安排,不同历史时期、不同国家和地区的法律不同,风俗道德不同,婚姻制度也不相同。例如,就配偶的人数来说,就有"多夫多妻""一妻多夫""一夫多妻""一夫一妻"(专偶制)等四种不同的婚姻形态和婚姻制度。

1. 多夫多妻制

"多夫多妻"也称团体婚姻。这是一种乱婚的结合,其婚姻内容包括若干男女之间的相互婚媾。比如苏联西伯利亚的丘克族,有一种联婚制度,一群男子为联婚关系。此种男子常是已婚的人,他们联合十对以内的夫妇,互为联婚。在此约定俗成的结构圈里,任何男子对于任何女子,当本夫外出之时,均有暂时视为妻子的权利。这种婚姻也称为团体婚。"发现了越来越多的证据,证明在不发达的各民族中间,存在过一批男子共同占有一批女子的婚姻形式;而拉伯克(《文明的起源》1870年版),则认定这种群婚(communal marriage)是历史的事实。"[①]关于多夫多妻制在学术理论界一直有争议,有的人认为它曾经普遍存在过,有的人认为它从未存在过。如社会学家斯宾塞认为婚姻发源于乱婚,进而发展为"一妻多夫""一夫多妻""一夫一妻"。美国耶鲁大学人类学教授麦杜克则说,团体结婚,虽然在过去人类学文献中占了很重要的地位,但从来未成为文化的规范。在他所研究的二百多个原始社会部落中,只有几个有团体结婚,而且都

[①] 《马克思恩格斯选集》第4卷,人民出版社1995年版,第12页。

是例外的。另一个人类学教授罗威则认为,团体婚纯属一种假定的状态,实际上并无此事。他认为婚姻是一种永久的联系,有相互权利与义务,一群男人和女人暂时结合乱媾,并不能视为事实上的婚姻关系。①

2. 一妻多夫制

此种制度曾盛行于因纽特人的部落,在印度南部的托达人和麻巴拉人也实行过这种制度。一妻多夫制有两种不同形式,一种为同胞共妻制,若干兄弟共有一妻,长兄娶妻,弟享夫权,生子皆属于兄;兄死,其财产、地位、妻子皆传于次弟。弟辈享兄夫权,有的须经相当礼节,而享此权的弟辈,往往在家庭中居于从属地位。我国西藏的有些地区曾经采用这种制度。据传,有的西藏女人说:"如果我只有一个丈夫,他死了,我就成为寡妇了!"寡妇对于西藏妇女来说是不吉祥的忌词。另一种多夫制是非同胞共妻制,指一个地方上几个男子共有一妻,由该女轮流到他们住所去同宿若干时日,若有小孩,则按某种仪式来确定其父。印度南部的内耶实行这种婚姻制度,为丈夫者并非兄弟,往往分居数处,为妻者常按日分赴各处居住。也有妇人留居母家,其丈夫分别往女家留宿,暂享夫权。在此种制度下,凡初生之子,定为年长的丈夫之子,以后依此类推。

3. 一夫多妻制

这种制度在现在有的国家仍然存在。正如一些学者指出的,男人自然倾向于一夫多妻制,因此从男性统治社会和家庭以来,即男权社会以来,这种制度曾被普遍地实行过。与此类似,我国古代曾实行过一夫一妻多妾制。郑玄注《礼记·檀弓上》中说:"帝喾而立四妃矣……其一明者为正妃……帝尧因焉。至舜不告而取,不立正妃,但三妃人而已……夏后氏增以三三而九,合十二人……殷人又增以三九二十七,合三十九人。周人上法帝喾,立正妃,又三二十七为八十一人,以增之合百二十一人。"②在奴隶制、封建制社会中,一夫多妻制主要在帝

---

① 潘允康:《家庭社会学》,中国审计出版社、中国社会出版社2002年版,第72—73页。
② 《四部备要》,郑玄注:《礼记·檀弓上》,中华书局1998年版,第20页。

王、诸侯、卿大夫和富人中实行,在有些民族中也成为习俗。实行多妻制除去满足男子的性欲、生育子女、增加劳动力外,也常用它来提高社会地位,包括女人的地位。有一些男子多妻是出自第一个妻子的要求,娶妻越多,则第一个妻子的地位越高;若丈夫不多娶,则会受到妻子责备。在许多原始民族中多妻的家庭相处十分和谐,特别是姐妹共嫁一夫的更是如此。

4. 一夫一妻制(专偶制)

这是今天世界上实行最广的婚姻制度,是人类婚姻制度由低级到高级演化进步的结果。在实行多夫多妻、一妻多夫、一夫多妻的地区也往往同时并存一夫一妻制。由群婚、一妻多夫、一夫多妻向一夫一妻演变,即由多偶制向单偶制变化的原因,学术理论界有不同的解释。有的从生产力发展的角度,认为生产力的发展带来了剩余产品,出现了私有制,在私有制中,男性家长为了财产的继承和传递,要求配偶专一和单一,以便确认谁是自己的亲生子女,从而促进了对偶婚和单偶婚的发生,并最终确定了单偶婚(一夫一妻制)。也有的从生育的角度解释了一夫一妻制的发生和确立,即人类在长期的人类自身生产,即人种传递中意识到,单偶制有利于生育强健聪明的后代,有利于对孩子的抚育和教育,有利于人自身的生产和再生产。无论怎样解释,今天它已经是婚姻中居统治地位的制度。

由多偶婚向单偶婚发展变迁是人类婚姻制度的趋势,是文明社会的选择,人们只能于此前进,而不是倒退。只要人类社会赋予家庭的功能不改变,"一夫一妻制"家庭就不会消失,而是趋于完善化,这是人类的共同选择,已经确立了一夫一妻制的国家是如此,尚未选择的也是如此。20世纪90年代,面对着曾经出现的人口负增长,有人建议在俄罗斯的一些省份(特别是边远省份)采用一夫多妻制,以迅速增加人口。但这一动议并没有被俄罗斯议会通过,说明现代社会对一夫一妻制的深刻认识和坚持一夫一妻制的决心。世界上现在还有实行一夫多妻制的少数国家。近年来却发生一些相反的变化,向一夫一妻制靠拢,比如有些国家新近规定,男人结婚后若再娶妻,必须征得前夫人的同意,否则不得进行,这样的规定实际是对一夫多妻制的限制。

第二章　婚姻要义

"多夫多妻制""一妻多夫制""一夫多妻制""一夫一妻制"是不同的婚姻制度,在不同的婚姻制度下有不同的婚姻形态。从古到今,社会要用制度化的方式对婚姻进行限制和干预,不同制度之间有如此巨大的差异,是因为婚姻是社会行为。

三、婚姻从表象上是私人行为,从本质上是社会行为

用社会学观点看,婚姻家庭既是私人领地,也是社会领地。婚姻从表象上是私人行为,从本质上是社会行为。

1. 婚姻从表象上是私人行为

婚姻是私人行为,是说没有当事人的参与婚姻不能成立、不能实现,无论过去、现在和未来都是如此,特别是今天,崇尚婚姻自由的原则,一个人要不要结婚、和谁结婚、什么时间结婚都是个人的自由,他人和社会都不会干预。否认婚姻家庭的私人性是不正确的。

2. 婚姻从本质上是社会行为

婚姻的本质是什么,不同学派有不同观点,生理学派、心理学派强调婚姻的生理方面、性的方面和情感方面,社会学派则持婚姻功能论观点。

古德在《家庭》一书中说:"……社会对生私生子看得比婚前性行为还要严重,即使后者也被看作是不合适的。任何社会对于谁同谁结婚都是有所控制的。也有一些规定用来反对随心所欲的生育态度。换句话说,社会对婚姻所采取的控制主要不是由于担心人们的性行为,而是由于担心人们生孩子。"[①]

社会人类学家费孝通先生特别从功能论角度阐述了婚姻的社会性。他接受马林诺夫斯基在《文化论》一书中给社会制度下的定义。马林诺夫斯基说:"社会制度'是人类活动有组织的体系。任何社会制度都针对一种基本需要;在一合作的事务上和永久团集着的一群人中,有它特具的一套规律和技术;任何社会

---

①　古德:《家庭》,魏章玲译,社会科学文献出版社 1986 年版,第 1 页、第 48 页。

制度都建筑在一套物质的基础上,包括环境的一部分及种种文化设备。'"①在费孝通看来,婚姻家庭是一种社会制度,这种制度主要是为满足"生孩子,把孩子领大"的需要,他说:"为了社会新陈代谢作用的重要,社会上必须预备下这负责抚育的基本团体来完成这任务。每一个社会所容许出生的孩子必须得到有人抚育他的保证。所以在孩子出生之前,抚育团体必须先已组成。男女相约共同担负抚育他们所生孩子的责任就是婚姻。""婚姻是社会为孩子们确定父母的手段。从婚姻里结成的夫妇关系是从亲子关系上发生的。这种说法也许和我们通常的看法不同,因为在我们的文化里,时常会使人觉得夫妇关系是两性关系,婚姻是确定两性关系和个人开始性生活的仪式。可是在很多民族中两性关系并不以婚姻开始也并不限于夫妇之间,而同时值得我们注意的是夫妇之外的性生活无论如何自由,并不会引起婚姻关系的混乱。这使我们觉得婚姻关系和两性关系并没有绝对的联系,因之,我们似乎不应把限制两性关系视作婚姻的基本意义。婚姻之外的两性关系之所以受限制还是因为要维持和保证对儿女的长期的抚育作用,有必要防止发生破坏婚姻关系稳定性的因素。"②费孝通先生在谈到生育的概念时认为它包含有两种意义:生殖和抚育。生即生殖,是新生命的造成;育即抚育,是新生命的抚养和教育。他从人的幼体生长规律和需求谈到了人类创造婚姻制度对于完成生育功能的重要性和必要性,指出只有婚姻和由婚姻产生的家庭才能有效地完成这一功能。生育是婚姻制度的根据。他认为在一切婚姻动机中只有"生育"才是始终起决定作用的稳定因素。

马克思、恩格斯则从宏观上概括了这一点:"根据唯物主义观点,历史中的决定性因素,归根结蒂是直接生活的生产和再生产。但是,生产本身又有两种。一方面是生活资料即食物、衣服、住房以及为此所必需的工具的生产;另一方面是人自身的生产,即种的蕃衍。一定历史时代和一定地区内的人们生活于其下的社会制度,受着两种生产的制约:一方面受劳动的发展阶段的制约,另一方面

---

① 马凌诺斯基(马林诺夫斯基):《文化论》,费孝通译,华夏出版社 2002 年版,第 9—20 页。
② 费孝通:《生育制度》,天津人民出版社 1981 年版,第 1 页、第 33 页、第 29 页。

受家庭的发展阶段的制约。"①

从根本上说,人类之所以要有婚姻、要有家庭,社会要用法律、道德、风俗来规范它、限制它,主要不是为满足人的两性生活需要,而是要确立一个基本单位去完成一种基本功能,生儿育女、传宗接代,以使人类社会不致中断。为了人类社会的生存需要进行物质的生产和再生产,为了人类社会的绵续则要生育、抚育和教育。社会需要一种制度——婚姻,形成一个单位——家庭,来完成人类自身传递的任务,这是婚姻家庭存在的基本根据。实践证明,通过婚姻结成的家庭是完成这一功能的最有效的单位,是婚姻家庭一直受到社会保护、源远流长的根本原因。婚姻家庭的本质属性是它的社会性,这是不能否认的。

3. 婚姻的私人性和社会性是辩证统一的

今天,婚姻与家庭的私人性和社会性既是一个现实问题,也是一个理论问题。婚姻与家庭的私人性和社会性是辩证统一的。不能只强调婚姻家庭的私人性而否定了它的社会性,也不能只讲婚姻家庭的社会性而忽视了它的私人性。现实的混乱来源于理论的模糊。进一步阐述婚姻的社会性和私人性的辩证统一,对于既尊重人们的个性选择和隐私,又使人们理性地对待婚姻,自觉履行婚姻家庭的责任和义务,维护家庭文明、和谐和稳定,具有重要的理论和现实指导意义。

在以下相关章节中,我们将从婚姻的动机和准则以及主客观要件、择偶、婚姻媒介、婚姻成立、离婚等婚姻过程的几个主要环节和方面进一步说明婚姻的双重属性,阐述婚姻的私人性和社会性的矛盾辩证统一。

---

① 《马克思恩格斯选集》第4卷,人民出版社1995年版,第2页。

第三章

婚姻的动机、准则和要件

婚姻的社会性和私人性是矛盾的辩证统一。它首先体现在人的婚姻动机上,即人为什么要结婚,社会确立的婚姻准则,以及要求婚姻当事人结婚必须具备社会规定的主客观条件(婚姻要件)。

一、婚姻动机

"男大当婚,女大当嫁"是社会流行俗语,也是社会公认的价值观念。就一般情况而言,人到了一定的年龄,具备了一定的条件,都会想恋爱、择偶、结婚,即便自己没有想到,其亲友和各种社会关系也都会"帮助"当事者想到,从而形成一种人到一定年龄当婚当嫁的社会舆论和压力。在这样的社会氛围中绝大多数人都先后结婚了。

个人的婚姻动机是什么？社会为什么主张婚姻？有人把婚姻动机简单归结为青春的需要、爱的需要、性的需要、日常生活的需要等各种个人需要,这虽然不是错误的,但不全面。因为自古以来人类的婚姻动机,不仅有个人情感、性和日常生活方面的要求,还会有经济动机、传宗接代的动机,以及由此衍生的其他各种动机。从个人角度说,今天性爱和情感动机可能占有很重要的地位,但婚姻当事人也会有经济、职业、教育、文化、家庭生活、家庭背景、子女、宗教、民族等多方面考虑,不光是生理、心理方面,也有经济、社会方面的。德国社会学家穆勒里儿认为,人的婚姻动机是多种的,他列举了主要的三种,即经济、子女及爱情,并将它们依时代不同、重要性不同列其先后,即上古时代经济第一,子女第二,爱情第三;中古时代,子女第一,经济第二,爱情第三;现代则是爱情第一,子女第二,经济第三。他认为,原始时代婚姻以经济为主导动机缘于妇女是创造财富的活工具。个人恋爱在那个时期是没有的,人的性欲能在婚外得到满足。人类婚姻史的第二个时期,由于妇女劳动范围逐渐变小,只囿于家务,财富及继承问题日益突出,于是关于个人至亲骨肉的后代观念便一跃成为婚姻的主导动机,子女上升到婚姻动机的首位。到了以个人自由为原则的第三个时期,由于妇女社会地位的变化,浪漫的爱情成了婚姻的主导动机,其次才是生儿育女和经济方面的考虑。由此可见,人类婚姻的动机是复杂的、变动着的,不仅仅为个人性欲和情欲,还有经济和子女等其他方面的考虑。在人类历史的发展进程中,随着社会的变化,人类婚姻的动机是变动着的,有个人原因,更多的是社会原因。

国际工人运动活动家、德国社会民主党主要领袖倍倍尔在论述婚姻关系和性别角色时说:"我们为了享乐而设置了娼妓,为了日常保养身体而设置了妾侍,至于妻子则是为了生育合法的儿女和忠贞不贰地照管家室。"[①]从社会角色理论上说,对于男人,娼妓、妾侍和妻子都是性伙伴,但她们的地位和作用是不同的,只有婚姻中的妻子才有生育合法的儿女和忠贞不贰地照管家室的作用。人类结婚的动机体现了婚姻的社会性。它符合并顺应了社会对婚姻的认可、期待和价值需求。

二、婚姻准则

人们通过结婚,组成家庭,进行正常的社会生活,繁衍子孙后代,延续人类种族和社会。婚姻对于社会和人类事关重大,所以社会要制定婚姻的准则(规定)。社会的本质是社会关系,婚姻家庭的本质是婚姻家庭关系,因此婚姻的准则是社会对婚姻家庭关系的一些根本性的规定。不同时代、不同国家和地区有不同的婚姻家庭准则,这一准则集中反映了时代与社会的特征。现代社会是法

---

① 转引自潘允康:《家庭社会学》,重庆出版社1986年版,第55页。

治社会,婚姻家庭准则是由法律来确定的,以中国为例,婚姻家庭准则体现在《中华人民共和国婚姻法》之中。2001年4月28日中华人民共和国第九届全国人民代表大会常务委员会第二十一次会议颁布了新修订的《中华人民共和国婚姻法》,并由国家主席签署命令于当日开始实施。这是中华人民共和国成立以来制定的第三部《婚姻法》。该《婚姻法》坚持和发展了1950年和1980年两部《婚姻法》的准则,共包括6章51条。

1. 婚姻总则

婚姻总则为《婚姻法》第一章,含4条,是对婚姻准则的高度概括,是对婚姻家庭生活的总体规范。它主要涵盖5个方面的内容:婚姻自由,一夫一妻,男女平等,保护妇女、儿童和老人的合法权益,实行计划生育。

(1) 婚姻自由

婚姻自由主要包括禁止包办、买卖婚姻和其他干涉婚姻自由的行为。禁止借婚姻索取财物等内容。婚姻自由包括结婚自由和离婚自由,它们是不可分割的两个方面。没有离婚自由做补充,就没有真正的结婚自由,也没有真正的婚姻自由。该准则确定和保证了婚姻当事者对自己婚姻的自主权和决定权。

(2) 一夫一妻

这是对配偶人数的规定。禁止重婚,禁止有配偶者与他人同居。

(3) 男女平等

主要是夫妻平等,兄弟姐妹平等,男人和女人平等。这是对家庭成员的性别角色规定。

(4) 保护妇女、儿童和老人的合法权益

家庭成员间应当敬老爱幼,互相帮助,维护平等、和睦、文明的婚姻家庭关系。禁止家庭暴力。禁止家庭成员间的虐待和遗弃。这是对家庭中的弱者的保护规定。

(5) 实行计划生育

根据我国的人口形势,家庭应该实行计划生育。

第三章 婚姻的动机、准则和要件

婚姻家庭的总则是随社会的变迁、社会需求的变化而改变的。以上总则在1950年、1980年、2001年的《婚姻法》中都已经陆续体现。婚姻家庭的总则具有相对的稳定性，诸如婚姻自由、一夫一妻、男女平等，保护妇女、儿童和老人的合法权益等。这些也是世界大多数国家的共识。而随着我国人口状况的变化，我们曾经确定的实行计划生育政策正在调整，不断被赋予新的内涵。

2. 婚姻家庭的各项具体准则及相关规定

在2001年《婚姻法》中，除去婚姻总则外还有婚姻家庭的各项具体准则及相关规定，共包括5章47条。其中第二章为"结婚"，包括当事者的婚姻意愿、结婚婚龄、什么情形禁止结婚、结婚登记、无效婚姻、婚姻撤销等内容8条；第三章"家庭关系"，包括夫妻关系间的相互权利和义务、亲子关系间的相互权利和义务、祖孙关系间的相互权利和义务、兄弟姐妹关系间的相互权利和义务，以及非婚生子女、收养关系等内容18条；第四章"离婚"，包括离婚申请及核准、离婚缘由、军人离婚、女性怀孕期间的离婚、离婚后复婚、离婚后亲子间的权利和义务、离婚夫妻财产关系及分割、离婚债务处理、离婚后当事人之间的关系等内容12条；第五章"法律责任"，包括当发生家庭暴力，遗弃和虐待家庭成员，重婚及相关问题，婚外同居，离婚时隐藏、转移、变卖、损毁夫妻共同财产，拒不执行有关扶养费、赡养费、财产分割、遗产继承、探视子女等相关法律裁定及其他有关婚姻家庭的违法行为时，有关当事人权利的诉求和伸张、社会援助、法律制裁等内容8条；第六章附则，包括本法法律延伸和实行日期。

三、无效婚姻与婚姻要件

婚姻的社会性决定了婚姻当事者婚后要承担相应的社会责任和义务。因此婚姻当事者必须具备一定的生理、心理和社会条件，我们称之为婚姻要件，也可称其为婚姻当事者必须具备的条件，为社会法律所规定。具备法律规定的条件，履行了婚姻登记手续，得到了社会认可的为有效婚姻，否则为无效婚姻。《婚姻法》对无效婚姻做出了说明，对婚姻要件做出了具体规定。

1. 无效婚姻

2001年《中华人民共和国婚姻法》第二章第十条是关于无效婚姻的解释,该条款说,有下列情形之一的,婚姻无效:(1)重婚的;(2)有禁止结婚的亲属关系的;(3)婚前患有医学上认为不应当结婚的疾病,婚后尚未治愈的;(4)未到法定婚龄的。

和无效婚姻相关的是禁止结婚与结婚必备要件。

2. 禁止结婚

(1) 禁止有配偶者结婚

在实行一夫一妻制的国家,都有禁止婚姻当事者一方或双方有配偶者结婚的规定。一夫一妻的基本准则决定了一个人只能有一个配偶,不能同时有两个或两个以上的配偶。

在我国,法律规定实行一夫一妻制,凡已有配偶者,在其原婚姻关系未解除前又结婚者,不仅新的婚姻无效,而且还构成了重婚罪。我国2001年颁布的《婚姻法》对犯有重婚罪者规定了刑事处罚和经济赔偿责任。其第五章第四十五条有,"对重婚的……受害人可以依照刑事诉讼法的有关规定,向人民法院自诉;公安机关应当依法侦查,人民检察院应当依法提起公诉"。还有,因重婚罪导致离婚的,无过错方有权向对方请求损害赔偿。这些规定都维护了一夫一妻制的原则,符合大多数人民的愿望和社会的利益,有利于社会的安定。

在有些国家除去禁止有配偶者结婚外,还有关于女子再婚而未满再婚期者不得结婚的规定。再婚期一般为10个月以上。这些规定有些是基于对财产继承权的考虑,有些是为了防止后代血统混乱。我国婚姻法没有这方面的规定。

(2) 禁止近亲结婚

关于近亲结婚的优劣问题,一直有争论。古今中外大多数国家和地区都认为近亲结婚为劣,故对其有不同程度的限制。理由有二:第一,基于优生原理。因为近亲结婚者血缘关系太近,容易把双亲的生理缺陷遗传给后代,对人口的再

第三章 婚姻的动机、准则和要件

生产不利,给民族、种族素质带来不利影响。第二,出于伦理和习俗。人们在长期的社会实践中从近亲繁殖的危害中产生了一种伦理意识和习俗,反对近亲结婚。遵从伦理习俗,人们也不近亲繁殖。

关于禁止近亲结婚的规定,各国法律大多规定有直系血亲关系者不得结婚,对于旁系血亲者规定不尽相同。此外,许多国家在法律上还有禁止一定姻亲范围结婚的规定。

我国古籍《左传·僖公二十三年》中有:"男女同姓,其生不蕃。"《礼记·郊特牲》中说:"取于异姓,所以附远厚别也。"中国自西周以来,便禁止同姓结婚:"虽百世而昏姻不通者,周道然也。"(《礼记·大传》)以后到唐、明、清等朝代以及1949年前中国政府都有禁止近亲结婚的明确规定。1950年《中华人民共和国婚姻法》除禁止直系血亲、同胞兄弟姐妹结婚外,对其他五代以内的旁系血亲间结婚的问题,做了从习惯的规定。

1980年的《婚姻法》除保留了禁止直系血亲结婚的规定外,又明确规定禁止三代以内旁系血亲结婚。这一修改的实际意义,就是禁止出于同一祖父母、外祖父母的表兄弟姐妹间的婚姻。2001年《婚姻法》延续了1980年《婚姻法》的规定。

(3)禁止有疾病者结婚

为了保证婚后有正常的家庭生活,保证夫妻能繁衍健康的后代,男女结婚应无禁止结婚的疾病。对此各国立法都有具体规定。

关于禁止结婚的疾病,可概括为两类:

第一,精神方面的疾病,如精神病、智力有障碍的人等。

第二,身体方面的疾病,一般说来,法律中所规定的,仅限于重大不治的恶疾,以及危害对方和下一代健康的病症。除疾病外,某些国家在法律上还对有生理缺陷和性功能失常者做了禁止结婚的规定。我国1980年《婚姻法》第六条规定:"患麻风病未经治愈或患其他在医学上认为不应当结婚的疾病"的人,禁止结婚。所谓在医学上认为不应当结婚的疾病主要是指精神失常未经治愈、先天性痴呆以及某些已被实践证明不应结婚的传染性和遗传性疾病。2001年《婚姻法》把这一条简化为"患有医学上认为不应当结婚的疾病",是十分概括的。之所以去掉了对麻风病患者的特殊规定,是因为今天医学已经解决了关于麻风病的治疗问题。

3. 结婚必备要件

禁止结婚是说什么样的人不能结婚,结婚必备要件是说具备了什么条件才可以结婚,是关于婚姻的互相呼应的正反两个方面的规定。对于婚姻当事者来说,除去没有被禁止结婚的情况外,本人还需具备主观和客观两方面要件。

(1) 婚姻的主观要件

婚姻的主观要件是指当事人的主观愿望,即想不想结婚,什么时候结婚,要不要和对方结婚。2001年《婚姻法》第二章第五条规定:"结婚必须男女双方完全自愿,不许任何一方对他方加以强迫或任何第三者加以干涉。"这一规定充分体现了尊重当事人的主观愿望和婚姻自由的原则,反对封建的包办买卖婚姻和干涉他人婚姻自由的各种行为。

但在长期的封建社会中,却不是这样,婚姻是由父母包办的,有"父母之命,媒妁之言"之说,并且法律上有所规定。如明洪武二年(公元1369年)令:"凡嫁娶,皆由祖父母、父母主婚;祖父母、父母俱无者,从余亲主婚。"(《明会典》卷二十)清朝法律也曾沿袭了明朝法律,做过类似的规定。

现代各国婚姻立法,多把当事人的合意作为婚姻成立的实质条件之一,并且往往把意愿表示的重大瑕疵(如欺诈、威吓、胁迫、严重误解等),作为婚姻无效或得以撤销的原因。我国2001年《婚姻法》也有相关的规定,其第二章第十一条说:"因胁迫结婚的,受胁迫的一方可以向婚姻登记机关或人民法院请求撤销该婚姻。受胁迫的一方撤销婚姻的请求,应当自结婚登记之日起一年内提出。被非法限制人身自由的当事人请求撤销婚姻的,应当自恢复人身自由之日起一年内提出。"

(2) 婚姻的客观条件——婚龄的下限和上限

婚姻的客观条件是指当事人的生理、心理等条件,以当事人的年龄为标志。

第三章 婚姻的动机、准则和要件

男女结婚要履行夫妻的义务，承担对家庭和社会的责任，所以需要达到一定的年龄，才能具备结婚、成家立业所需要的生理、心理和社会条件，因此社会历来对人的结婚年龄有所规定和限制，这种规定和限制统称为"限"，有婚龄的"下限"和"上限"。婚龄的"下限"是指结婚所需达到的最低年龄，婚龄的"上限"是指结婚不能超过的最高年龄。低于最低年龄，超过最高年龄，法律都不允许结婚。

古今中外的礼制和法典对婚姻的"上限"多没有规定，只有沙俄民法有年逾80岁的男女不得结婚的规定，而对结婚的"下限"几乎都有规定。对于结婚的"下限"的规定，古今也有不同。我国古代有男子三十而娶，女子二十而嫁（《礼记》《周礼》《穀梁传》皆为男三十而娶，女二十而嫁；《墨子》《韩非子》则谓丈夫二十，妇人十五），这是当时礼制规定的结婚年龄。但实际上封建社会法律规定的结婚年龄都比较早。如唐开元令，男十五，女十三，听婚嫁；宋嘉定令，男十六，女十四，为嫁娶之期；明洪武元年法令和《清朝通典》均规定，男十六，女十四，可以娶嫁。

我国1980年《婚姻法》第五条规定："结婚年龄，男不得早于二十二周岁，女不得早于二十周岁。晚婚晚育应予鼓励。"2001年的《婚姻法》的规定与此相同。其中晚婚晚育的提法显然和我国的人口形势有关，社会控制人口的要求自然鼓励晚婚晚育，这是婚姻要受社会制约、符合社会需求的表现。

当代世界各国的法定结婚年龄也不相同（见表3.1），各个国家对于婚姻年龄的下限，即最低结婚年龄的规定是不同的，差距在10年左右。对于女性来说最低为12岁，比如赤道几内亚；也有14岁的，比如玻利维亚、委内瑞拉；最高的21岁，比如巴西、新加坡、赞比亚等。对于男性来说，最低为12岁，也是赤道几内亚；也有16岁的，比如玻利维亚、委内瑞拉；最高的21岁，比如阿尔及利亚、巴西、印度、赞比亚等。当然这些是仅就表中列举的数字而言的，只是为了说明世界各国对婚姻下限规定的大致年龄段。表3.1中展示最低、最高年龄都不是极限，比如中国现在规定男性婚姻下限的年龄为22岁，就要比表中所列举的国家的男性婚姻下限的年龄都要高。

表3.1 当代世界一些国家的法定结婚年龄①

国家或地区	最低法定结婚年龄		数据来源	
	女	男	年份	资料
阿尔及利亚	18	21	2005年	消除对妇女歧视第32次会议
阿根廷	16	18	2002年	消除对妇女歧视2002年特别会议
澳大利亚	18	18	2006年	消除对妇女歧视第34次会议
白俄罗斯	18	18	2004年	消除对妇女歧视第30次会议
玻利维亚	14	16	2007年	消除对妇女歧视第40次会议
巴西	21	21	2003年	消除对妇女歧视第29次会议
喀麦隆	15	18	2000年	消除对妇女歧视第23次会议
朝鲜	17	18	2005年	消除对妇女歧视第33次会议
赤道几内亚	12	12	2004年	消除对妇女歧视第31次会议
芬兰	18	18	2003年	联合国人口司
法国	18	18	2003年	联合国人口司
印度	18	21	2003年	联合国人口司
日本	20	20	2003年	联合国人口司
马里	15	18	2006年	消除对妇女歧视第34次会议
俄罗斯联邦	18	18	2003年	联合国人口司
新加坡	21	21	2001年	消除对妇女歧视第25次会议
泰国	17	17	2006年	消除对妇女歧视第34次会议
美利坚合众国	18	18	2003年	联合国人口司
委内瑞拉	14	16	2006年	消除对妇女歧视第34次会议
赞比亚	21	21	2003年	联合国人口司

（3）确定婚姻下限的根据

婚姻是私人行为与社会行为的辩证统一，因此确定婚姻下限的根据也来自个人和社会两个方面。

---

① 上海社会科学院家庭研究中心：《中国家庭研究》第五卷，上海社会科学院出版社2010年版，第283—288页。

第三章 婚姻的动机、准则和要件

婚姻是私人行为。个人只有达到一定的年龄，具备必要的生理条件和心理条件才能结婚。我国古代有"男子十六精通，女子十四而化"之说，是说生理上男人大约在16岁成熟，女人在14岁成熟，进入青春期，具有了性交和生育能力，也开始异性相吸，有了关注异性的心理和兴趣，和事实相差不多。现代人比古代人生活条件好，身体强壮，成熟年龄也早了。医学研究结果证明，男14岁，女12岁，多数人就已经成熟了。

从社会来说，婚姻是社会行为，结婚意味着婚姻当事者开始承担相应的社会责任和义务。中国有句俗语：成家立业。成家与立业是联系在一起的。成家立业也可以说是立业成家。不立业不能成家，因为不立业，当事人往往不具备成家的能力，不具备维持家庭生活的条件。在青少年时期，一个人可能在生理上已经成熟了，但心理上未必成熟，更不具备教育、职业、经济收入等其他相关的社会条件，因此即便想结婚，也没有条件和能力结婚，而要等具备了结婚所需要的成熟的社会条件时，才开始考虑或准备结婚。基于这样的社会事实，社会法定的婚龄下限普遍比生理成熟年龄晚。比如不是14—16岁，而是20岁前后，或更晚，是符合社会实际和需求的。

当然，婚姻下限仅仅是社会法定的结婚最低年龄，是说达到或超过这个年龄才能结婚。至于在此年龄之上何时结婚，那是由婚姻当事者个人决定的。

四、婚龄的变化和婚龄差

1.婚龄的变化——晚婚趋势

从传统社会到现代社会，人们的实际结婚年龄是向后推迟的，换句话说是晚婚的趋势。尽管我国古代礼制上曾有"男子三十而娶，女子二十而嫁"之说，但据载，男女的实际婚龄是比较早的。《孔子家语》中说："哀公曰：男子十六精通，女子十四而化也。是则可以生民矣。而礼男必三十而有室，女必二十而有夫也，岂不晚哉？孔子曰：夫礼言其极，不是过也。男子二十而冠，有为人父之端；女子十五许嫁,有适人之道。于此而往,则自昏矣。"①说明古代所谓"男三十而娶,女二十而嫁"不过是一种说法而已,实际结婚年龄低于此标准。有些研究认为中国历代王朝为了增加丁税和劳役以及弥补战争消耗,普遍提倡早婚,再加上那时人的寿命较短,早婚(一般女人在13岁左右就出嫁了,男人十四五岁也有了媳妇)现象比较普遍,我们从各种史料和文艺作品中都能找到这种事实。

现代社会人们的结婚年龄普遍向后推迟了,一般都在20岁以上。表3.2是世界一些国家或地区2006—2008年的婚龄统计资料,可见世界是晚婚的趋势。比如1975年瑞典的女性平均结婚年龄为26岁,而2006年为32岁;男性为34岁,更晚。1975年德国的女性平均结婚年龄为24.5岁,而2006年为31岁。在一些欠发达的发展中国家,如尼加拉瓜、刚果民主共和国、津巴布韦、利比里亚、海地等国家,女性早婚的比例仍然较高,男性也有一定比例的早婚。而发达国家早婚的很少。结婚的早晚除去和一个国家或地区的经济、社会、文化发展水平高低有关外,还和当地的风俗、宗教等因素有关。有些国家并不发达,但人们崇尚晚婚,比如尼泊尔。

表3.2 世界一些国家或地区2006—2008年的婚龄统计资料②

国家或地区	年份	平均结婚年龄		15—19岁已婚人口比例(%)		资料来源
		女	男	女	男	
瑞典	2006年	32	34	0.4	0.1	联合国统计司
瑞士	2007年	29	32	0.9	0.1	联合国统计司
德国	2006年	31	34	0.5	0.1	联合国统计司
澳大利亚	2006年	30	32	0.8	0.4	国家统计局
中国香港特别行政区	2006年	30	33	0.4	0.3	国家统计局
捷克共和国	2007年	29	31	2.8	0.7	联合国统计司

① 王国轩、王秀梅译注:《孔子家语》,中华书局2011年版,第318页。
② 以上仅选取世界一部分国家或地区平均结婚年龄资料,参见上海社会科学院家庭研究中心:《中国家庭研究》第五卷,上海社会科学院出版社2010年版,第290—296页。

续表

国家或地区	年份	平均结婚年龄 女	平均结婚年龄 男	15—19岁已婚人口比例(%) 女	15—19岁已婚人口比例(%) 男	资料来源
刚果民主共和国	2007年	21	25	24.6	6.2	美国国土安全部
丹麦	2008年	31	33	0.2	0.0	联合国统计司
法国	2006年	32	33	0.2	0.0	联合国统计司
海地	2006年	22	27	19.3	2.3	美国国土安全部
以色列	2006年	26	29	3.5	0.4	联合国统计司
利比里亚	2007年	22	25	20.2	2.8	美国国土安全部
缅甸	2007年	28	30	5.4	0.4	联合国统计司
尼泊尔	2008年	31	34	0.2	0.0	美国国土安全部
沙特阿拉伯	2007年	25	27	4.0	0.3	国家统计局
乌克兰	2007年	23	26	6.6	3.0	美国国土安全部
越南	2007年	23	27	6.2	1.8	国家统计局
津巴布韦	2006年	21	—	23.8	—	美国国土安全部
斯洛伐克	2006年	28	30	1.0	0.2	联合国统计司
尼加拉瓜	2006年	18	25	60.7	3.1	国家统计局

根据1982年进行的中国五城市家庭调查资料,所有已婚者中女性的结婚平均年龄是23岁,男性的结婚平均年龄是26.4岁。而全国妇联发布的《中国幸福婚姻家庭调查报告——2015年十城市抽样调查》显示,目前我国平均结婚年龄为26岁,男性比女性高2.3岁,四分之三的男性在25至34岁之间结婚,超过九成的女性在30岁之前结婚。其中,"70后"比其他代际结婚时间更晚,平均结婚年龄在29.6岁,"60后""80后"及"90后"的平均结婚年龄依次是26.3岁、26.2岁、24.3岁。这些数字和其他许多相关的调查得到的资料都证明,现代人的婚龄是向后推迟了,晚婚是今天社会的时尚。

"现代中国城乡家庭研究"课题组编写的《世纪之交的城乡家庭》一书提供了20世纪末21世纪初中国城乡结婚年龄和结婚年龄变化的有关情况和数据,

也说明了现代人晚婚的趋势。(见表3.3、表3.4)①

表3.3　不同结婚年代妻子平均结婚年龄的城乡比较(岁)

	-59	69	79	84	89	90+	总计
农村平均婚龄	19.66	19.51	21.77	22.52	22.29	21.29	21.46
城市平均婚龄	19.73	22.95	24.91	26.20	25.72	26.35	25.09
城乡合计平均婚龄	19.12	21.63	23.48	25.13	24.68	24.90	23.79

表3.4　不同结婚年代丈夫平均结婚年龄的城乡比较(岁)

	-59	69	79	84	89	90+	总计
农村平均婚龄	18.97	21.17	22.92	23.68	23.63	23.18	22.79
城市平均婚龄	23.07	26.26	27.53	28.17	27.96	29.53	27.67
城乡合计平均婚龄	21.87	24.35	25.42	26.87	26.64	27.49	25.96

人们结婚年龄的这一变化和社会法律的改变有关。在我国从法定的结婚年龄上看就是向后推迟的。以1949年前后的中国相比,1949年前政府规定男满18岁,女满16岁即可结婚;而1950年的《婚姻法》规定男20岁,女18岁始得结婚。从20世纪60年代末到70年代初,为了控制人口和生育,许多地方还有许多不成文的规定,比如规定男27岁、女25岁可结婚,或者男女年龄之和为50岁可结婚等。1980年的《婚姻法》规定男22岁、女20岁可结婚,2001年《婚姻法》沿用了这一规定,法定婚龄的推迟是人们实际结婚年龄推迟的主要根据。

另外,随着社会的发展与变迁,人们的婚姻观念也在发生变化,在婚龄的选择上多倾向晚婚。现代社会是个知识爆炸的社会,是紧张的充满竞争的社会。人们需要不断学习和奋斗才能跟上社会的潮流、适应社会的需要,而不致落伍,并能在激烈的社会竞争中取得成功。在学业、职业、事业和婚姻的选择中,一些

---

① 沈崇麟、杨善华、李东山主编:《世纪之交的城乡家庭》,中国社会科学出版社1999年版,第43页、第45页。

人往往是"牺牲"婚姻（确切地说是实行晚婚）去追求学业、职业和事业。以学业为例，今天人们崇尚完整学历、高学历，要从小学开始读到大学毕业为止。按规定，6岁小学入学，要6年小学，6年中学，4年大学，大学毕业已经22岁左右了。如果再希望读研究生，从硕士到博士毕业一般也至少在5年，这时的年龄就接近30岁了。接着找工作，定职业，也需要时间和精力。

结婚意味着成家立业，需要包括物质条件在内的各种相应条件的准备，比如经济条件、住房条件，这些也需要时间。事业有成再考虑婚姻。今天为生活和事业成功而推迟婚期，实行晚婚是很普遍的。

在婚姻择偶中追求爱情和婚姻质量，也是婚姻年龄推迟的重要原因。追求爱情和婚姻质量增加了择偶的复杂性，也拉长了择偶的时间和婚前的准备过程。现在的年轻人期望找到理想的配偶，以求得婚后在感情、性、生活、事业等各个方面的全面协调。因此，他们需要在婚前有较长时间的相互接触、认识和体会，才能确定对方是否是自己理想的配偶。一些国家和地区兴起的"试婚"现象就是例证。所谓"试婚"是指恋爱男女未婚同居，组成"准夫妻"和"准家庭"，在此期间，他们过着完全的夫妻和家庭生活，甚至包括生儿育女，但不正式结婚，直到彼此感到相互间灵与肉能达到一致和协调，再去正式登记结婚。有的人说这是当事者在进行一种合作式的实验，为了这种实验，不惜耗费时间和精力，不惜推迟婚期。今天将婚龄推迟到35—45岁，是很常见的事情。

总之，造成现代人推迟婚龄的因素是多方面的，主要是社会因素和由社会因素引起的个人因素，它从一个角度说明婚姻不仅是一种个人行为，更是一种社会行为。

2. 婚龄差

所谓婚龄差是指成对配偶间在结婚年龄上的差距。在婚姻行为中，人们根据自己的主客观条件，不仅选择自己的结婚年龄，而且根据自己的年龄去选择对方的年龄。在择偶中有的人认为与同龄人为伍为好，也有的人希望对方和自己有年龄上的差别，有"老夫少妻"，也有"少夫老妻"。它表现了人们在两性婚龄上的差异观。

"老夫少妻"即男大于女的婚姻模式。男子在求偶结婚时对女方的年龄有一个从个人年龄向下的取值范围,要求女方的年龄比自己小;女方在征婚时则希望男人比自己年龄大,是向上的取值。这种模式在国内外都很流行。英国的法定结婚年龄男女均为16岁;实际中,男子的平均结婚年龄为31岁,女性为29岁。法国的法定结婚年龄男女均为15岁;实际中,男子的平均结婚年龄为32.6岁,女性为30.5岁。日本的法定结婚年龄为男18岁、女16岁;实际中,男性的平均结婚年龄为35岁,女性为31岁。① 目前我国平均结婚年龄为26岁,男性比女性高2.3岁(2015年)。

"少夫老妻"即女大于男的婚姻模式。过去在我国少数农村地区曾流行女大于男的风俗。比如在河北、山东、河南的一些农村,有"女大三抱金砖"之说。在1949年前,部分农村的人们实行童婚,男子大半在12—13岁结婚,女的则到16—18岁结婚,女大于男4—8岁。据说到20世纪80年代,有些少数民族地区还保留着历史上遗留下来的女大于男的习俗。中央民族大学的课题组在广西进行调查时,瑶族人戴××回忆他6岁结婚时,其妻已经20岁了。戴说他还依稀记得当年自己睡醒起床不见老婆时,就大吵大闹地向他母亲要那个"花姑娘"(穿着绣花裙的瑶族服装的妻子)背去玩。

在现代一些西方国家,也有一些像今天的"少夫老妻"现象。以美国为例,一些美国妇女在择偶时都希望丈夫比自己年轻。在以前,她们的这种想法会引起人们的嘲笑,人们会以为她们勾引幼稚无知的青年男子,并认为这种婚姻是一种冒险的举动。然而,时至今日,人们的观念已经发生变化,反而认为此类婚姻是时代潮流,是一种时髦。在其他发达国家也有"少夫老妻"现象。马克龙在2017年大选中当选为新一届法国总统,他的妻子曾经是他年轻时期的老师,比他大24岁。

婚龄差在婚姻中是客观存在的,对"老夫少妻"和"少夫老妻"模式也存在不同的看法和解释。

---

① 《各国平均结婚年龄对比,中国表示有点尴尬》,2018年1月16日,http://www.sohu.com/a/217040854_632426。

第三章 婚姻的动机、准则和要件

对"老夫少妻"模式的解释多在协调夫妻关系和两性生活的方面,根据是男性和女性间的生理差异。按我国古代"男子十六精通,女子十四而化"之说,男性 16 岁成熟,女子 14 岁成熟,就有一个差数,而女性生理周期结束(绝经)也早,大约在 45—50 岁;男性则在 60 岁左右(绝精),或更晚一些,实行男大于女模式可使夫妻性关系和性生活协调时间较长。反对这种观点的人认为这种解释比较勉强,也许它对早婚模式还有点意义,人们十几岁都要结婚了,男女成熟的年龄不同,在结婚时自然会要求和出现比较普遍的男大于女模式,并成为一种习俗保留了下来。现在这一习俗已经失去了实际意义,人们实行晚婚,要到 25—30 岁,甚至更大一点年龄才决定结婚,这时男女都早已成熟了,婚龄差成立的原始根据已自然消失,再保持婚龄差,盲目崇尚"老夫少妻"模式已无任何现实意义。还有的人认为"老夫少妻"模式是男权主义,是男性统治和奴役女性婚姻模式的最后遗迹,不值得肯定与提倡。

对"少夫老妻"的解释也不尽相同。20 世纪前期的中国,河北、山东和河南的农村过去人们之所以主张讨个"老姐姐"为妻,是为家里增添一个能做事的女工、干家务的劳动力。在美国一些人专门研究了"少夫老妻"的原因,发现既有社会原因,也有心理和生理上的原因。这种婚姻以白人居多,女方大多为职业妇女、知识女性,在事业上较为成功。她们收入稳定,属于女强人类型。对她们来说,已无须找一个经济上有保障的男人来作靠山。从心理上说,女方比男方大几岁,可使双方的关系更融洽。一位名叫维多利亚·豪斯顿的女作家专门写了一本描写大女少男之恋的书。她的丈夫比她小 9 岁,用她的话说,她丈夫从小是在母爱的关怀下长大的,所以,他习惯于她继续作他的监护人。心理学家认为,这类大女找少男的婚姻并不存在性剥削和经济剥削的问题。在这类婚姻中,女方年龄会大,有婚史,有性经验,甚至有孩子,能配合男人,知道怎样讨男人欢心。同时,男人的观念也有了变化,他们认为成熟的女人更具有魅力,在这类婚姻中,由于女方比较成熟、世故,男方一般对她俯首听命。女方收入颇丰但不会伤害男子的自尊,性生活极为主动和谐,但也不致引起对方的恐惧,其结果是双方满意。有的学者认为从生理学上讲,这类婚姻是平衡的,这是因为男性在 20 岁左右其性渴望到了巅峰的状态,而女性则要到 30 岁。另一个因素是男人的平均寿命比女人短,"少夫老妻"的婚姻正好取长补短。对于那些男人来说,娶一个虽比自己大几岁,但收入颇丰、体贴人的妻子,在心理上会有一种稳定感,而这种感觉同龄的妻子是很难给予的。同时大媳妇往往对小丈夫更有耐心。一些美国人则认为"少夫老妻"婚姻不能持久,但这种大媳妇和小丈夫的婚姻正在美国蔓延开来。

"老夫少妻"和"少夫老妻"模式是人们在婚姻中的选择,对婚姻本身没有根本的意义。现实表明,男女婚龄相近,其经历、性格、心理、爱好、身体等各方面条件接近,都处在生命周期循环的同一阶段上,比较容易在生活和事业上全面协调,婚姻家庭也较美满。社会调查资料表明,大多数婚姻模式中夫妻的婚龄是相近的,在时代的变迁中婚龄差呈缩小的趋势。

第四章

婚姻择偶

一、什么是婚姻择偶

婚姻择偶是婚姻当事人根据个人或家庭的意愿选择异性为配偶的过程。传统社会配偶由当事人的家庭或长辈(主要是父母)选择和决定。现代社会配偶则由当事人本人选择和决定。

择偶是私人行为,也是社会行为,正如社会学家伯吉斯所说:"动物求偶,而人结婚。其意义不同是简单明了的。求偶是生物性的,而婚姻是社会和文化的。"[①]

中国有一句俗话:"万一悔之于后,毋宁慎之于前。"这是人们在婚姻择偶中的一种普遍的心态。对于崇尚"白头到老""从一而终"价值观念的人来说,择偶很重要,它关系到人的一生。

二、择偶不自由和择偶自由

以前,在人类漫长的婚姻史上,婚姻当事人是没有或很少有择偶自由的。我国封建社会有"父母之命,媒妁之言"之说,当事人对自己的配偶没有选择权和决定权,而是由父母长辈或他人来决定,称为择偶不自由。现代社会主张婚姻自

---

① J.罗斯·埃什尔曼:《家庭导论》,潘允康等译,中国社会科学出版社1991年版,第79页。

由,由当事人决定自己的婚姻,由当事人选择和决定自己的配偶,别的人不得干预和决定,称为择偶自由。

1. 择偶不自由——人类婚姻史上纷纭的择偶不自由形式

(1) 掠夺婚

所谓"掠夺婚",最初意义是男子用武力掠夺女人来作妻子,在战争中最为常见。据说我国古代时商讨伐有苏氏,以妲己归,即有掠夺婚意。以后掠夺婚的意思发生了新的变化。近代梁任公举《易·爻辞》中"乘马班如,泣血涟如,匪寇婚媾",解释了掠夺婚的状况。他说:"夫寇与婚媾,截然二事,何至相混? 得毋古代婚媾所取之手段与寇无大异耶? 故闻马蹄蹴踏,有女啜泣,谓是遇寇,细审乃知其为婚媾也。"①因此,掠夺婚开始时是说由战争掠夺女奴,后来变成择偶的一种手段。男子喜欢一个女子,可以乘黑夜或其他机会把她抢过来。旧社会我国农村也有抢婚的风俗。古代掠夺婚也有用来娶再嫁的妇女,表示她并非自愿,而是出于强迫的意思。

(2) 买卖婚

所谓"买卖婚"是指男方以金钱、财帛买女为妻。妇女完全被看作是一种财货。《曲礼》上说"买妾不知其姓则卜之"②,将不知姓名的女人买来为妻,是典型的买卖婚姻。从古至今各种形式的买卖婚姻十分普遍,男方以金钱彩礼送女方父母,女方父母送女与男子为妻。

(3) 服务婚(服役婚)

所谓"服务婚"(服役婚)是指男方上女方家为其服务(役)一段时间,而后与其女结成夫妇。这是古时希伯来人的风俗,古代希腊、罗马、亚利安人、条顿人及斯拉夫人中亦见之。新近的原始民族当中尚多行之,尤以南美洲印第安人中最流行。在我国广西花篮瑶中,婚姻是幼时由父母定下的。男子到了可以工作的年龄,每个月要有一两次到女家去做工,晚上就住在女家,和未婚妻同宿。这样

---

① 梁启超:《梁启超论中国文化史》,商务印书馆 2012 年版,第 34 页。
② 贾德永译注:《礼记·孝经》,上海三联书店 2013 年版,第 25 页。

第四章　婚姻择偶

未婚的男女从小就有不断的接触,若是发现对方不中意,男方可以拒绝服务,把婚约解除。

（4）交换婚

所谓"交换婚"是指双方父母各以其女交换为子妇,或男子各以其姐妹交换为妻。我国古代有"西周之初,迄于春秋,姬姜两姓世为婚姻"的记载,即为交换婚的痕迹。

（5）指腹婚

所谓"指腹婚"是指双方父母同期怀孕,当儿女还在母亲腹里,未出生,双方父母就约定,如果这两个婴儿生下来是一男一女,就相定为未来的夫妇。我国1949年前有一些偏远山区、少数民族地区,甚至在东南沿海交通较发达的江苏省南通都有这种婚俗。

（6）童养媳

所谓"童养媳"是指女儿出生后尚未成年就被送到男家抚养做小媳妇,到男女双方都成年的时候择日完婚。我国旧社会农村中童养媳的风气颇盛。有男孩子的家庭,到相当的年龄,即收养童养媳。据说一则可以帮助家中料理家务,有如婢女；二则等男孩成年时,即结为夫妻,可以省去种种婚姻的费用。童养媳是贫困社会的产物。据统计,1949年前江浙一带农村中,约有10%的家庭有已婚和未婚的童养媳。

2. 择偶自由——"合意婚"的提出与确立

所谓"合意婚"也叫自由婚,是近代社会由资产阶级提出,由资本主义社会确立的。该婚姻形式确定了婚姻当事者对择偶的决定权。曾有学者认为,婚姻是反映人类的自然法则所要求的契约,基于这种契约,夫妻的占有是相互的,必须以双方合意为条件,所以,这种婚姻又被称作共诺婚。1804年公布的《法国民法典》,是一部以罗马法为基础的典型的资产阶级社会的法典。该《法典》第146条宣布："未经合意不得成立婚姻。"并且要求当事人在身份吏前公开举行婚姻仪式,依照一定的程序做成婚姻证书。这是对"合意婚"的正式提出与确立。

《法国民法典》在早期资本主义国家立法中占有很重要的地位,被认为是大陆法系各国婚姻家庭立法的典型,对其他各国立法也有很大影响。"合意婚"的确立,是人类婚姻的解放,它标志着人类开始从择偶不自由向择偶自由迈进。然而,由于婚姻史上漫长的择偶不自由势力的影响,由于择偶的复杂性和社会因素的综合性,直到今天这一过程也没彻底完成。今天,在婚姻关系上,即使是最进步的法律,只要当事人在形式上证明是自愿,也就十分满足了。至于法律幕后的现实生活是怎样的,这种自愿是怎样造成的,往往可以置之不问。

三、婚姻择偶不自由的社会解读

自1804年《法国民法典》公布以来,婚姻自由已经逐步成为世界潮流,为现代社会和国家广泛接受。中华人民共和国成立后颁布的第一部《婚姻法》就将婚姻自由列为第一项基本准则。然而,几十年过去了,在今天的部分落后地区仍存在少量包办买卖婚姻的现实,还有把妇女当作商品的丑恶现象,是值得我们深刻反思的。仔细分析起来,它和封建传统遗留影响有关,和经济发展水平不高、贫穷落后有关,也和社会的法治建设存在某些薄弱环节有关。

1. 封建传统不言"夫妇有爱"而是讲"夫妇有别"

中国的传统文化以儒家思想为代表,儒家主张"存天理,灭人欲",这人欲自然包括男女之爱了。根据儒家传统,婚姻历来是两姓宗族之事,并非男女个人之事。故依礼成"妇"的仪节,尤重于成"妻"的仪节。《礼记·昏义》上说:"昏礼者,将合二姓之好,上以事宗庙,而下以继后世也,故君子重之。"可见在中国的传统意义上,婚姻不是当事者个人之事,而是为家庭宗族承先启后、传宗接代。换句话说,男子结婚不是为个人娶妻,而是为宗族娶妇。女子结婚,不是为个人嫁夫,而是嫁与夫姓的宗族为妇。事关宗族大事,所以,婚姻的缔结,不在当事者,而在当事者的父母,在"父母之命,媒妁之言"。在儒家看来,"天地不合,万物不生,大昏,万世之嗣也,君何谓已重焉?"[①]传宗接代、孝敬父母为婚姻之本,

---

① 王国轩、王秀梅译注:《孔子家语》,中华书局2011年版,第34页。

男女之爱不必多言,相反,男女要界限分明,以致"男女授受不亲"了。从孔孟创始儒家思想开始,经历了董仲舒、二程、朱熹等几个发展阶段,历数千年而不衰,一直是"人之一心,天理存,则人欲亡;人欲胜,则天理灭。未有天理人欲夹杂者"①。对于女人来说,是"饿死事小,失节事大",在这种深入民族之心的文化中,人们对婚姻和择偶自由度要求相对较低。冯友兰在《中国哲学史》一书中谈到这点时说:"儒家论夫妇关系时,但言夫妇有别,从未言夫妇有爱。"②其实不但不言有爱,而且把婚姻看得十分严肃,甚至是带有一些悲壮的调子:"嫁女之家三夜不息烛,思相离也。娶妇之家,三日不举乐,思嗣亲也。"③"昏礼不贺。"④读来结婚有如勇士授旗赴战,十分悲壮,而无喜庆。在儒家看来,确有这个意义。女人出嫁都是泪流满面,而不会有今天人们结婚时的那种兴奋和激动。在儒家文化的影响下,中国人的婚姻向来是把生活的享受除外,把感情的满足撇开,甘愿挑起一副人生的担子,满足于履行婚姻家庭义务,任人安排,含辛茹苦,而毫无怨言。今天我们虽然已是现代社会主义的中国,但根深蒂固的封建文化的影响还有遗留,特别是在农村。封建文化强调了婚姻的社会性、婚姻当事者的社会责任,而泯灭了婚姻的私人性和个人幸福。事实表明,在封建观念影响还很深的地区,是没有更多的婚姻自由自主,没有普遍的爱情婚姻,没有更多的择偶自由度的。

2. 在柴米油盐事中不能自拔

在中国之所以今天还有包办买卖婚姻,还有拐卖妇女的现象,除去封建的意识影响之外,还跟部分地区经济落后、人民的生活水平低有关。在柴米油盐中不能自拔的人们,在婚姻上的自主权总是比较少的。20世纪90年代,上海社会科学院社会学研究所在全国四省市婚姻调查中,发现甘肃省农村有为数不少的包办买卖婚姻,他们认为,这不仅是因为甘肃农村山高沟深,交通不方便,男女的社

---

① 黎靖德编:《朱子语类》,王星贤点校,中华书局1986年版,第224页。
② 冯友兰:《中国哲学史》,神州国光社1931年版,第458页。
③ 《周礼·礼仪·礼记》,岳麓书社1989年版,第355页。
④ 同上书,第386页。

交范围较狭窄,更是因为生产力发展滞后,限制了青年人的自由选择。由于以往单一的农业劳动更依赖长者的生产经验,加上农业生产的效率低导致收入的低水平,家庭成员的收入由家长集中管理,统一使用,父亲是家庭经济的主持人,未婚子女既无支配自己劳动所得的权利,也不具备自由婚嫁所需要的必要的物质条件,只能听从父母出于家庭利益的婚事安排。① 尽管改革开放以来,我国发展了生产力,大大提高了人民的生活水平,但仍有少数的贫困落后地区的温饱问题还没有解决,这是这些地方包办买卖婚姻的经济根源。从社会学角度说,在家庭中的夫妇关系中,一直有一对基本矛盾:感情和柴米油盐。换句话说是感情和经济(过日子)的矛盾。解决的方法一是把柴米油盐之类过日子事务上的合作减少,使夫妇间偏重感情协调,趣味相投;二是把感情方面的要求撇开,偏重经济上、事业上的合作。这种偏重的方向无高下之别,重要的是要看生活的环境如何。著名社会学家费孝通将情感和柴米油盐比喻为"鱼"和"熊掌",他说:"理想的夫妇是鱼与熊掌两得齐全的,问题是开始于这理想的不易实现,若是对现实的夫妇关系期望太高,要求太甚,反而易使这种关系因承担不住而发生裂痕,所以不能不退而求其次的说法,鱼与熊掌中不能不择一而足了。"②按照一般规律,在柴米油盐的经济活动和讲求志趣相投中选择时,先得保证柴米油盐,然后才能志趣相投。若是生产技术很简单,生活化程度很低,男女在经济上所费的劳力和时间很多的话,夫妇间常常会偏重事业上的合作,而压低情感上的满足。再进一步说,夫妇间偏重情感的发挥,必须在一个生活化程度很高的社会,其中有各种设施可以减轻他们的抚育责任以及经济上的劳作。如果我们比较一下传统中国家庭中的夫妻关系和西方家庭中的夫妻关系,就能明白上述道理了。不是西方人讲爱、懂爱,而是他们的温饱问题解决了。对于还在柴米油盐中周旋、不得温饱的人来说,对择偶的自由度和爱情的要求是不高的。可以认为经济上的落后、生活上的贫穷,是包办买卖婚姻和拐卖妇女现象的经济基础。

---

① 樊爱国:《转型期中国人的爱情与婚姻》,中国妇女出版社1998年版,第46页。
② 费孝通:《乡土中国 生育制度》,北京大学出版社1998年版,第146页。

第四章 婚姻择偶

3. 法盲和疲软的法律监督

早在我国第一部《婚姻法》中就明确规定:"废除包办强迫、男尊女卑、漠视子女利益的封建主义婚姻制度。实行男女婚姻自由、一夫一妻、男女权利平等、保护妇女和子女合法权益的新民主主义婚姻制度。禁止重婚……禁止任何人借婚姻关系问题索取财物。"它表明党和政府对婚姻家庭领域的重视和铲除封建主义的婚姻的决心。它对于消除封建婚姻,把广大人民群众,特别是广大妇女从封建婚姻制度下解放出来,起到了巨大的作用。然而,我国的法律制度是不够健全的,特别是在人们的法治观念还很薄弱的情况下,法律的贯彻必然不彻底,法律监督也必然疲软,许多事例可以说明这点。早在1988年,我国公安部已发出通知要求全国统一行动,严厉打击拐卖妇女儿童的犯罪活动。该通知指出,全国拐卖妇女儿童的犯罪活动日趋严重,发案连年增加,而公安局执法时在一些地区受到不同程度的刁难,明支持暗包庇的现象较为普遍。对拐卖妇女儿童的犯罪行为缺少整体治理方案。对此,公安部提出要提高整个社会的防范能力,逐步减少并消除拐卖妇女儿童的客观条件,大力推进社会主义的精神文明建设,提高人民群众的社会主义法治观念,自觉抵制和揭露买卖人口、残害妇女的犯罪行为,革除买卖婚姻、包办婚姻的封建陋习,在广大妇女中进行自尊、自爱、自重、自强的教育。公安、检察、法院、民政、司法、妇联等有关部门明确分工,各负其责,相互配合,继续贯彻从重从快、严厉打击的方针。在一些重点地区集中一段时间,开展打击拐卖妇女儿童的专项斗争。在充分准备的基础上,收捕一批拐卖人口的犯罪分子。对罪大恶极、非杀不可的集团首犯、团伙头子、惯犯、屡犯,该逮捕的逮捕,并适当选择典型案例在作案地召开群众大会宣判,形成强大的声势,以打击犯罪分子的嚣张气焰。在这方面尽管我们取得了很大的成绩,但这种丑恶现象并没有彻底消除,而且在某些地区仍然十分猖獗。一些自身被拐卖的妇女也参与了新的拐卖活动,甚至成为首犯,这是令人深思的。可见健全法制、打击各种犯罪活动是必要的,但只能治标不能治本,还必须发展经济,提高人民的物质和文化生活水平,逐步铲除封建主义;教育广大人民群众,特别是加强法治教育,实行群防群治,才能达到治本的目的。由第十二届全国人大常委会第十六次会议表决通过的《中华人民共和国刑法修正案(九)》,是对依法铲除拐卖妇女儿童现象新的法律保障,为从源头上彻底铲除拐卖妇女儿童的现象提供了新的法律依据。

四、自由择偶的客观规律

人类从择偶不自由到择偶自由走过了一段很长的路。即便是人类实现了完全的择偶自由,也未必能实现完全的自由择偶。这里所说的自由择偶和择偶自由不仅是词语的倒置和相同意义的反复。所谓择偶自由是说人们在择偶中已经有了自主权和决定权,是指择偶的必然王国。而自由择偶则是说人们不仅有自主权和决定权,而且把握了择偶的客观规律,运用自如地选择自己的理想配偶,是择偶的自由王国。人们从择偶的必然王国走向择偶的自由王国并不容易。每个人都想找到自己的"意中人",寻求幸福的婚姻,希望组建美好的家庭。然而,多数人还只能留在择偶的必然王国里,并不能到达择偶的自由王国;就是说大多数人有择偶自由,也能找到配偶结婚,但并不一定能择到理想的配偶。其实,这也符合客观现实,从社会学的意义上看,择偶不难,实现自由择偶、择理想的配偶较难。

所谓择偶不难是说大多数人都能找到配偶结婚。根据人口资料,迄今为止,全球60亿人人口结构的性别比例是基本合理的,即男女数量大致相等。从出生的角度看,男略多于女,但男人寿命相对女人较短,男人自然淘汰率较高,因此维持了男女性别比的大致平衡。按"男大当婚,女大当嫁"的社会风俗和社会舆论,绝大多数人达到一定的年龄是要寻找配偶、要结婚的。今天的社会实行的是一夫一妻制,择偶是一对一的,据此我们可以推论当事者到达一定年龄择偶结婚,或经过个人的努力,或由他人帮忙,或早或晚总可以找到配偶。这就是今天社会上大多数人都能结婚的原因。然而,对于当事人来说选择理想的配偶却不容易,这是因为择偶是个复杂的过程,它要受当事人本身的主客观条件限制,更受各种社会因素的制约。

第四章 婚姻择偶

1. 择偶条件的多元性和综合性

所谓择偶条件是指当事人择偶的依据和标准。从规律上说，人们的择偶标准和条件都是多方面的、综合的，而不是单一的。换句话说，婚姻当事人在择偶时只看对方一个条件，只考虑一个因素的情况是很少的，常常是综合多种条件来选择的。基于婚姻是私人行为和社会行为的双重属性，这些标准和条件既包括对方的生理和心理条件，也包括其社会条件。比如要考虑对方的年龄、身体、相貌等生理条件；要有对对方"财产多寡和经济状况""门第高低""家庭环境和背景"的要求；要想到对方的职业、职务、文化程度、工资和收入；还要有"性格""爱好""贞操""道德品质""有无爱情"等方面的要求。要求越多，越复杂，择偶的范围就越小，难度也越大。比如说某女性选对象，要求男方身高在1.7米以上，这实际上就把1.7米以下的男性排除了。如果她还有另一个条件是男方文化程度必须是大学毕业生，那么不是大学毕业的人又被排除了，依此类推，每增加一个条件，择偶的范围就缩小一圈。从理论上说，人的择偶范围很宽，每一个进入婚龄的未婚异性都可能是选择对象；实际不然，它要受多种条件的限制，实在很窄。有美国社会学家曾研究过美国纽黑文城中1980对夫妇的背景，他的结论认为，美国文化对男女择偶有确定的限制，其主要因素是种族、宗教、年龄、民族、阶级地位及教育，他说："当所有的这些因素合并起来的时候，它们便把一个人的择偶范围弄成狭小的了。"[①]

2. 择偶标准的多因素影响

在婚姻问题研究上，反复强调的基本观点是婚姻的社会性，婚姻是一种社会行为。因此，它要受到社会因素的影响和制约，社会是变化的，影响婚姻的社会因素在变化，人们的择偶标准也在变化。

在人类历史的发展过程中，人们的择偶标准既表现了连续性、继承性，又表现了很大的差异性。所谓连续性、继承性，是说自古以来人们择偶都要考虑一些

---

① 参见潘允康：《家庭社会学》，重庆出版社1986年版，第69页。

共同的方面。所谓差异性,是说不同社会、不同时期、不同地区人们的择偶标准有所不同。

婚姻的自然属性决定了人们择偶要考虑对方的身体、相貌等条件,不仅在于异性相吸,更重要的是造福子孙后代。婚姻的自然属性具有连续性、稳定性和一致性,因此不论哪一个时代、哪一种社会人们在择偶时,身体相貌的考虑都占重要的位置。当然不同时代人们的价值观念不同,审美观念不同,在择偶的身体和相貌的考虑上也有不同。希望对方有健康的体魄,几乎是任何时代人们的共同要求,至于美感可能有变化。比如历史上留下的唐朝壁画中的美女都较胖,那是写实画,就是说那时女人较胖受欢迎,而今天以女人苗条、性感为美。为什么那时人的审美观和今天不同?有的研究认为,这是和那时家庭重生育有关的,一个健壮的女人能生孩子,多生孩子,在人们的心中才是美的。今天,生育已经不是家庭中最重要的事情,女人美的标准改变了,不是胖女人美,而是苗条且充满性感的女人美。这种推理无论是否真的有道理,在逻辑上还是成立的。

婚姻的社会属性决定了人们择偶要受到社会的政治、阶级、经济、宗教、道德等因素的影响,这就使人们的择偶标准有了时代特征,随时代的变迁在不断改变。

择偶受政治因素影响。如同恩格斯所说的,在中世纪婚姻中,"对于骑士或男爵,像对于王公一样,结婚是一种政治的行为,是一种借新的联姻来扩大自己势力的机会;起决定作用的是家世的利益,而决不是个人的意愿"[①]。中国古代唐朝文成公主嫁给吐蕃松赞干布的故事,流传1000多年了。这个婚姻属于政治联姻。从文成公主个人角度讲,个人婚姻完全服从于统治者的政治需要,她在遥远的番邦生活了40年,却守了31年的寡,大半的青春年华都埋没在了雪域高原。从历史的角度看,汉藏联姻促进了民族团结,特别是对藏族经济、文化等方面的发展起了积极的作用。当时汉族的纺织、建筑、造纸、酿酒、制陶等先进生产技术,以及儒家书籍、历法、医药等都陆续传入。

一个社会在政治变动时期,政治因素影响婚姻择偶表现得比较明显。比如

---

① 《马克思恩格斯选集》第4卷,人民出版社1995年版,第76—77页。

第四章 婚姻择偶

我国"文化大革命"时期,"血统论""出身论"一度盛行,出于政治考虑,相爱的人因一方"出身不好"而不能结合的不乏其例。在社会或组织的干预下,人们不敢和有"海外关系"的人相交,不敢和"出身不好"的人结合,都是政治因素影响择偶的表现。

择偶受阶级因素影响。在封建社会,婚姻要"门当户对",即是阶级之内的通婚。比如我国魏晋时期实行九品中正制,阶级分层就很严格,此时有"上品无寒门,下品无世族"之说。到北朝婚姻阶级分层更严,北魏时期诏令皇族、王公侯伯及士民之家,不得与百工、伎巧卑姓为婚,犯者加罪。在古代印度分婆罗门、刹帝利、吠舍、首陀罗四个等级,不同等级的人彼此不准通婚。总之,在阶级社会,"婚姻仍然是阶级的婚姻,但在阶级内部则承认当事者享有某种程度的选择的自由"[①]。今天在一个阶级对立消失的社会,婚姻择偶还会受到社会分层的影响,属于同一阶层的人相结合是比较容易的。

择偶受经济因素影响。在影响择偶的诸多因素中,经济因素的影响常常起着决定性作用,人们择偶历来都有经济方面的考虑。恩格斯曾经指出:"当父权制和专偶制随着私有财产的份量超过共同财产以及随着对继承权的关切而占了统治地位的时候,结婚便更加依经济上的考虑为转移了。买卖婚姻的形式正在消失,但它的实质却在越来越大的范围内实现,以致不仅对妇女,而且对男子都规定了价格,而且不是根据他们的个人品质,而是根据他们的财产来规定价格。"[②]如果说在封建社会,择偶有时还有宗族、门第等因素的考虑,到商品化的资本主义社会,择偶有时变成了一种完全的、赤裸裸的金钱关系。今天在拜金主义的驱使下,妙龄少女可委身于垂死老叟,青年男子可娶暮年老妪为妻。"结婚的充分自由,只有在消灭了资本主义生产和它所造成的财产关系,从而把今日对选择配偶还有巨大影响的一切附加的经济考虑消除以后,才能普遍实现。到那时,除了相互爱慕以外,就再也不会有别的动机了。"[③]

择偶受宗教因素影响。不同宗教对婚姻有不同的要求和观念。比如伊斯兰

---

① 《马克思恩格斯选集》第4卷,人民出版社1995年版,第79页。
② 同上书,第77页。
③ 同上书,第80页。

教允许一夫多妻就是一例。宗教还常常从信仰、审美观念等方面影响择偶。比如欧洲中古时代宣扬禁欲主义,认为健康和美貌是魔鬼用以诱人之工具。有的宗教信仰苦行僧哲学,禁止本教教徒结婚,有不同宗教信仰者之间不通婚,这些都是宗教对择偶的影响和限制。

择偶受社会风俗和伦理道德的影响。比如一些地区的社会的风俗是夫妻间男大女小,因此,男人在择偶时多要找比自己年龄小的女人,哪怕年龄相差很大也无所谓,相反,女人年龄大于男人是一些人所不能接受的。而在我国一些少数民族中和少数农村地区却一直奉行女大于男的风俗,那里的男人多找"大女"为妻,这都是社会风俗影响择偶的例子。今天在西方社会,有许多男人开始愿意找比自己年龄大的女人为妻,是为了能得到成熟女人的温存和体贴,也逐渐形成一种社会风俗。总之,社会风俗是影响人们择偶的一个重要因素。不同的伦理道德观念也会影响到人们的择偶。比如封建的"贞操观"至今还影响着一些人,从而影响了择偶与婚恋,而在性观念开放的社会就没有这方面的问题。

除去上述因素外,择偶还要受其他因素的影响,比如要受民族和种族的影响,有些国家有不同民族和种族的人不通婚等的规定。

3. 择偶标准随社会变迁而变动

择偶不仅受诸种社会因素影响,而且在社会变迁中人们的择偶价值观念、条件和标准在不断改变。在不同的社会情景中人们会有不同的择偶标准和条件。比如在我国20世纪50年代,个人的政治条件曾经很重要,共产党员、共青团员、劳动模范、"三八红旗手"等是择偶的最优条件。到60年代,开始讲阶级和阶级斗争,特别是"文化大革命"中,家庭成分变得突出了。而到八九十年代改革开放时期,有钱、有海外关系变得时髦了,是不是共产党员等政治条件变得不重要了,家庭的阶级出身也变得无所谓。像这样的社会的变化而引起择偶标准的变化的例子,我们可以举出很多。

1996年上海社会科学院社会学研究所以"中国婚姻质量"为主题在上海、哈尔滨对3166名已婚男女进行了入户访问。两市各调查800对夫妻,其中32名丈夫因外出工作或因生理障碍无法接受调查,2名拒绝访问。实际共获得

1600个妻子和1566个丈夫的样本,得到了不同年代婚姻择偶标准资料。(见表4.1)

表4.1 不同年代择偶标准差异①(%)

选择项目 \ 年代	—1966	1967—1976	1977—1986	1987—	X^2检验
一、政治社会条件					
家庭出身、社会关系	26.6	28.8	12.6	15.6	90.53***
本人成分、政治面貌	30.5	23.5	15.5	13.9	64.71***
学历	10.6	11.7	12.6	25.3	75.10***
职业	17.8	25.8	28.2	40.7	84.41***
籍贯	4.2	4.9	6.7	4.1	8.70*
二、生理条件					
年龄	20.8	21.8	21.5	22.0	0.27
健康	62.6	68.0	58.0	60.4	17.03**
身材	7.6	9.4	13.8	17.3	32.18***
容貌	13.2	22.2	24.0	28.8	41.67***
生育能力	1.6	2.6	2.1	1.8	1.68
血缘关系	0.7	0	1.0	2.0	17.42**
三、物质条件					
住房	16.4	27.7	33.1	37.2	67.96***
收入	20.1	27.5	27.0	34.9	33.28***
财产、积蓄	2.1	3.6	2.6	5.4	14.21**
赡养负担	5.8	5.6	3.8	6.2	7.84
海外关系	0.7	0	0.5	1.1	9.68*
四、人品个性					
老实可靠	63.3	61.4	53.5	42.3	70.13***
温柔体贴	32.3	38.0	36.4	39.6	6.79

---

① 徐安琪、叶文振:《中国婚姻研究报告》,中国社会科学出版社2002年版,第11—12页。

续表

项目选择	—1966	1967—1976	1977—1986	1987—	X^2 检验
气质修养好	9.5	10.2	11.3	19.0	35.37***
聪明能干	18.0	21.8	25.0	21.2	10.90*
豁达、忍让	3.2	5.8	6.1	9.2	18.27***
事业有成绩	5.3	7.9	5.8	7.9	6.34
开朗、幽默	1.2	4.0	4.4	5.5	17.19*
成熟、有责任心	5.8	11.1	13.1	18.1	42.83***
五、双方相容互补					
理想志向	15.5	17.9	12.2	12.9	11.56**
思想观念	11.3	13.0	10.3	18.1	14.20**
兴趣爱好	9.2	12.1	17.0	12.9	55.72***
性格脾气	39.0	46.3	47.3	51.1	16.70**
生活习惯	21.9	29.0	26.3	28.3	7.66

*$P<0.005$,**$P<0.01$,***$P<0.001$。

由上述可见,人们的择偶标准是有社会性的,受社会变迁的影响,不同年代人们的择偶标准有所变化。

4. 爱情在择偶中的地位越来越重要

爱情在择偶中的地位越来越重要,是今天婚姻和择偶中的热门话题。现代人主张婚姻要以爱情为基础,爱情是婚姻质量的主要标志。越来越多的人走向婚姻,是基于有"爱"的基础。甚至很多处在"无爱"婚姻中的人,也开始向婚姻之外追寻"真爱"的路径。

(1)"情人现象"

"情人现象"从广义上是指有情之异性之间的眷恋、联系、交往、互动、同居、性行为等。现在社会上普遍理解的"情人现象"则代表的是其狭义的概念,它往往与"第三者""婚外情"联系在一起。但是应该区分"情人"与"情妇"的概念,"情妇"通常与金钱往来有联系,而"情人"更强调感情的成分。现代社会对情人

第四章 婚姻择偶

现象的道德与心理宽容度似乎开始增大了。这与改革开放以后人们观念的变化、经济的发展、社会道德与心理的宽容度增大都有关系。但是绝大多数婚外恋情、婚外性关系及同居现象造成了现存的夫妻关系日益紧张。也有人能对此保持隐秘状态或小心协调婚姻内外的关系，似乎婚外情对夫妻关系的影响不大，或者夫妻在相互抗衡中，以某种利益关系或其他因素逐渐求得平衡；甚至有个别夫妻达到相互理解，即有婚外恋情的一方"喜新不厌旧"，有"在家红旗不倒，在外彩旗飘飘"之说。

对婚外情产生的原因人们有不同的看法。过去人们往往用道德问题和"喜新厌旧"一词来概括，这并不全面。产生婚外情有多种社会原因，比如"人口广泛流动和交际频繁""商品经济带来的价值观念的变化""家庭传统功能的减弱""物质生活水平的提高和人的需求的改变"以及"来自国外的影响"等。还有比较多的人认为，这种现象的出现是今天人们追求爱情的结果。一些人认为以往的中国家庭是高稳定低质量的，所谓低质量是指感情质量低，大多家庭结婚都是为了过日子。今天人们开始要求感情上的满足，但许多人都已经结婚了，又在原来的婚姻中找不到"爱情"，用离婚再结婚的办法解决问题比较麻烦，因此搞起了婚外情。

在20世纪90年代中期，中国根据社会的变化，准备着手修改中华人民共和国成立后的第二部婚姻法（1980年《婚姻法》），制定新的第三部婚姻法（2001年《婚姻法》）。因为婚姻家庭的普遍性牵涉千家万户的利益，所以组织对《婚姻法》修改的民众讨论，广泛征求群众意见。从1995年开始的这场大讨论整整进行了5年左右时间，其中婚姻家庭领域出现的"第三者"现象引起了强烈的社会反响和争论，在全国都有普遍争论。围绕"第三者"现象有两种相反的意见，以妇联组织为代表的意见认为一定要以"破坏他人家庭罪"对"第三者"进行法律制裁，用法律手段惩罚"第三者"，并将这样的条款写进新的婚姻法。另一种意见认为人们对爱情的追求，情人现象的出现，是社会变迁的产物。"第三者"出现的具体情境比较复杂，不适于用法律手段简单处理。持两种意见的人各持己见，并曾经在电视节目中公开辩论。全国人民代表大会常务委员会没有采用前一种意见，"第三者"的词汇没有被写进《婚姻法》，也没有出现惩罚"第三者"的法律条文。"第三者"属于道德领域范畴的问题,应该用道德的办法解决,不在法律范畴内。在2001年《婚姻法》总则中第四条款中仅有"夫妻应当互相忠实,互相尊重;家庭成员间应当敬老爱幼,互相帮助,维护平等、和睦、文明的婚姻家庭关系"的内容,作为对社会现实的回应和原则要求。

爱情在社会生活中地位的提升,必然影响婚姻和择偶。选择爱人为伴侣和找人搭伴过日子在择偶时标准是不同的。对于什么是爱情,爱情给择偶、婚姻和家庭带来了什么,应当有理性和与实践相结合的认识。

（2）爱情地位的提升是社会变迁的历史必然

有人认为爱情追求只是表象,称今天人们追求爱情是乱性,是社会变迁中两性关系和婚姻道德水平在下降。这种解释并不准确。我们不应该得出社会进步和道德水平下降相伴而来的结论,即经济基础先进了,上层建筑反而落后了。而应当坚持经济基础决定上层建筑的历史唯物主义观点。从这个观点出发,我们首先应该确立爱情地位的提升是社会变迁的历史必然的唯物主义观点。

如前所述,社会学家费孝通先生曾经把"感情"和"柴米油盐"比喻做婚姻中的基本"二元",并称此二元为"鱼"和"熊掌",家庭夫妇的理想是"鱼"和"熊掌"都得,但未必可能。就一般的规律而言是先保证"柴米油盐",然后才可能谈情感,换句话说物质有了保证,才有资格讲求爱。比较一下中西方社会对爱情的不同态度和方式,西方人浪漫,行为举止较开放,如见面拥抱、亲吻,"I LOVE YOU"也经常挂在嘴边;而传统的中国人很含蓄,家庭夫妇专注过日子,没有更多的爱语和浪漫,是"床上夫妻,床下客"。这不是因为西方人懂得爱、求爱,中国人不懂得爱、不求爱,而是经济发展水平和生活方式不同的反映。西方人生活在经济发达的社会中,物质条件好,感情的地位必然提升,追求感情。而过去中国经济欠发达,生活水平较低,人们还为生存和生活而劳作,对感情的需求自然较低。

改革开放以来,中国坚持发展生产力,以经济建设为中心,大大提高了经济发展速度和人民的生活质量和水平,不仅基本解决了温饱问题,而且在向小康社会迈进。在这样的社会变迁背景下,人们必然开始重视情感,追求情感。它是社会变迁的伴生现象,也是社会进步的表现。

第四章 婚姻择偶

现在,婚姻要以爱情为基础,人们在婚姻中要追求爱情,但是,爱情和婚姻并不相等,爱情在婚姻中地位的提升,并没有改变婚姻的社会性和婚姻家庭存在的社会根据。人要结婚,社会要设立婚姻制度,仍然是要通过婚姻组成家庭来完成一系列社会功能。结了婚的人要围绕这些社会功能承担相应的社会义务。这些是与爱情有关也无关的。爱情毕竟只是个人间的私事,为了感情,不一定要结婚,只要当事人合意即可。社会也不是为了人们对爱情的需要才设立婚姻制度。在现代社会,人们在婚姻中追求爱情是自然的,但把爱情作为婚姻的唯一目的也会出现误导,会使一些人用非现实主义的态度来对待婚姻与家庭,产生相应的问题和婚姻家庭行为中的变数。从理论和实践的结合上进一步深入思考爱情和与爱情相关的问题是必要的。

(3) 爱情——现代婚姻中的变数

爱情是个古老而又现实的话题。几千年来人们一直在谈论爱、追求爱,把爱情作为婚姻的最高境界和理想。但在过去,爱情只是少数人的奢望,今天才成为大多数人的追求。对于现代人来说,婚姻必求爱情,婚姻要以爱情为基础。然而,从现实生活的实际出发,爱情对今天的婚姻家庭的效应是双面的:一方面爱情进入婚姻和家庭,提高了婚姻家庭的质量;另一方面由于爱情是婚姻的本质,爱情具有不确定性和不稳定性,也给婚姻和家庭带来了困扰。

① 爱情具有复杂性。

我国古代《诗经》就有对当时中下阶层之男女自由求爱的记载。以后在漫长的封建社会中尽管婚姻极不自由,也有《西厢记》中张生和莺莺的故事、《武家坡》中王宝钏和薛平贵的故事、《梁山伯与祝英台》中梁山伯与祝英台的故事,《红楼梦》中贾宝玉和林黛玉的故事等,这些都表达了人们对爱情的追求和向往,但是从理性上研究什么是爱情的并不多。

相反西方人则比较早地从理性上探讨了爱情。早在几千年前,古希腊哲学家柏拉图就深入思考了什么是爱情。他认为爱情应当是纯洁的、高尚的,只能是心理上或心灵上的,而与肉体行为无关。柏拉图坚信"真正"的爱情是一种持之以恒的情感,而唯有时间才是爱情的试金石,唯有超凡脱俗的爱,才能经得起时间的考验。

公元前1世纪,卢克莱修提出了和柏拉图针锋相对的观点,认为爱情就应当是性的、色情的、肉感的,而不是所谓心灵上的、抽象的,因此,爱情就等同于性爱,至于所谓心灵之爱,不过表现为男女之间的虚伪和矫饰,是嫉妒性和游戏性的斗争而已。这位罗马诗人的爱情观点后来被人们称为肉感爱情和性感爱情,在当时的社会条件下,这种观点是把爱情和两性关系混为一谈,往往是指通奸中的爱情。因为那时是包办婚姻社会,男女之间自由相爱并不存在,人们的婚姻听凭父母安排,自己不能选择,所以只有在通奸和婚外情中才能找到这样的爱情。用今天的话说,爱情常常和"第三者"同时发生。可见当时对爱情就存在两种不同的观点,一派为心灵上的爱情,一派为肉感上的爱情,都不全面。

后来,出现了所谓心灵爱情和肉感爱情(色情爱情)相结合的"罗曼蒂克"式爱情。13世纪,英国皇宫中的贵族们开始给爱情定义,提出了许多表示爱情的规范条例,比如说他们认为爱情取得需要五个条件:第一,漂亮的身材;第二,要有口才能把对方说服;第三,崇高的性格;第四,要有财富;第五,要慷慨大方。他们认为爱情的建立可分为四个不同的阶段:第一,双方产生一种希望;第二,亲吻授予;第三,欢享拥抱;第四,以身相许。他们还提出了一些判断爱情的标准,比如,你一看见对方心里就怦怦跳,说明产生了爱情,你爱上了对方。再比如,新爱驱旧爱等。这种所谓宫廷爱情艺术只是列举了男女交往中的一些表现,没有说到爱情的本质上。所谓"罗曼蒂克"式的爱情在西方社会统治了很长时间。到19—20世纪,由贵族普及到贫民,都在谈论这种爱情,并且把它和性行为越来越紧密地结合起来,由婚后的性行为,发展到婚前恋爱中的性行为,或婚外根本没有婚姻意向的性行为。可见,"爱情"二字像某些美好的字眼那样,也会被用来包裹一些与爱情无关的东西。从一定意义上说,爱情不仅不等同于性的要求,也不等同于一般的两性之间的情感。从性的角度上说,任何男女之间都可能发生,但不一定是爱情,它甚至可能和爱情风马牛不相及。社会学家费孝通在《生育制度》一书中说:"性爱这种感情不但可以在任何两个男女之间发生,不易拘束,而一旦发生了性爱的男女,这种感情又是不太容易持久的。沃克说得很彻底,人类婚姻的对象尽管只是一个,可是在感情上男女都能在夫妇之外另有所眷恋的,因为人类是个 poly-erotic（多元性感）的动物。哈夫洛克·霭理士也说：'每一个男子或女子，就基本与中心的情爱说来，无论他或她如何倾向单婚，对其夫妇而外的其他异性的人，多少总可以发生一些有性爱色彩的情感；这一点事实，以前我们是不大承认的，到了今天，我们对它的态度也坦白得多了。'因之，若是让性爱自由地在人间活动，尤其是在有严格身份规定的社会结构中活动，它的扰乱力量一定很大……这样说来，维持社会结构的安定和完整，不容它紊乱和破坏，性的这个力量，无论如何得加以控制了。不论人是怎样多元性感，还是要设尽方法把性关入夫妇之间；更立了种种禁律，限制可婚的范围……"①

爱情是深奥的，有时是不可测的。英国著名哲学家罗素先生也视爱情为"雾里看花"，他说："在浪漫的爱情中，爱的双方往往不能看得很准，它像在迷雾中观望一般。甚至可能有些女人在结婚以后，仍可能置身于这迷雾之中……"②社会学家、历史学家、经济学家、民俗学家、心理学家、人类学家都想从不同的侧面给爱情下定义，众说纷纭，莫衷一是，但谁也没有说得清楚，给爱情一个权威的、能让人们理解并接受的、清晰的概念和定义，因为爱情本身就是深奥的。

爱情和性关系不等同，和婚姻也不等同。在英语中可以试举出五个与爱相关的英文单词，它们分别代表从高到低的爱的不同阶段：一是"love"（爱）；二是"feeling"（感情）；三是"enjoy"（喜欢、享受）；四是"test"（试验、尝试）；五是"ego"（本能）。这五个单词都包含有爱的意义。其中"love"是现在人们通常用来表示爱情的词语。但性心理学研究认为，在行为中人的本能可能超过理智，人处在"ego"状态时的狂热能超过"love"状态，不能说本能中没有爱。同样在其他几个阶段中也包含有爱的因素，这说明爱情是复杂的。

给爱情下定义是比较困难的，因为只有当事者才能体会出它的真实含义。也许正是因为爱的复杂、深奥和不可测，所以自古以来它一直引起人们的兴趣和追求，今天更带有社会的普遍性，是一个让人们讨论不完的永恒话题。然而，当人们热烈地追求它时，却不能确切知道爱是什么。现在社会上流行歌曲中有

---

① 费孝通：《生育制度》，天津人民出版社1981年版，第48—49页。
② 罗素：《性爱与婚姻》，文良文化译，中央编译出版社2005年版，第56—57页。

"爱情你在哪里""爱得好辛苦""爱得好难过"之类的歌词,真实地反映了人们求爱又得不到爱,而且从根本上不知道爱情是什么、爱情在哪里的复杂心情,这是非常真实的。

② 爱情具有不稳定性。

从美学角度看爱情,可以说:爱情是一种美,任何一种美都不是永恒的,因此爱情也不是永恒的,结论是新爱驱旧爱。

爱情婚姻和义务婚姻有联系,也有区别。在义务婚姻模式中,夫妻俩过日子比较具体,看得见、摸得着、钱怎样用、家务劳动怎样分工、孩子谁来照管、老人谁来护理等,可以具体操作与合作;而实现爱情是比较复杂的,爱情的不确定性使得追求爱情有时无法操作。当人安心于过日子,没有更高的期望时,容易心满意足,不思变化。而当人追求浪漫的爱情时,反而会增加烦恼,产生纠纷,思动思变,从而增加了婚姻家庭的不稳定性。

③ 面对爱情的两难选择。

爱情是一种看不见、摸不着、说不清的东西。现代人要以它作为婚姻和家庭的基础,不能不带来一些问题。对于爱情,人们有两难的选择。

人们在婚姻中讲爱、求爱是必然的,是人的需求层次提高的表现,是社会的进步,社会应该承认这种需要,创造条件去满足这种需要。爱情进入婚姻和家庭是婚姻家庭质量的提高。然而爱情的不确定性、爱情的变异性、爱情和婚姻本质的不一致性,使婚姻也容易产生新的问题。

从择偶的角度说,在爱情的判断和追求上,除了当事者本人外,其他人无法包办代替。和条件择偶相比,爱情择偶是比较难操作的。条件择偶带有确定性和可操作性,比如某人要选具有大学毕业学历,从事教、科、文、卫工作的人作为配偶,那么可依此条件到现实生活中去寻找,比较容易操作,自己若有困难,别人还可帮忙。若以爱情为条件去寻找,显然不易操作,自己有困难,别人也帮不上忙。

从日常的角度说,婚姻与家庭生活既是浪漫的,也是现实的;既要有情感,也要过日子;既有自我,还有他人;既有权利,还有义务。有人说,夫妻之间的爱情可以在日常生活的磨合中产生,即便没有爱情,也还会有亲情和友情,这有一定道理,但不都是如此,换句话说爱情是理想化的,而婚姻家庭生活是现实的。现实中为了爱而舍弃生活、舍弃婚姻与家庭的情况并不鲜见。

现代人在对待爱情上,不仅需要理性,而且得从现实出发。

5. 择偶中存在着普遍的交换价值和行为

社会交换理论的形成和出现,使人们逐步认识到社会行为中也存在交换价值。美国社会学家霍曼斯、布劳和埃默森创造的社会交换理论认为,人在从事某种社会行为时也期望有所回报,得到了回报他会产生从事这种行为的积极性,并重复这种行为。为此他们创造了社会交换行为中的最优原则,以及投资、奖励、代价、公平和正义等一系列范畴。婚姻是一种社会行为,婚姻择偶中也存在明显的交换价值和交换行为。一些人研究了这种现象,提出了婚姻交换理论,主要代表性的理论有"同质交换理论""异质互补理论"和恩格斯的"爱情交换"论。

(1) 同质交换理论——"门当户对"论

所谓"同质交换"是指当事人在择偶时以对等或相同的条件要求对方,实现交换,达到平衡。换句话说我给你甲,要求你也给我甲;我给你乙,要求你也给我乙。比如我的家境富裕,要求你的家境也要富裕;我个人的文化程度高(或较高),要求你的文化程度也高(或较高);我人长得高,对方也要个子高,不能太矮等。

中国古代的"门当户对"论是一种最原始的婚姻交换理论。所谓"门当户对"是指男女双方家庭的经济与社会地位相当,则结亲最合适。换句话说,男女双方在择偶时要相互考虑对方家庭财产多寡和门第高低。中国古代有"竹门对竹门,木门对木门"之说。旧时"竹门"和"木门"是一家一户的门脸,它标志着一个家庭的经济状况和社会地位。一般来说,大户人家的门脸都是台阶高筑,红漆或黑漆木质大门,石头狮子蹲两旁。一看到这样的门脸,就知道里面住着有钱有势的人家。相反,穷人家都是篱笆小门。"门当户对"论是说家庭背景相当的人结亲最合适,为社会所赞成,否则要受到阻挠和谴责。

1982 年"五城市家庭调查"的数据显示,婚前男女双方经济状况相似的比例是57.0%;而2008年"中国城市家庭结构和家庭变迁"调查中,这个比例上升到69.0%。女方家庭富裕一些的1982年占20.2%,2008年只有12.1%;男方家庭富裕一些的1982年占22.8%,2008年占16.9%。① 这说明,在择偶中同质交换的规律是客观存在的。

现代婚姻由当事人自己来决定,因此,现代婚姻中的同质交换除去家庭背景外,更多的是要当事者本人条件相当,比如有大学文化程度的人希望找有同样文化程度的人为配偶就是例子。

从家庭背景的"门当户对",到本人条件的相似和对等,是同质交换规律从传统向现代的演变。

(2)异质交换——"郎才女貌"和温奇的"异质互补"理论

所谓异质交换也称"异质互补",是说不同质量之间的对等交换,即我给你甲,你可以给我乙,这也可以实现交换,达到平衡。

中国过去有一个词,"郎才女貌",说的就是婚姻择偶中的异质交换和平衡,以郎才换女貌,以女貌取郎才,各有所得。这种模式在今天也还存在,而且有各种新的创造、发挥和发展。比如,根据日本心理学家对现代日本高中生的心理调查,要求高中学生列举理想的异性形象,在女性的形象中,"美貌"排在第一位,其次是"端庄稳重""性的魅力""温存体贴"等。与这些女性相对应的男性的特征是"责任感""生活的计划性""正义感""意志"等。调查表明,这些年轻人已经明确地掌握了异性的特征,并感受到了这方面的魅力。对大学生的调查,关于理想异性的形象与高中学生基本相同,女性形象中增加了"生活的计划性""责任感",男性形象中则增加了"独立性"和"头脑清晰",更具有成年人特征和浓厚的现实性。② 它说明异性之间的要求是相互的,但有所不同,是要交换的。出于男女性别和社会角色的差异,女多要求男有才、有事业,男多要求女有貌、有品行,要求是双向而不是单向的。从简单的逻辑上说,"郎才女不貌""女貌郎不

---

① 马春华、李银河等:《转型期中国城市家庭变迁:基于五城市的调查》,社会科学文献出版社2013年版,第175页。

② 潘允康:《家庭社会学》,中国审计出版社、中国社会出版社2002年版,第139—140页。

才"都不是异质互补,不易实现男女择偶中的交换和平衡。美国社会学家温奇(R. F. Winch)创造的"异质互补"说扩展了郎才女貌说,它的基本假设是:择偶时从特殊需要模式中获得最大满足之时,男女双方特质是异质互补。男女于择偶过程中各在候选者范围内寻找能给予其需要以最大满足之对象。他列举了12种主要的需求是:谦卑、成就、接近、自主、敬服、统治、敌视、养育、赞扬、性、争取地位、援助。温奇假定若甲乙互相求偶,其需要之满足有两种方式:第一,二人的需要相同,但强度有别,如甲有高度统治的要求,乙有低度统治的要求,彼此得到满足;第二,二人的需要不同,如甲有赞扬之需要,乙有敬服之需要,彼此也能满足。这两种情况都可以通过交换达到平衡。① "异质互补"说和"同质交换"论的不同点在于强调了当事者间的交换,而且是不同优势的交换,即男性给女性需要的甲,女性可给男性需要的乙作为交换,同样达到平衡。

"同质交换"或"异质互补"现象在现实生活中大量存在着,是择偶的客观规律之一。现代西方社会许多社会学家、心理学家进行过婚姻择偶中的同质和异质交换方面的实地调查和测量。比如卡特尔(R. B. Cattell)计算出已婚者、订婚者之间,在身高、体重、头发、眼睛颜色、智力、健康、循环性倾向、受教育期限、态度及兴趣等方面的相关系数为+0.3—+0.7,证明双方有很大的相似性,这就易于达成双方的一致。特曼的研究也表明,结婚幸福的夫妻在特质上有较大的相关,而夫妻之间的各种特质相似或互补的话,其间就有较好的缘分。②

(3)恩格斯的"爱情交换"论

恩格斯的爱情交换论从情感交换的角度看是一种同质交换,从男女性别差异的情感交换看则是异质互补。他的基本观点是婚姻要以爱情为基础,而爱情的本质是互爱的。婚姻要以爱情为基础作为婚姻交换理论,是把恋爱、婚姻看作当事人之间"爱"和"情感"上的交换,即所谓爱情是"互爱"的。恩格斯在论述爱情的两个基本特征时说:"现代的性爱,同古代人的单纯的性要求,同厄洛斯[情欲],是根本不同的。第一,性爱是以所爱者的对应的爱为前提的;从这方面

---

① 潘允康:《家庭社会学》,中国审计出版社、中国社会出版社2002年版,第139—140页。
② 同上。

说,妇女处于同男子平等的地位,而在古代的厄洛斯时代,决不是一向都征求妇女同意的……"①恩格斯特别强调爱情是相互的,相互本身就是交换。爱情交换理论是在婚姻择偶上当事人之间爱的交换,是一种和上述两种交换理论有所不同的高级交换理论。

无论是"同质交换""异质互补"或"爱情交换",都说明婚姻择偶是交换行为,其中存在交换价值,换句话说,择偶不是单向行为,而是双向行为,是双向选择的行为,是要达到平衡和互补的行为,而不是一厢情愿之事。在择偶中,当你在选择他人时,他人不会像商品那样,被动地让你挑选,他(她)也在挑选,要两相情愿,才能达到平衡或互补,才能形成较为稳定的结合,这显然不是件容易的事。从这个意义上说,婚姻择偶只有相对的自由,没有绝对自由,因为当事者只能决定自己的事情,却不能把握他人的意愿,只能做到一厢情愿,不一定能两相情愿。

6. 择偶的机遇性

所谓机遇也称机会,还可以引申为良好的境遇。择偶也要有机遇。在现代社会尽管主张婚姻自主、自由,似乎择偶的空间很大、时间很多,但还要有机遇。有机遇,有情人才能相识、交往、恋爱结婚。而人的机遇总是有限的。按中国目前的情况看,青年进入青春期和恋爱期时在中学和大学,在中学阶段我们是不主张婚恋的,只有到大学和工作单位才有可能。这就和当事者所处的环境、人员的结构(包括性别比例、年龄、婚姻状况等)有关,也和自己有没有"机遇",能否碰上"意中人"有关。这些都限制了人的择偶范围,减少了择偶的机会和成功率。再加上多数国人性格较内敛,在男女接触上相对保守,参与社交场合比较少等因素,也为择偶增加了难度。

总之,今天人们正在从择偶的必然王国走向择偶的自由王国,把握择偶的客观规律,实现真正的自由择偶,还有一段很长的路要走。择偶的过程要受一系列复杂的客观规律制约,当人们还没有认识和把握这些规律时,当各种社会条件还

---

① 《马克思恩格斯选集》第 4 卷,人民出版社 1995 年版,第 75 页。

第四章　婚姻择偶

会对人们产生各种限制时,择偶,特别是择理想之配偶是件既复杂又困难的事情。一些人在结婚以后发现所选择的配偶不能完全令自己满意是不奇怪的,就好像自身也未必能使对方完全满意那样。为此,有人发出感叹说:"哪有无憾的婚姻!"这不无道理。懂得了这点,既可遵循客观规律,慎重选择令自己满意的配偶,也能理解和尊重婚姻的现状和现实,一切从实际出发,而不会陷入单纯的理想主义和想入非非的境地。

第五章

婚姻媒介与婚姻的成立

一、什么是婚姻媒介

媒介是使双方(人或事物)发生关系的人或事物。"婚姻媒介"也称媒人(媒妁),是男女婚事的撮合者。婚姻媒介也叫婚姻中介人。传统社会婚姻中介人多为女人,俗称媒婆,是指以做媒为职业的妇女。今天婚姻中介人叫婚姻介绍人。从古至今,婚姻媒介一直是婚姻舞台上重要的社会角色。

1."婚姻媒介"的历史考证

在人类婚姻史初期,"婚姻媒介"几乎和婚姻同时发生,可以追溯到对偶婚时代。恩格斯曾经说:"在对偶婚之下,通例是由母亲给自己的子女说定婚事。"①可见在对偶婚时代,"婚姻媒介"就出现了,此时父母是最常见的媒人。恩格斯还说:"在整个古代,婚姻都是由父母为当事人缔结的,当事人则安心顺从。""直到中世纪末期,在绝大多数场合,婚姻的缔结仍然和最初一样,不是由当事人自己决定的事情。""按照资产阶级的理解,婚姻是一种契约,是一种法律行为,而且是一种最重要的法律行为,因为它就两个人终身的肉体和精神的问题做出规定。虽然这种契约那时在形式上是自愿缔结的;没有当事人双方的同意

---

① 《马克思恩格斯选集》第4卷,人民出版社1995年版,第77页。

第五章 婚姻媒介与婚姻的成立

就不能解决问题。不过人人都非常明白,这一同意是如何取得的,实际上是谁在订立婚约。"①比如在天主教国家中,父母照旧为年轻的儿子选择适当的妻子。可见,一直到资本主义社会,婚姻媒介都很普遍,父母是最常见的婚姻媒介,他们在婚姻中的作用十分突出。在当代发达资本主义国家里,婚姻媒介已由家庭逐步转入社会,比如在今天的日本通过"说媒"而成婚的现象仍然相当普遍,媒人要对新婚夫妇和睦相亲负责;社会性的婚姻介绍事业也很发达,婚姻介绍所盛行,并配有现代化电子装备指导婚姻介绍工作。

在我国,婚姻媒介出现得也很早。"媒"的意义依《说文》中解释说:"媒,谋也。谋合二姓也。""媒妁"中的"媒"有"谋求"之意,"妁"虽然已相当于"媒"(谋),但含有商酌之意。可见媒妁是为婚姻而"谋求商酌"。据传,"媒"的起源极古老,《风俗通》中说:"女娲祷祀神祇,为女婚姻置行,媒自此始。"可见婚姻媒妁之制,在远古女娲时代已经开始。至周代已有"父母之命,媒妁之言"之说,《诗经》中说:"娶妻如之何?必告父母。"又说:"娶妻如之何?匪媒不得。"《管子·入国篇》中也曾记载说:"凡国都皆有掌媒。丈夫无妻曰鳏,妇人无夫曰寡;取鳏寡而合和之,予田宅而家室之,三年然后事之,此之谓合独。"这说明周代初期就有"媒官"。到了周代末期,由官媒又发展为私媒。随后在《三国志》中亦有"为设媒官,始知聘娶"的说法。《元典章·户部·礼婚》则说:"媒妁是由地方长老,保送信实妇人,充官为籍。"至于清初各地方官遇到发堂择配的妇女,都交给担任媒官的妇人执行。同时,当时地方政权对所辖范围内的贫苦子女和婢女遇到婚嫁困难,都由官方代为拉媒撮合,说明清朝有媒官。清朝末年太平天国起义军建立政权时也曾设有媒官,有"设伪媒官男一女一"之说,管理男女婚配之事。

从法律上看,媒妁可以从唐朝查起,如《唐律疏议》写道:"为婚之法,必有行媒。"说明唐代就把媒妁列为男女成亲的法定条件。而且,在法律上媒妁与家长负有同等的责任。以后许多朝代都曾有过类似的规定,直至清朝覆亡,民国成立,当时还是规定男女结婚必须经媒人写具"私约",并报官立案,始称"婚书",否则就是违法。

---

① 《马克思恩格斯选集》第4卷,人民出版社1995年版,第74—75页、第77页、第78页。

可见媒人是历史的产物,在漫长的中国社会历史中,是婚姻舞台上的一个不可缺少的角色。直到20世纪中期的中国,这种角色并不鲜见。著名评剧《刘巧儿》中有一个叫刘媒婆的,就是媒人。在从传统婚姻向现代婚姻演变的过程中,用现代人的眼光看充当媒人的人,一般有两个认识:一是封建社会的产物,充当包办买卖婚姻之事,破坏择偶自由;二是巧言善辩,利用说媒从中赚钱收取费用。因此"媒"(特别是专业媒人)的声誉不好。随着中华人民共和国成立,《婚姻法》的颁布,人们的婚姻行为和观念开始变化,传统婚姻媒介已经渐渐消失了。然而,婚姻媒介却以其他的形式,比如"婚姻介绍人""婚姻中介人""红娘"等形式存在着,在民间仍然十分普遍。

2. 从"媒人""红娘"到婚姻介绍人

传统社会把婚姻媒介称为"媒人",现代社会把婚姻媒介称为婚姻介绍人。在今天的婚姻市场上,出于对婚姻媒介社会地位和作用的肯定,也有把婚姻媒介称为"红娘"的。"红娘"成名于元代王实甫撰写的戏曲剧本《西厢记》。"红娘"是《西厢记》中的重要人物之一,主角崔莺莺的侍女。由于她冲破世俗,帮助和促成了相爱的莺莺和张生结合的美丽故事,受到了人们的肯定和赞扬。以后民间把"红娘"作为帮助别人完成美满姻缘的善良人的代称。

中国的学者对婚姻媒介也做过较为系统的调查、分析和研究,研究的核心问题是今天中国人的择偶方式和自由度。从表5.1可以发现,近三十年来,夫妻结识的途径有一个较大的变化。

表5.1 夫妻结识途径①(%)

	父母包办	亲友介绍	中介机构介绍	自己认识	其他
1982年的调查	17.65	58.51	—	23.02	0.82
2008年的调查	3.3	55.8	0.2	40.6	0.1

---

① 两次调查的数据分别参考潘允康:《中国城市婚姻与家庭》,山东人民出版社1987年版,第64页;马春华、李银河等:《转型期中国城市家庭变迁:基于五城市的调查》,社会科学文献出版社2013年版,第173页。

第五章 婚姻媒介与婚姻的成立

从两次调查对比可以发现,父母包办的比例明显下降,自己结识的比例大大提高,体现了"自由恋爱"观念在我国的普及。两次调查都显示,亲友介绍在几种结识途径中占比超过一半,这表明父母、亲戚、朋友和其他社会角色在充当婚姻媒介方面仍起着非常重要的作用。

3. 关于婚姻媒介的社会思考

对于婚姻媒介,人们向来有不同的议论和看法,有赞誉的,也有贬斥的。从婚姻自由的角度看,婚姻媒介有干预、包办或代替当事人的作用之嫌,因此有人对婚姻媒介持否定态度。用历史的观点看,婚姻媒介有其不可忽视的社会作用。

(1) 婚姻媒介是婚姻社会行为中的角色

婚姻是由社会力量促成的,世界上从来没有一个地方把婚姻看作是完全的个人私事,与社会不相关的。婚姻对象的选择不仅受社会的干预,而且从缔结婚约起,一直到婚后夫妇关系的维持,多多少少在当事人之外,有别人来干预。这样,就把男女个人间的婚姻关系发展成了一桩有关公众的事件了。在这样的氛围中,对于婚姻当事人来说,似乎觉得有旁人参与婚事更稳妥、庄重、有意义,更有保证,更能得到社会承认;对于社会来说,人们以各种方式参与他人婚事是普遍的,而且是理所当然的。婚姻媒介是最初介入婚姻的社会力量,它对于婚姻的缘起和成立,常常起着重要的作用,是婚姻舞台上不可缺少的角色。

(2) 婚姻媒介代表社会监督婚姻

由于婚姻和由此产生的家庭对社会承担着重要的功能,社会必然要对之干预、限制和监督,婚姻媒介是监督婚姻的社会力量之一。比如在对偶婚制度下,人们的婚配必须考虑新的亲戚关系,这种新的亲戚关系应该保证年轻夫妇在氏族和部落中占有更牢固的地位。在父权和一夫一妻时代,人们婚配必须考虑财产关系,以保证财产的占有和继承。为此,社会对人的择偶都有限制,媒人在说媒时也是按这种限制行事的。从古到今,婚姻媒介监督婚姻的意义一直存在着,只是随时代的变化监督的内容有所改变而已。在现代婚姻自由自主的时代,婚姻媒介的所谓对婚姻的监督作用,越来越多的只有象征的意义。

(3) 婚姻媒介帮助当事人成立婚姻

用历史的观点看,婚姻媒介对于婚姻是不可缺少的。婚姻是人际交往与合作中最复杂的事。男女结合需要交往、接触,需要机会和机遇。社会为男女提供的社交机会越多,男女结合的机会也越多,反之越少。在封建社会,对男女交往的限制很多,以致到了"男女有别""授受不亲"的地步,男女之间是无法自由交往的,更别说恋爱与择偶了。人们择偶结婚时需要有人从中帮忙,牵线搭桥。媒妁是不可少的。正如《礼记·曲礼》上所说:"男女非有行媒,不相知名;非受币,不交不亲。"《礼记·坊记》上说:"故男女无媒不交,无币不相见,恐男女无别也。"男女的婚姻须得父母之命,在得到父母之命后,需要通过中介人联系,以便互通姓名,这就是媒妁的责任。通两姓之言,使男女得父母之命而结成婚姻,是媒妁的力量。媒妁不仅能为男女结成配偶穿针引线,而且能帮助当事人选择配偶。其实每一个要求婚姻自由的人并不是主张择偶的偶然主义,喜欢和谁结婚就和谁结婚,让纯粹的机会来代替月老。无论从个人还是家庭、宗族和社会考虑,择偶都是慎重之事,需三思而后行。因此在择偶时需要别人给予不同程度的帮忙,是很自然的事。父母根据自己的经验为儿女选择的配偶未必都不好,因为他们有自己的经历和社会阅历。从某种意义上说,婚姻媒介为当事者的权衡考虑,也许比当事者本人更周到和客观。不了解这点,就不知道历史上怎么还有过"父母之命,媒妁之言",而且变换形式地存在了很长时间,直到今天。

今天社会主张婚姻自主、自由,传统的"媒妁"带有封建色彩,已经从婚姻舞台上逐渐消失了。对于大多数中国人来说,婚姻有自主权是无疑的,特别在城市中更是如此。然而,他们很多人的婚姻也有人从中帮忙,主要在婚姻当事者之间起牵线搭桥的作用。有的婚姻媒介是让当事者相识之后,就不再介入;有的婚姻媒介介入较多,比如在当事人之间继续传递信息,帮助当事人分析与对方结合的利弊,以及调解当事人之间的矛盾和纠纷等,人们赋予这种角色以新的名称"婚姻介绍人"。根据中国的具体国情和文化传统,可以预计"婚姻介绍人"还会在一定时期较为广泛地存在,继续发挥其社会职能和作用。

"婚姻介绍人"的客观存在,说明人们还没有实现完全的"择偶自由"。可以预见,随着社会的发展,人的自我和主体意识的增长,社交的活跃与公开,婚姻择偶会更多地摆脱中介人,逐步走向更多的自由和自主。

二、什么是婚姻成立

所谓婚姻的成立,是指男女择偶决定后,通过一定的社会认证程序,举行一定的婚礼仪式,正式结为夫妻。

传统社会和现代社会婚姻的成立一般包括两个环节。在传统的礼制社会,婚姻成立通过"订婚"和"举行婚礼"这两个环节,婚姻即可得到社会和公众的认可。在现代法治社会,则主要通过"婚姻登记",只要婚姻当事者到社会设立的婚姻注册登记部门正式登记,即得到法律的认可,婚姻即告成立。但绝大多数人在履行结婚登记手续后还要举行婚礼,并在心目中认为举行了婚礼,婚姻才正式成立。然而从现代社会的观点看,婚姻登记是婚姻成立的正式标志,婚礼只是向社会宣告婚姻成立,得到公众认可的一种仪式而已。

以下我们从"订婚""婚姻登记"和"婚礼"三个环节说明从传统社会到现代社会婚姻成立的变迁。

三、"订婚"——传统的婚姻缔结方式

在过去,婚姻的缔结也叫"订婚"。订婚表示择偶决定后两方的婚约开始成立。有的研究认为"订婚"是在择偶决定以后、正式成立婚姻之前的一种婚约,目的在于维系当事人在这个时期的相互承诺、相互权利和义务。"订婚"为婚姻成立的起始(准备),举行婚礼仪式为婚姻的成立与完成。据有关史料考证,"订婚"制度在我国周代就已经形成。订婚这两个字,在周代自女方说来叫作"许嫁",自男方说来叫"纳征"(也有的说叫纳彩、问名、纳吉)。"纳征"是古代"六礼"中的一种。那时行"纳征"之礼,是由男家遣使至女家以婚书或纳聘财而成立两家婚约。按照我国历代封建法律,"订婚"是嫁娶的必经程序,以成立婚书或接受聘财为条件,二者必居其一,或兼而有之,婚约才能成立。在国外也有无婚约即无婚姻之说,订立婚约之权往往属于男女双方的家长,而不属于本人;近

代则以双方合意为条件。关于"订婚"的方式,各国法律也有不同的规定。如意大利、瑞士等国须书面证明;瑞典须证人证明;有些国家还须在教堂中于证人面前举行。

在传统社会,"订婚"是个比较普遍的现象,并有其功能。婚姻是社会行为,是家庭社会学的基本观点。一个人结婚不仅要满足个人感情和生理上的需要,而且要对对方、对后代以及对社会承担义务。在人类婚姻史上,"订婚"是保证当事人履行婚姻家庭义务的方式之一。那时举行婚礼标志着婚姻的正式成立,此前的"订婚"主要是保证当事人在婚姻择偶决定之后、婚姻正式成立前一段时间履行义务,即通过"订婚"把当事者双方约束起来,男女双方如果没有履行他们的相关承诺,婚姻是不能正式成立的。比如男方不将聘礼送给女方,女方的人是不会过来成家的。另外已经订了婚的人也不能轻易毁约,另寻他人。在我国封建社会,男女是不平等的,"订婚"制度与其说是为维系双方,不如说更多的是制约女方,表示女子许嫁后对于她的未婚夫要生出一种"系属"的关系来。所以《礼记·曲礼上》有"女子许嫁,缨"。郑玄注:"女子许嫁,系缨,有从人之端也。"①订了婚的女人要系红头绳,表示已有并从属于未婚夫。为了维持正常的家庭生活和生儿育女,在"订婚"当事人履行的义务中,最受人瞩目的是经济性质的服务或送礼,这种事实常被解释为婚姻的买卖性质。男家送给女家的聘礼,人类学家直呼之为"新娘的价钱"。如在南非的土人中就有常见的"劳保拉"风俗。在这些土人里边,一个男子要想得到一个妻子,在约定婚姻关系的时候,他的父亲要送女家一群牛,这群牛就称"劳保拉"。可这并不是以牛易女的买卖,因为女家并没有把女子送到市场上标价出卖,而且得到的这群牛也不能随意加以处置。女方的家长要把它们分给他的亲属,分法也有一定规则,余下来的,他又要用来充作他的儿子订婚时送给女方家的"劳保拉"。男家在送"劳保拉"给女方家时,有时并不是全用自己的牛,他的亲属有责任把"劳保拉"送来加入。若是结了婚,女的要离婚的话,女家要把以前所收到的牛一头不错地退回去,不但在数量上要相等,而且一定要用以前送来的牛。男家若有不是,妻子可以回娘

---

① 《四部备要》,郑玄注:《礼记·曲礼上》,中华书局1998年版,第5页。

家,男家就要损失一笔"劳保拉"。"劳保拉"与其说是新娘的价钱,不如说是维持婚姻关系的一笔押款。① 因此,不能简单地否定婚姻史上的聘礼。人们在"订婚"时送聘礼,有的是把它当作女方父母养育的酬金,有的用以表示妇女地位高低,有的则视为对女方的一种保障,是为维系女方对男方的义务的手段。

"订婚"是人类婚姻发展到一定历史阶段时的产物,随着社会的发展,特别是法治社会的建立,依法婚姻登记,即为婚姻的正式缔结,也为婚姻的正式成立,老式的"订婚"变得越来越不重要,可有可无了。用今天的观点看,"订婚"是一种旧习俗,是父母包办婚姻的必经程序,也容易助长早婚,不利于婚姻自由原则的贯彻,因此"订婚"不是法律意义上的婚姻必经程序,和"订婚"相关的送聘礼、彩礼等,也常常被视为旧习俗。当然,由于这种习俗在民间流传已久,只要不违背法律规定,也无须明令禁止。今天社会上对"订婚"的理解并不一致,有的人认为结婚登记就是"订婚",有的人认为登记与"订婚"是两码事。对于什么是"订婚"的理解也不一致,有些以交换信物为"订婚",有的以送彩礼为"订婚",有的以言表许下终身之日为"订婚"等。

四、婚姻登记——现代婚姻成立必经的法律程序

在现代社会,婚姻成立必须进行婚姻登记,履行了婚姻登记手续标志着婚姻的正式成立。2001年《婚姻法》第二章第八条规定:"要求结婚的男女双方必须亲自到婚姻登记机关进行结婚登记。符合本法规定的,予以登记,发给结婚证。取得结婚证,即确立夫妻关系。未办理结婚登记的,应当补办登记。"其中"符合本法规定"要求来结婚登记者必须符合法定的结婚条件,比如《婚姻法》确定了实行一夫一妻制,已结婚有配偶者在原婚姻关系未解除前,不得进行新的婚姻登记;再比如《婚姻法》确定了婚姻自由的原则,因此进行婚姻登记时,当事双方必须到场,不能缺席或由其他人代替,以证实该婚姻确实是双方自愿的;因为婚姻是社会行为,婚姻的成立标志着家庭的诞生,结婚双方要对对方承担相应的责任和义务,要生育后代、绵延种族,因此,来婚姻登记者要具备结婚的各种要件,比

---

① 费孝通:《生育制度》,天津人民出版社1981年版,第35页。

如要达到结婚的法定年龄,要身体健康,双方不能是直系血亲和三代以内的旁系血亲,并证明当事者未患有医学上认为不应当结婚的疾病等,这些是社会对婚姻成立的法律限制和规定。

现代社会是法治社会,法律是社会的基石,是调节社会行为的准绳。进行婚姻登记,得到法律的承认就是得到社会的承认,婚姻即正式成立,至于其他(包括举行婚礼)并不是根本环节。但是在我国的现实社会中,由于经济、社会、文化的发展不平衡,一些人法治观念淡薄,传统观念较重,并没有把结婚登记看作是婚姻成立的不可少的环节,而是从众、从传统、从习惯,比如在少数农村或边远地区,一些人认为举行过婚礼,请当地的长老、亲朋好友参加,或请村干部证明和主持一下就行了,当事者不仅成了家,而且有了孩子,从而造成了一些非法的事实婚姻。面对这一事实,我国2001年颁布的《婚姻法》,没有称这些婚姻是非法婚姻,而是要求当事者补办婚姻登记手续,既维护了法律的尊严,也解决了实际问题。

五、婚礼——向社会宣告婚姻成立的仪式

婚礼是结婚时举行的典礼,是婚姻成立的仪式。自古以来,人们创造了各种婚礼,五花八门,是一种值得研究的社会现象。透过婚礼,我们能进一步认识婚姻的社会性。

1. 婚礼源远流长

人类在群婚时代没有婚礼,到了偶婚时代,特别是一夫一妻制以来,开始有了比较稳定的配偶关系,才出现了婚礼。

根据史料记载,我国周代就有了隆重的婚礼。

中国传统上的婚礼称为"六礼"。所谓"六礼"的内容是:

"纳采",男家使媒人通言,表达愿与女家通婚之意,如不为女家所拒绝,即备礼正式求婚。

"问名",所问者为女方的生母的姓名(以分辨嫡庶),以及女方本人的姓名

第五章　婚姻媒介与婚姻的成立

和出生年、月、日、时等(以便卜其吉凶)。

"纳吉",问名后如卜得吉兆,男家再使媒人告之女家,又称文定或通书。

"纳征",男家向女家交纳聘财,婚约至此成立,不得反悔。

"请期",男家向女家请以成婚之期,使媒人送婚期吉日书给女家,征求女家意见,如女家推辞,即由男家决定。后世演变为由男家告之迎娶日期。

"亲迎",结婚之日,男家到女家迎娶。按古时的习俗,应在黄昏时迎娶,服饰、车舆等均需依礼而行。迎归后,夫妻行合卺之礼。这就是"成妻之仪"。

此外还有"妇见舅姑""三日后行庙见之礼"等,至此,女方始被认作是男方宗族的正式成员。

从上述内容可知,"六礼"是广义上的婚礼,是传统婚姻从择偶到成立的全过程。按今天的观点看,"六礼"中的最后一个环节"亲迎"才是结婚时的礼仪(仪式),是婚礼。我国古代周文王结婚就有亲迎,他跑了很多路到渭水去迎亲,以示敬重。自汉朝到南北朝,帝王立后,皇太子立妃,都没有亲迎。隋唐以后皇太子虽增亲迎之礼,但到宋朝,士庶人婚礼合并"问名"于"纳采",并"请期"于"纳征","六礼"仅存其四。《朱子家礼》且并"纳吉"于"纳征",则仅存其三。明洪武年间明令百姓都要遵守《朱子家礼》。到清代,"六礼"又加入"成妇成婿之礼",细别为九。因此我国古代的婚礼程序,大致不出乎《礼记·昏义》和《朱子家礼》所定的范围。

中国传统婚礼从它产生的那一天起就变换过多种形式,发展出了多种样式,是和当时的社会、政治、经济、文化背景、风俗习惯相关的。由于婚姻是人生与社会中的大事,婚礼又往往被人们看作是婚姻成立的标志,因此人们千方百计,煞费苦心地创造了多种多样的婚礼形式,庄重而有特色。比如我国过去的农村,就有"三灯火煌""红丝牵经""转米囤""牵蚕花磨"以及祭祖、拜天地等多种婚礼形式。① 在国外,人们的婚礼也不拘一格。

不同历史时期,不同社会,不同国家、民族和地区,人们的婚礼是不同的。在阶级社会中,统治者的婚姻有时是一种政治行为,借婚礼进行政治交易是常见的

---

① 费孝通:《生育制度》,天津人民出版社1981年版,第36页。

事。我国古代唐太宗将文成公主嫁给吐蕃松赞干布为妻,其婚礼规模相当大。在文成公主的嫁妆中不仅有汉族制的碾磨、陶器、珠宝饰物、绫罗彩缎等,还带去了造纸、酿酒工艺及历算、医药等。文成公主上路时,前有乐队开路,后有卫队护送,十分隆重。这次婚礼就是汉藏统治阶级间的一种政治联姻,在客观上它对吐蕃经济、文化的发展,对促进汉藏两族的友好也做出了重要的贡献。利用婚礼进行经济上的交易,做一笔买卖,也是常见的事情。恩格斯在分析资本主义的婚姻时说:"买卖婚姻的形式正在消失,但它的实质却在越来越大的范围内实现,以致不仅对妇女,而且对男子都规定了价格。"①

在时代的变迁中,婚礼的形式往往变化很大。我国著名社会学家李景汉先生曾用自己的调查资料比较了20世纪初到20世纪中期中国北方农村婚礼形式的变化。1927年他在北京郊区调查,1957年又重访该地,发现同一个地方两个时代婚礼形式有很大差别。昔日婚礼大约有这样几步:第一步,先交换门户帖,上写两家的姓名、籍贯、三代、名号等项。第二步,过八字帖,上写两人的出生年、月、日、时辰,看有无妨克。第三步,择吉日放小定,由男家给女家戒指、耳环等礼物。第四步,放大定,把迎娶日期写在龙凤帖上,并由男家送给女家鹅、酒、衣服、首饰、食品等礼物。第五步,迎娶,预备轿子、锣鼓手、执事、席棚、新房、新被、酒席若干桌。娶媳妇的男家方面,一般为婚礼所用钱折合人民币约三四百元。这样的婚礼有些类似于古代的"六礼"。而今日,男女到乡政府登记,领取结婚证书后,举行的仪式简单多了。新人步行或骑车去结婚礼堂,由司仪宣告婚礼进行的程序,大致是这样的:(1)开会,来宾入席,新郎、新娘入席;(2)家长入席;(3)新郎、新娘向证婚人行致敬礼;(4)新郎、新娘向来宾致敬;(5)新郎、新娘互相敬礼;(6)证婚人讲话;(7)家长讲话;(8)来宾讲话;(9)请新郎、新娘述说恋爱的经过情况;(10)礼成,散会。在举行婚礼时,只预备一些纸烟、茶水和糖果等简单的东西,招待来宾,费用较省。②

---

① 《马克思恩格斯选集》第4卷,人民出版社1995年版,第77页。
② 李景汉:《北京郊区乡村家庭生活调查札记》,生活·读书·新知三联书店1981年版,第56—57页。

第五章 婚姻媒介与婚姻的成立

在婚礼形式的前后对比中,我们明显地看到不同婚礼的时代与社会特征。人类社会的文化是传承的,我们从婚礼形式的沿革中可以看到这点。比如今天在很多地方,迎娶新娘、举行婚礼还在下午举行,就带有原始婚礼的习迹。从语言上说,古代行文中"婚"同"昏","婚礼"也叫"昏礼"。"婚"字是由两个字组成,即"女"和"昏",女人在黄昏时被娶到男家行婚礼是古代习俗。之所以古代有此遗俗,据说和当时的"抢婚"制有关。所谓"抢婚"也称为"掠夺婚",是男家派人到女家"抢"来新娘成婚,这种"抢"不同于强盗强抢女人,而是一种假抢真给予。男方家和女方家事先已协商好,由男方派人在指定的时间来到女家,假装吆喝,打闹一番,女方(新娘)早已浓妆艳抹等待,随抢婚的人而去,到男家行婚礼。对抢婚制的历史形成人们有不同的解释,有人认为这种习俗和原始游牧民族的生活习俗有关,有人认为抢婚是男家为了节省一笔迎娶新娘的费用(包括聘礼)。从抢婚的角度看,婚礼在黄昏时进行,"趁乱抢走"是合乎逻辑的。黄昏时(下午)举行婚礼的遗俗也延续到了今天的某些地方。

2. 婚礼的社会意义

结婚行礼,自古以来人们就重视。即使在今天,履行了婚姻登记手续,得到了法律和社会的承认,标志婚姻正式成立,是否举行婚礼没有统一的规定,但大多数人结婚还都要举行婚礼。婚礼对当事者、对社会都具有价值,有其特殊意义。

结婚行礼,人们历来重视,这是因为婚姻是人的终身大事。迄今为止大多数人的婚姻观念都是"白头到老,从一而终"的,一个人与他人结婚,结成夫妻,就意味着和对方要进行全方位的合作,当事者相互之间是一种全身心的给予、托付与合作。结婚后的夫妻还要生儿育女,产生新的生命,将子女养育成人,是十分庄重的事情。因此大多数人结婚时根据自己的意愿举行不同形式的婚礼,以示对婚姻大事的重视。参加婚礼的人多、气氛热烈,既有喜庆之意,也有公告和纪念意义。今天人们追求生活质量、婚姻质量,或本人结婚举行婚礼,或参加亲朋好友的婚礼,都是狂欢、娱乐、消费(甚至是炫耀消费)的一种手段,因此,即便今天婚姻登记是婚姻成立的标志,但大多数人婚姻登记后还要举行不同形式的婚礼,而且要求新、求异,与众不同。为此,有人还创造出了"空中婚礼""水下婚礼"等多种新奇的形式,其心理和用意是可以理解的。它表明婚姻和家庭在人们心目中的重要地位。

从社会的角度看,婚礼也是监督、约束、教育婚姻家庭当事者的场合。隆重的婚礼仪式对当事者、参与者都会有强烈的感染,会给他们留下深刻的印象,教育和激励他们婚后遵守社会规范,履行相互间的权利和义务、对后代及其他家庭成员负责,发挥家庭有利于个人与社会的功能。在西方,婚礼通常在教堂里举行,由牧师来主持,人们把婚姻视作一种向上帝负责的契约。在我国传统社会,举行婚礼时,一边有月下老人的暗中牵线,一边有祖宗的监视,还有天地鬼神来作证,这样把确立个人婚姻关系的行为弄成了一件热热闹闹的社会举动,把和生物基础十分接近的俗事,转变成了好像和天国相通的神迹。只有理解婚姻的社会意义,才能理解人们为什么煞费苦心地创造这么形式繁多而隆重的婚礼。

从社会学角色理论我们能进一步理解婚礼的社会意义。所谓"角色"按其本义讲,是指演戏的人化妆戴上面具以后所扮演的那个人所说的话、所做的行为。"角色"是一套行为模式和规范,这套行为模式和规范与个人的地位、身份、性格是一致的。社会学根据实际生活中,围绕一个人的社会地位会有一套权利义务和行为模式的情形,把"角色"这个概念引申来使用,把围绕人的社会地位的一套权利义务和行为模式叫作角色。我们在婚礼上能看到不同的人扮演不同的角色,并能体会出其中的社会意义。比如,今天人们常常见到的婚礼由司仪主持,新人的父母坐在中央,旁边有"主婚人""证婚人""介绍人""来宾代表"等"角色"。婚礼开始后在"司仪"的引导下,一对新人给父母长辈行礼,给"证婚人""主婚人""介绍人"等一一行礼,并给所有参加婚礼的人行礼,然后夫妻相互行礼。新郎、新娘讲述自身的婚姻恋爱史,众人为新人们祝贺等。"证婚人""主婚人""介绍人""来宾代表"等都是婚礼仪式上的各种"角色"。从社会学的意义上看,这一系列"角色"既虚也实,从虚上说,这些"角色"本无,人们设之只是从习惯而已;从实际上说,人们需要他,即设"角色",代表社会来参与和监督婚姻。当事者利用婚礼向社会宣告婚姻已正式成立,以求得社会的承认,并设置那么多"角色"来监督婚姻,还有其他那么多热心人参与,其社会意义是不言而喻的。这些"角色"的设立和公众的参与,既不是当事者的无理取闹,也不是好事者的瞎忙,而是行婚礼时约定俗成的程序,只有从婚姻是社会行为的角度,才能理解为什么大多数人结婚一定要举行婚礼、婚礼中要有人扮演各种"角色",才能理解举行婚礼的深刻社会内涵。

第六章

离 婚

《中国作家》1986年第5期刊登了一篇报告文学,题为《阴阳大裂变》,引起了中国社会的强烈反响。该文面对社会现实,大胆描写了现代家庭生活中经常伴随的现象——离婚。20世纪80年代,在世界主要发达国家受到一浪高过一浪的离婚波冲击的时候,"离婚"——这一曾被视为"洪水猛兽"的怪物,始则探头探脑,继而大大咧咧闯进了中国。今天中国人对于离婚现象再也不能回避了。

一、离婚是对死亡婚姻的法律认定

离婚是指夫妻双方通过协议或诉讼的方式解除婚姻关系,终止夫妻间权利和义务的法律行为。按照我国《婚姻法》的规定:"男女双方自愿离婚的,准予离婚","男女一方要求离婚的,可由有关部门进行调解或直接向人民法院提出离婚诉讼。人民法院审理离婚案件,应当进行调解;如感情确已破裂,调解无效,应准予离婚"。

从本质上说,离婚是对死亡婚姻的认定。死亡这一事实的确定取决于事物的本质,而不取决于当事人的愿望。婚姻如同其他事物一样,有其成立,也必然有其死亡,因此离婚和结婚并立,几乎同时发生,结婚与离婚是一对孪生兄弟。在自然界中,当任何存在物完全不符合自己的职能时,解体和死亡自然而然地就会到来。由于离婚使男女双方在身份、财产关系上发生了一系列变化,意味着原来存在于夫妻之间的权利和义务的终止,而且涉及子女的抚养教育、财产分割、亲属关系等,以及因家庭破裂而发生的各种问题,因此当事人一般不会轻易离婚。但当婚姻已经死亡,当事人可能会选择离婚,现代社会也会尊重当事人的愿望,保护他们离婚的自由和权利。

二、现代社会离婚的主要特点和规律

离婚现象古来有之,是婚姻的不可分割的组成部分。现代社会充分尊重人们的婚姻自由,包括对于离婚的选择和决定。现代社会离婚的主要特点和规律是:

1. 不可避免的离婚率增长

和中世纪相比,现代社会正在出现不可避免的离婚率的增长。国际上计算离婚率的办法有多种,最常见的有两种算法。

一种是单位时间内离婚登记对数与结婚登记对数之比,过去我国一些媒体或者官方资料曾用此方法统计当年离婚率。这只是说明离婚登记对数与结婚登记对数的比例是多少,而不是总人口中离婚人数所占的比重有多高。

还有另外一种离婚率统计方法,现在在国际上较为通用,即一定时期内(一般为年度)某地区离婚数与总人口之比,通常以千分率表示,称为粗离婚率。计算公式为:

离婚率 = 年内离婚数 / 年平均总人口。

按这样的计算方法,日本媒体根据日本厚生劳动省2016年1月1日发表的"人口动态统计年间推算"数据显示,日本的离婚率为1.77(平均每1000人当中的离婚数),并且呈上升趋势。世界各主要国家的离婚率:第一位是俄罗斯4.5,美国3.6,德国2.19,英国2.05,法国1.97,日本1.77,意大利0.91。G8各国中有7个国家入榜。[①]

[①] 《日媒:世界各国离婚率最新排名日本第7位》,和讯海外,http://haiwai.hexun.com/2016-01-14/181809184.html。

进入21世纪以来,中国的离婚率增长更是突飞猛进。民政部发布的《2016年社会服务发展统计公报》数据显示,2016年全国依法办理离婚手续的共有415.8万对,比上年增长8.3%,其中民政部门登记离婚348.6万对,法院判决、调解离婚67.2万对。离婚率为3.0‰,比上年增加0.2个千分点,已经突破千分之三,这远高于大部分欧洲国家,接近美国水平。相比2002年我国的离婚率仅有0.9‰,十四年来,我国离婚率呈连续递增状态。

2. 离婚率和再婚率同步增长

现代社会,离婚率增长的同时,再婚率也增长了,即许多离婚者希望并实行再婚。美国一份统计资料显示,1978年初次结婚的夫妻以离婚告终的占38%,其中,有3/4的离婚者会再婚,而这些再婚者中又有44%离婚。美国人希望婚姻关系能为人们提供亲密的情感和安全感。他们创造了"结婚—离婚—再婚—离婚—再婚……"的模式,被称为连续多配偶制,并要在这种模式中寻求理想的婚姻和家庭。美国历史学家哈利文认为,为全面理解美国人离婚率的增高,还需要了解他们再婚率升降的趋势。从20世纪50年代以来,在美国离婚率增长的同时,再婚率也持续增加了,再婚率和离婚率的增加几乎相等。这种情况一直持续到今天。再婚率的增加,反映了人们期望美满婚姻、组织美满家庭和对婚姻家庭质量的追求。

3. 妇女在离婚中的主动地位

妇女在现代离婚事件中不仅逐步取得了和男子平等的地位,而且正在取得对男子的主动地位。今天不仅丈夫可以弃妻、休妻,妻子也可弃夫、休夫。美国这种情况十分明显,从20世纪中期就出现了这种情况。据美国媒体报道,60年代下半期,男子遗弃女子为女子遗弃男子的4倍;1970年,比率变成相等;到1975年以后,遗弃男子的女子在数量上开始超过男子。我国自20世纪80年代以来也出现这种情况。据重庆沙坪坝区法院证实,在1983年审理的577件离婚案件中,女方起诉的为421人,占总数的73%。又据来自天津、北京的2100例离婚的抽样调查,人们发现站在原告席上竟有70%是女方。① 据中国之声《新闻晚高峰》报道,从中国不同年份《社会服务发展统计公报》可见,2003年到2015年,中国结婚率有升有降,但是离婚率只升不降。数据显示,现在有超过一半的离婚是妇女主动提出的。② 在离婚中妇女之所以取得了对男子的主动地位,是妇女地位提高的结果。在现代社会中随着妇女解放运动的蓬勃发展,特别是妇女走出家门广泛参与劳动就业,得到了经济收入,取得了相对独立的经济地位,改变了依附于男子的状况,不仅在社会而且在家庭中也要和男子平起平坐了。表现在离婚问题上,她们有了越来越多的主动权和决定权。

4. 感情破裂成为离婚的主要原因

引起现代社会离婚率增高的社会因素是多方面的,感情不和已成为离婚的主要原因。从各国对婚姻法的修订上我们能看到这种趋势和变化。以英国立法为例,英国早期根据宗教法采取不能离婚主义,法院无权颁布离婚的命令。因一方与人通奸或受虐待的一方只能由议会通过法案才能离婚。1857年英国法律第一次承认通过司法手续判决离婚,虽然其中包含着男女不平等,但规定得很具体,比如从丈夫的角度说,妻子若与人通奸,丈夫即可提出离婚。从妻子的角度说,要证明丈夫与近亲通奸、重婚,或本人被虐待、被遗弃两年、本人被轮番强奸或丈夫犯罪等才能离婚。而到1969年修订离婚法时变得十分简单笼统了,原来的这些理由都已取消,只简化为一条,就是"婚姻关系已经破裂到不可挽救的地步"。我国2001年《婚姻法》则规定:"男女双方自愿离婚的,准予离婚。"(只有愿望,没有具体理由也可)"男女一方要求离婚的,可由有关部门进行调解或直接向人民法院提出离婚诉讼。人民法院审理离婚案件,应当进行调解;如感情确已破裂,调解无效,应准予离婚。"这也较宽松、抽象。感情破裂成为离婚的主要理由,使离婚的理由简单化、抽象化,无疑给离婚的自由打开了方便之门,这表现出在离婚问题上充分尊重当事人的心理和愿望,尊重当事人的自主和自决权。

---

① 潘允康:《现代家庭生活方式》,天津人民出版社1989年版,第118页。
② 《离婚率正在中国迅速攀升 超一半由女方主动提出》,http://news.sohu.com/20160124/n435648633.shtml。

这和主张以爱情为基础的婚姻是一致的,也说明只有结婚的充分自由,才有离婚的充分自由;反之,只有离婚的充分自由作补充,才有结婚的充分自由。感情破裂作为离婚的主要理由客观上也带来现代婚姻中的许多不确定因素。比如,据美国社会学家的调查,在1966年克里夫兰市(俄亥俄州)的600起离婚案件中有许多人的离婚理由为对方对自己实行"心理上的虐待",至于什么是心理上的虐待,就没有标准,也不好分辨。有些离婚者列举的其他理由,比如说对方对自己"轻蔑"、有"过分的要求"、"不适应"等理由,也都带有许多不确定性。不仅给法律判决,而且给道德评判也带来许多问题。

5. 离婚不离德

随着离婚率的增长,人们婚姻观念的变化,离婚的形式也在发生变化。过去当事者离婚时,要针锋相对、大吵大闹,离婚后,会成为仇人;现在离婚时很平静,离婚后不再是"爱人",但可能是"友人""同路人"。从某种意义上说,今天的"协议离婚"就是离婚文明化的一种表现形式。国外媒体曾经报道了一次离婚派对的消息。一伙宾客十五个月前参加了玛丽和埃德·史密斯的婚礼。婚礼时玛丽和埃德·史密斯用香槟酒招待了他们,今天他们为玛丽和埃德·史密斯也带来了香槟酒。24岁的史密斯太太说:"我所想的是埃德仍然和我是好朋友,为什么不呢?埃德非常好,只是我们不再生活在一起罢了。"史密斯44岁,是一个成功的地产经纪人,当他谈到在保险公司做他助理的妻子时说:"我只想一个人生活,我要去旅行。"曾参加过玛丽和埃德·史密斯婚礼的波德金斯·玻利在他们俩的离婚典礼上摘下他俩嵌着宝石的结婚戒指。埃德和玛丽深深地感谢人们既参加了他们的婚礼,又参加了他们的离婚仪式。他们要了离婚蛋糕,上面有一对被分开的新郎和新娘。他们还散发了卡片,上面写着互相祝福和富有感情的话。他们要求客人们带走结婚时送给他们的礼物,但谁也没有接受这一要求。

从过去的离婚必吵,到现在心平气和地离婚,不仅西方社会是如此,东方社会也是如此。在中国,一种现代文明的离婚形式在20世纪80年代就已经发展起来了。据新华社消息,这种心平气和的协议离婚首先在上海流行,以往那种"离婚必吵""离婚必上法庭"的做法正在被"好离好散"取而代之。据上海的一家报纸报道,离婚夫妇之间自行签订一些有理性又有人情味的协议已不鲜见。一对中年知识分子夫妇自己商定的离婚协议书上有这样的条款:儿子与女方共同生活,每半月与父亲相见一次;逢年过节聚会一次;家用电器和大部分家产留给女方和儿子。一些离婚夫妇到民政局办完离婚手续后,还会到咖啡馆小聚,边饮咖啡,边忆往昔之情,不再指责对方。有的还相约,今后如一方遇到重大困难,另一方定伸出援助之手。现在举办离婚派对,在碰杯中高高兴兴地说"拜拜"或者邀各自的知心朋友到家中,心平气和地谈清一些问题,也是离婚夫妇乐于采取的方式。甚至还有以一次纪念性旅游结束婚姻关系的夫妻。

三、产生离婚的现代社会因素

1. 社会生活的变迁

社会生活的变迁是离婚现象增加的首要因素。工业社会的家庭没有农业社会的家庭稳定。工业社会实现社会化大生产,家庭成员走出家庭,到社会上劳动就业,有自己的独立收入,不依赖家庭,家庭对其成员的维系力减弱。都市化和工业化的进程使交通运输发达,社会流动性大大增加了。人员频繁出走,改变了家庭日常生活,不如原来那样有规律、那样稳定。人与人交往的增加、碰撞的机会增多,使新的人际关系很容易进入旧的婚姻关系中,从而破坏了原有的婚姻关系。这些社会生活的巨大变迁必然使离婚的现象增多。

2. 家庭功能的改变

社会生活的变化也带来了家庭功能的改变,一些原有的家庭功能弱化了,甚至消失了。比如生育功能是家庭的最主要功能。传统家庭崇尚多生育,讲传宗接代,孩子成为维系父母关系的重要力量和媒介。今天人们节制生育,许多人甚至不愿生育,不想要孩子,从而使维系夫妻关系的力量弱化了。过去离婚要考虑孩子的因素,今天可以少考虑,甚至不考虑,离婚自然比较容易。在农业社会,家庭既是生活单位,也是生产单位,人的基本利益全维系在家庭,因此有"家本位"之说。工业化促进了生产社会化,家庭不再是生产单位了,人对家庭的依附减弱了，由"家本位"转移到"人本位"，由以家庭利益为重，转变为个人利益为重，离婚自然比过去容易。

3. 妇女地位的提高

由于在社会上妇女就业和受教育的机会增加了，有了独立的经济收入，法律地位提高，社交公开，客观上也提高了她们在家庭中的地位，减少了她们在家中对男人的依附，增强了她们的独立和自由意识。

4. 注重追求浪漫爱情

在择偶一章中我们曾谈到爱情的不稳定性，以及以爱情为基础的婚姻没有义务婚姻稳定。而现代人在婚姻中比较注重追求爱情，一旦发现自己追求的爱情在婚姻中并不存在，有些人只好以离婚收场。

5. 宗教影响力的衰落

多数宗教教义是主张婚姻和家庭稳定的，宗教曾经是维系男女婚姻关系的一种力量。但现代人多受科学和自由思想的影响，对于宗教的主张漠然视之，因此对于离婚也比较轻率。

6. 法律对于离婚限制的放宽

现代世界各发达国家都逐步接受婚姻自由的原则，包括结婚自由和离婚自由，因此从立法上对离婚的限制都放宽了，法定的离婚理由增加了，办理离婚的手续很简单，扩大了离婚的自由度。

以上是产生离婚现象的各种主要的现代社会因素，其他像科学技术的发展、伦理道德观的变化以及政治、经济、法律、社会、宗教、心理等各种因素的影响，十分复杂。总之，离婚率的增长是多种因素综合作用的结果。

第三编 家 庭

第七章

家庭与社会

以社会整体为背景对家庭进行研究是家庭社会学的基本出发点。家庭与社会的关系也是家庭社会学要讨论的首要问题。

自古以来人们一直在探讨家庭与社会的关系，虽然那时还没有家庭社会学，但许多哲学家、社会思想家都从不同的角度关注过这一问题。孔子认为家庭中的孝道要扩展到社会，主仆之间的关系应该和父亲与子女之间的关系一样。西方《圣经》中的《旧约全书》也同样强调了家庭在文化上的重要性。古印度典籍《梨俱吠陀》和《摩奴法典》都强调了家庭的重要性。古希腊哲学家柏拉图的"理想国"是一种乌托邦式的社会计划，也提出建立一些新的家庭角色（家庭成员的权利和义务），以便解决传统的社会问题。一直到近代社会，人们认为家庭在社会上的"中心"地位并没有改变，比如，自1789年法国大革命以来，每场重大的政治变革都会带来一项规划，其中包括家庭关系的深刻的变化。自第二次世界大战以来，世界上许多国家都制定了新宪法，几乎所有的国家，特别是在发达国家，新的法律要比社会舆论先进得多，这类法律旨在创建新的家庭模式，提倡有关平等正义的观点，而与传统的家庭制度大相径庭。① 这些都说明家庭与社会的关系十分密切，在社会中占有很重要的地位。有人说社会是许多家庭相互联

---

① 古德：《家庭》，魏章玲译，社会科学文献出版社1986年版，第2—3页。

系所形成的一种结构,要说明这点,还得从什么是家庭,即家庭的定义说起。

一、家庭的概念界说

1. 什么是家庭

关于家庭的概念和内涵,人们从不同的角度有不同的解释。比如说,我国古代的《说文解字》中有:"家,居也。从宀。豭省声。"人所居称家,是家仅有居住之意。这是从居住的角度解释什么是"家"。有关"家"字的甲骨文考证说,"家"字象征房子底下有一只猪。原来"家"字的本义最初就是养猪的地方,引申之则为一畜牧点。因为这个时候畜牧业已经成为人们定居生活的主要保证。所以一群人居住的地方,一定要有一个"家"。在国外,起初有些人甚至把家庭理解为"奴隶"。比如在拉丁文中家庭称"familia","家庭"这个词在罗马人那里,它起初甚至不是指夫妻及其子女,而只是指奴隶。"Famulus 的意思是一个家庭奴隶,而 familia 则是指属于一个人的全体奴隶。"[1]也有人认为家庭不过是人和人之间的生理结合。比如有人指出,叔本华、弗洛伊德及在当代的追随者们认为婚姻是"肉体的机能",家庭是"肉体生活同社会机体生活之间的联系环节"[2]。有的人则侧重于从婚姻方面来解释家庭,比如社会学家罗威说:"家庭是以婚姻为根据的社会单位。"[3]郑玄在《周礼》中注:"有夫有妇,然后为家。"有的人认为,必须同时说明婚姻和血缘两种家庭关系才能说明"家庭"二字,如马克思、恩格斯说:"每日都在重新生产自己生命的人们开始生产另外一些人,即繁殖。这就是夫妻之间的关系,父母和子女之间的关系,也就是家庭。"[4]有的人认为光有婚姻血缘关系还不行,还应注意家庭生活方面。社会学家孙本文说:"家庭两字,始见于梁王僧孺文,'事显家庭'句。今即以译英文'FAMILY'字义。通常所谓家庭,是指夫妇子女等亲属所结合之团体而言。故家庭成立的条件有三:第一,

---

[1] 《马克思恩格斯选集》第 4 卷,人民出版社 1995 年版,第 54 页。
[2] 转引自潘允康:《家庭社会学》,中国审计出版社、中国社会出版社 2002 年版,第 49 页。
[3] 龙冠海:《社会学》,三民书局 1991 年版,第 262 页。
[4] 《马克思恩格斯选集》第 1 卷,人民出版社 1995 年版,第 80 页。

第七章 家庭与社会

亲属的结合;第二,包括两代或两代以上的亲属;第三,有比较永久共同的生活。"①

按照唯物辩证法的观点,事物的质是事物本身的内在联系,是事物自己的一种规定性,这种规定性使事物具有它本身固有的特性,并在实质上与其他事物有所区别。质的规定性的来源首先在于自己内部的矛盾的特殊性,即事物内部的不同的联系。家庭之所以和其他社会组织、社会团体相区别,首先在于组成家庭分子之间的特殊关系和互动方式,在于家庭是一种特殊的社会关系,从这里入手,才能认识家庭的本质,正确说明家庭概念的内涵和外延。据此,对于家庭的概念,我们可以用一句简单的话来概括:家庭是以婚姻血缘关系为纽带的社会生活的组织形式。要准确地把握这句话,还应从以下六个方面入手。

(1)家庭是群体,不是个体。家庭至少有两分子组成,一个人不能称其为家。

(2)婚姻是家庭的起点、基础和根据。由于婚姻而结成的夫妻关系是家庭中最主要的关系,是家庭的核心,是维系家庭的第一纽带,是判断家庭的第一标准。

(3)血缘关系是家庭的又一根据。以父母子女关系、兄弟姐妹关系为主要内容的血缘关系是家庭中的第二种主要关系,是维系家庭的第二纽带,是判断家庭的第二标准。由父母和子女结成了一切家庭中最稳定的三角关系,这一三角关系缺掉一方(父或母),都还可以成为家庭。

(4)家庭可以是婚姻血缘关系的合理延伸。所谓合理延伸,也即由夫妻、父母子女关系的合理延伸,是指不能脱离血亲和姻亲关系的延伸,即家庭中可能包括除夫妻亲子关系以外的其他直系旁系亲属。

(5)领养关系也是家庭关系。许多社会领养关系为法律所承认,为社会风俗所认可,因此建立领养关系的人是正式家庭关系,领养人和被领养人可组成家庭。

(6)家庭一般还应以共同生活为条件,有血亲和姻亲关系但不共同生活的

---

① 孙本文:《社会学原理》,上海商务印书馆1935年版,第441页。

不为一家。

2."家"与"户"的联系和区别

为了进一步认识家庭的本质,在现实生活中识别和确立家庭单位的组成,还要进一步讨论"家"和"户"的联系与区别。"家"和"户"常常在人们的语言中同时被使用,比如"一家一户""千家万户"等,但"家"并不等同于"户"。"家"与"户"是两个既相互联系又相互区别的范畴。"家"和"户"是相互联系的,这点比较好理解,大多数一家的就为一户,一户的就是一家。但因此说"家"和"户"等同,从概念上不科学。应该说,是一家的可能是一户,也可能不是一户;是一户的可能是一家,也可能不是一家。现在世界上许多国家对"家"和"户"的含义有不同的理解,但都认为它们之间是有区别的。英文的"家"(或家庭)以"family"表示,而"户"虽然也有"family"之义,但主要解释为"door"(门,居住地的标志)和"household"(房屋)。俄文的"家"(家庭)以"семья"表示,而"户"虽然也有"семья"之义,但其主要解释为"дверь"(门,居住地标志)和"двор"(庭院,户)。可见"户"主要标志着居住在一起的人们,和"家"不完全等同。在我国,"家"(家庭)是指以婚姻血缘关系为纽带的社会生活组织形式。"户"在我国虽也有"人家"之意,但主要以居住地为主要特征。《中华人民共和国户口登记条例》规定:"同主管人共同居住一处的立为一户,以主管人为户主。单身居住的自立一户,以本人为户主。居住在机关、团体、学校、企业、事业等单位内部和公共宿舍的户口共立一户或者分别立户。"由此可知,"家"主要指以婚姻和血缘关系为标志的群体,"户"主要指以居住地为标志的群体,两者应相互区别。但因为绝大多数家的家庭成员都在一起居住和生活,所以绝大多数一家就是一户,其间联系又很密切。因此,"家"和"户"是既互相联系又互相区别的范畴。

明确"家"和"户"的联系与区别,不仅可以准确地了解家庭的概念,而且能鉴别现实生活中的各种情况,区别哪些群体是家庭,哪些不是家庭,有利于研究家庭和对家庭进行社会调查,确立调查家庭的操作定义。比如夫妻分居两地虽不为一户,但为一家,因为他们之间有婚姻关系;子女外出(上学或参军),虽然户口不在家,平时也不在家居住,但仍应视为原家庭成员,直到他们结婚独立成家为止,因为他们和父母有血缘关系。相反的,企事业、国家机关中的单身集体宿舍可能单独立户,其组成成员不仅住在一起,而且有的也吃在一起,共同生活,这也只能称为一户,不是一家。另外一些独身不婚的人,可能是一户,但不是一家。还有那些未婚同居者,在国外称之为"准家庭",其实不妥,因为其间没有婚姻血缘关系,只是同居,相互间可能有性生活、性关系和日常生活而已,亦不能称为家庭。

二、家庭是社会的细胞

家庭和社会的关系可以用一句话来概括:家庭是社会的细胞。恩格斯曾经说过:"个体婚制是文明社会的细胞形态,根据这种形态,我们就可以研究文明社会内部充分发展着的对立和矛盾的本质。"① 家庭是社会的细胞,细胞原为生物学上的概念,是有机体的基本单元和组成部分,是有机体存在的根据,也是有机体生命的表现。细胞的分裂、增殖和死亡是有机体生长和存在的过程。细胞的新陈代谢是有机体生命的象征。如果我们将人类社会比做一个有机体的话,家庭就是这个有机体的组成细胞。有的人说家庭是社会的窗口,家庭是个小社会,是十分贴切的。一定的家庭和一定的社会相对应,社会的性质和形态决定了家庭的性质和形态,家庭的变化可以表现社会的变化。根据家庭和社会同步发展的特点,我们可以通过社会观察家庭,也可以通过家庭认识社会。这就是微观家庭和宏观社会的关系。

1. 家庭是社会的窗口

文学家常常敏感犀利,许多文学作品都是通过写一个家庭反映社会的。曹雪芹的《红楼梦》写的是"荣国府""宁国府"两个大家庭的事,其实不仅是写家庭,而且是写社会,是通过封建大家庭的荣辱兴衰,反映了作者所经历过的封建社会"忽喇喇似大厦倾,昏惨惨似灯将尽"的现实。巴金所写的《家》《春》《秋》,曹禺所写的《雷雨》都是把家庭作为审视社会的窗口。老舍先生的《四世同堂》

---

① 《马克思恩格斯选集》第4卷,人民出版社1995年版,第63页。

则是通过北京祁老太爷一家四代人的命运反映了日本帝国主义侵略中国给中国人民带来的深重苦难,反映了抗日战争期间中国社会的巨大变迁,以及社会变迁中人们的社会分化、政治态度、扮演的社会角色和不同的命运。这些文学作品之所以有这样的效果,是和家庭与社会的本质内在联系相关的。家庭是社会的窗口,家庭反映社会,透过家庭的窗口可以看到整个社会。家庭也可以说是经济基础和上层建筑的统一。我们从家庭既能看到社会的经济层面,又能看到社会的政治层面、文化层面和其他层面,家庭是社会的缩影。在农业社会,家庭是生产资料占有单位,是生产劳动组织单位,是劳动产品分配和交换单位,是日常生活消费单位,是社会生产关系的总和,是社会经济基础的集中表现。即使到了工业社会,家庭仍然是社会消费的基本单位,仍然折射着社会的经济生活。家庭可以说是一个小型"政府",家长为统治者、支配者,权威的观念及服从的习惯是先在父母子女关系中养成的。家庭是人类最初的教堂,宗教信仰的传授、祖宗的崇拜及宗教仪式的学习等,多半是以家庭为中心。家庭也是人的情感交流寄托、价值观念交锋与碰撞场所,是各种哲学、艺术、法律、文化观念的传播之地,特别是在伦理观念方面,不同的家庭伦理观,代表了不同社会的伦理观,家庭也是社会上层建筑的集中表现。

2. 家庭是个人和社会联系的纽带

有些学者在回顾历史时认为,诸如古罗马帝国这类伟大文明的衰落是由家庭制度衰落引起的。家庭这一小型单位和广大社会结构之间的相互作用,一直是学术理论界关心的问题,普遍的观点认为,家庭是个人与社会联系的纽带。

法国人类学家列维-斯特劳斯指出,所有结构各异的家庭具有共同的特征:家庭是个体与错综复杂的社会关系网络联结的纽带,它通过契约性的婚姻关系对社会关系加以规定和限制;乱伦禁忌似乎确立了在每个家庭之间而不是在家庭内部进行婚姻交换的模式;夫妻之间的劳动分工是相互依赖的基础,正如男女间的婚姻促进了家庭群体之间的相互联系一样,相互间的义务是连接两性之间、家庭之间以及血缘群体和更广泛的社会系统之间的桥梁,在一个特定社会中这恰恰是社会结构的基本因素。① 社会学家古德则认为:家庭在社会上处于中心地位。表明这种地位最重要的是,在家庭内部儿童就开始社会化以适应社会的需要,而不是仅仅为了自身的需要。一个社会的需要,例如,生产和分配商品、保护老幼病残孕、遵纪守法等,如果得不到满足,这个社会就无法存在下去。只有动员个人来满足这些需要,社会才能继续运转,而家庭正是进行这种动员的基地。而且,家庭成员还要参加非正式的社会控制过程。早期的社会化使我们多数人都想顺从,但久而久之,无论儿童还是成年人,都常常会误入歧途,要迫使异常分子就范,单靠正式的社会控制机构(如警察局)是不够的,还需要有社会压力为个人提供反馈,无论个人表现得好坏,都有必要加强内在的控制,也有必要加强正式机构的控制。无论这类控制有效与否,家庭都往往会承担起这项任务。古德强调家庭是由个人组成的,但它又是一个社会单位,是庞大的社会网络的一部分。家庭并非孤立而又自我封闭的社会体系,其他社会机构——如军队、教堂或学校不是在与个人打交道,而是在与家庭成员打交道。即使在工业化程度最高的城市社会中,人们有时过着隐姓埋名、不定居的生活,但绝大多数人仍然与其他家庭成员交往。即使是那些已获得很高社会地位的人,他们虽然已是成年人,但对父母的批评仍然会感到介意,对兄弟姐妹的嘲弄也会感到气愤。公司团体在为管理人员提供晋升机会时,经常会因为家庭成员反对而不得不放弃其建议。因此,社会是通过家庭来取得个人对社会的贡献。②

三、社会学视角中的家庭

社会学视角中的家庭可以概括为四个方面:家庭是人类最早的社会关系之一,家庭是基本的社会群体,家庭是普遍的社会制度,以及家庭是个历史范畴等。

1. 家庭是人类最早的社会关系之一

家庭是一种社会关系,而且是一种最早的社会关系。社会中人与人之间联

---

① 马克·赫特尔:《变动中的家庭——跨文化的透视》,宋践、李茹等译,浙江人民出版社1988年版,第7页。
② 古德:《家庭》,魏章玲译,社会科学文献出版社1986年版,第5页。

系的根据不同、联系的方式不同,表现为不同的关系。按照联系的根据和方式,人类社会有三大本源社会关系,即以婚姻血缘关系为根据和方式结成的家庭关系,以居住地邻近为根据和方式结成的邻里关系,以其他社会联系与合作为根据和方式结成的关系,比如同学、同事、上下级等,我们统称其为业缘关系。社会关系是个笼统的名词,包括社会过程与社会关系的状态。婚姻家庭关系也包括动态和静态两个方面,前者是家庭成员的互动,即家庭成员间特殊的合作和冲突等,后者是家庭关系的模式和种类,如夫妻关系、亲子关系、兄弟姐妹关系等。马克思、恩格斯曾说:家庭是一开始就纳入历史发展过程的第三种关系。"这种家庭起初是唯一的社会关系,后来,当需要的增长产生了新的社会关系而人口的增多又产生了新的需要的时候,家庭便成为从属的关系了(德国除外)。"①

(1) 家庭是最早的社会关系

按照历史唯物主义观点,人类的第一个历史活动就是生产满足自己衣、食、住等需要的物质资料;第二是生产工具和生产方法。马克思、恩格斯说:"生命的生产,无论是通过劳动而达到的自己生命的生产,或是通过生育而达到的他人生命的生产,就立即表现为双重关系:一方面是自然关系,另一方面是社会关系;社会关系的含义在这里是指许多个人的共同活动,至于这种活动在什么条件下、用什么方式和为了什么目的而进行,则是无关紧要的。"②在人类历史初期,家庭关系和生产关系是并存统一的。正如马克思、恩格斯所说:"不应该把社会活动的这三个方面看作是三个不同的阶段,而只应看作是三个方面,或者……把它们看作是三个'因素'。从历史的最初时期起,从第一批人出现时,这三个方面就同时存在着,而且现在也还在历史上起着作用。"③

随着人类社会的不断发展,人们结成的关系开始复杂和多样化起来,比如说在原始社会末期,村社(村庄)出现了,它是由原始公有制向私有制过渡的社会经济组合,是由定居在一定地域内的一群家庭组成,以土地公有和其他生产资料

---

① 《马克思恩格斯选集》第1卷,人民出版社1995年版,第80页。
② 同上。
③ 同上。

第七章 家庭与社会

私有为特点,以地缘关系为纽带的社会关系的组合。以后,随着私有制产生,阶级出现了,各种经济关系、政治关系、思想关系、宗教关系等逐渐发展起来,复杂的社会关系之网交织而形成国家,家庭变成了从属的社会关系。图 7.1 是家庭和社会关系的复迭图,它可表明家庭这种最早的社会关系是如何发展成各种复杂的社会关系的。

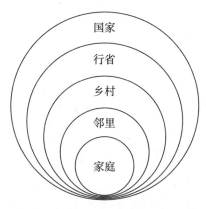

图 7.1　家庭和社会关系的复迭图①

（2）个人从家庭走向社会

人自降生先与父母双亲和兄弟姐妹同居共处,即和家庭发生关系,尔后走向社会,逐步和社会其他分子和组织发生关系。对于个人来说,从学语、试步到营生、自立都是从和家庭中其他成员交往开始的,并从这种交往中学会如何与社会其他成员联系和交往,逐步走入社会。从家庭、邻里扩展到社会,是人的社会关系扩大的基本规律。

2. 家庭是基本的社会群体

俗话说,"物以类聚,人以群分"。家庭是人类群分的一种特有形式,是特殊的社会群体。和其他社会群体相比,家庭表现为成员较少,每一个成员在家庭中都担任特定的角色,和其他成员进行特定的交往,这种交往是面对面的,具有一

---

① 《孙本文文集》第一卷,社会科学文献出版社 2012 年版,第 13 页。

定的稳定性、持久性和连续性。由于家庭是以婚姻关系和血缘关系为纽带的,其成员间关系较深,表现出一种较强的内聚力。人有社会性,人类生活是社会生活。个人为了满足最基本的物质和精神文化生活的需求,求得生存和发展,必须生活在一定的集体之中。离群索居、个人营生的情形,不论在生产力低下的远古时代,还是在生产力高度发达的今天都不可能。我国古代著名的思想家荀子曾经说过:"人之生也,不能无群。"又说:"人,力不若牛,走不若马,而牛马为用,何也？曰:人能群,彼不能群也。"[①]荀子这里所说的群,是社会的群,而不是动物的群。社会的群简称社群,是人类社会生活特有的形式。

家庭作为基本的社群,为人们的社会生活提供了基本的环境和人们进行社会化的最基本的场所和条件,在这点上它区别于任何其他社会群体。刚从母腹降生的婴儿,要从一个生物的人变成一个社会的人,实现人的社会化,还要走一段很长的路。家庭生活是这条路的起点。婴儿不仅需要父母双亲的哺育,而且需要双亲的教养;要在家庭中学走路、学语言、学行为规范、学营生自立。在这一过程中,生理成长、心理发展、个性逐步形成,慢慢学会社会生活的基本技能。游戏、学习和劳动是人们社会生活的三种主要活动形式,在青少年时人们一般主要从事游戏和学习,随着年龄增长,才能逐步过渡到独立参加以劳动为主导形式的社会实践活动。家庭不仅为儿童提供了最初的游戏和学习场所,而且帮助他们从游戏过渡到学习,再从学习过渡到劳动,因此家庭是引渡个人走入社会的桥梁,是个人与社会的中介。

美国社会学家库利认为,基本社群具有亲密的、面对面的结合和合作等特征。这些群体之所以称为基本的,其意义是多方面的,但主要是指它们对于个人的社会性和个人的理想的形成是基本的。从功能论的角度说,家庭作为基本的社会群体,家庭成员之间不仅是亲密的、面对面的结合和合作,而且是全方位的互动与合作,包括生产、分配、财产占有、消费、日常生活起居、性行为、情感交往与寄托、生育、抚养、扶养、赡养、教育、闲暇、娱乐、政治、宗教等,几乎囊括了人与人之间交往的各个方面。

---

① 王光谦撰:《荀子集解》,沈啸寰、王星贤整理,中华书局2012年版,第177页、第162页。

3. 家庭是普遍的社会制度

所谓制度是社会公认的比较复杂而有系统的行为规则,社会制度则是在一定的历史条件下形成的社会关系和与此相联系的社会活动的规范体系。所谓家庭制度是对家庭在组织结构和活动上的一些规定,是在一定历史条件下家庭关系和家庭活动的规范体系。家庭是一种以婚姻血缘关系为纽带的社会生活组织。因此我们常说的家庭制度包括婚姻制度、家庭制度和生育制度等,是人类社会最本原的社会制度的一部分。

家庭生活是一种社会行为,像其他社会行为一样,要有某种社会的规定性、程序性和相对稳定性,使人们在家庭生活中有章可循、有条不紊,世代相传。简言之,家庭生活必须规范化,由此产生了家庭制度。家庭制度有两个重要作用:

第一,它可以满足人类社会生活的基本需求。美国人类学家马林诺夫斯基说,人类的需要可以分为三大类:第一类是生物性的基本需要,如营养、生殖、安全等。人们并不是直接地和个别地在自然环境里得到这些基本需要的满足,他们要使用工具,与别人合作;于是发生第二类手段性的需要,如生产技术、社会组织等。生产技术须有知识的累积和传播,社会组织须有道德和宗教的维持,于是发生了综合性的需要。① 家庭制度曾经同时满足了人类的这三类要求。

第二,它可以使人类家庭生活规范化。家庭尽管可以满足人类社会生活的基本需求,但不是无限度的、混乱的,而是有限度的、规范化的。家庭制度的第二个作用是使人类家庭生活规范化。比如它规定了结婚的年龄、条件、配偶的人数、家庭中各种角色(如母亲、父亲、丈夫、妻子、儿女)的责任、义务和各种家庭关系的模式等,使社会的家庭生活有秩序、有规范、有章可循。

从时间上看,家庭制度属于最古老、最原始的制度之一,还在史前时期就存在了。我们已经知道,在蒙昧时代和野蛮时代,人们就开始对完全自由的性关系加以限制,由于当时还没有文字,所以不可能有成文的规定和记载。形成文字的家庭制度是文明社会才有的。在我国,从迄今为止所发现的资料来看,关于夏商

---

① 费孝通:《生育制度》,天津人民出版社1981年版,第2页。

两代的婚姻制度的记载是不完整的,而西周、春秋时代的婚姻家庭制度则比较系统完整。《周礼》《礼记》《仪礼》虽然成书较晚,但它们是前期礼制的真实反映。比如《礼记·昏义》中分礼为六。还有所谓"夫礼始于冠,本于昏,重于丧、祭,尊于朝、聘,和于射、乡"①。其中,有关婚姻家庭部分,如冠、昏、丧、祭等礼,是通过巩固婚姻家庭方面的宗法秩序来为奴隶主阶级的统治服务的。例如,以孝悌为家礼的中心内容,就是要把家属、宗人置于家长宗子的绝对支配之下,就是要小宗服从大宗,最后统一于作为天下大宗的天子。又如,以祭祀祖先、延续后代作为婚礼的最高宗旨,也说明当时的婚姻是完全从属于宗法家庭制度的。在国外有关婚姻家庭制度出现得也很早。古巴比伦是早期奴隶制国家的主要代表,巴比伦王国统一了幼发拉底河和底格里斯河两河流域以后,汉穆拉比王在位期间,颁布了一部属于法律大全性质的法典——《汉穆拉比法典》。另外,犹太的《摩西法典》、印度的《摩奴法典》、伊斯兰教的《古兰经》以及古罗马自公元前5世纪制定的《十二铜表法》等,都有早期的婚姻家庭制度的记载。

  从空间上看,家庭制度又是世界各国、各地区最普遍的一种制度。无论哪一个国家和地区,无论实行哪一种社会政治制度,无论生产力发展水平如何,是先进的工业国,还是落后的农业国,是物质文明发达地区,还是野蛮愚昧的游牧部落和贫穷的偏远村庄,无论有何种信仰、风俗、习惯和嗜好,都有和该地区、该民族、该国家相适应的婚姻家庭制度。这些制度各有特点,有些规定还相互对立,十分复杂。这些制度在时代和社会变迁中,不断被修改更新。

  中国也不例外,还在中华人民共和国成立初期,就于1950年审议通过了《中华人民共和国婚姻法》,并决定同年施行。这是中华人民共和国成立后颁布的第一部婚姻法,也是新中国的第一部法律,表明党和政府对婚姻家庭法制化的重视。这部《婚姻法》主要是反对旧中国封建的婚姻家庭制度,确立社会主义的婚姻家庭制度。1980年9月10日第五届全国人民代表大会第三次会议通过了第二部《中华人民共和国婚姻法》,这部《婚姻法》根据中华人民共和国成立30年来家庭和社会生活的变化,对第一部《婚姻法》进行了补充和修改。2001年,我

---

① 贾德永译注:《礼记·孝经》,上海三联书店2013年版,第258页。

第七章　家庭与社会

国又对《中华人民共和国婚姻法》进行了修订,该《婚姻法》共六章五十一条,六章分别为"总则""结婚""家庭关系""离婚""救助措施与法律责任""附则"。

一定的历史时期、一定的社会、一定的国家和地区有一定的家庭制度。家庭制度受社会制度的制约和影响,被社会法律和道德所规定。家庭制度也能反作用于社会制度。

4. 家庭是个历史范畴

所谓家庭是个历史范畴,是说家庭从它产生的那天起一直处在发展变化中。家庭是人类社会生活的组织形式之一,但不是从来就有、一成不变的。家庭是个历史范畴,是人类社会发展到一定历史阶段的产物。家庭有其产生和发展的历史。即在生产、交换和消费发展到一定阶段时,就会有一定的社会制度,一定的家庭、等级或阶级组织,就会有一定的市民社会。有一定的市民社会,就会有其正式表现的一定的政治国家。

人类社会初期家庭是什么样的,众说纷纭,莫衷一是。有的人认为原始的家庭是群婚制、杂婚制;有的人说,原始的家庭就是一夫一妻的,从来没有什么群婚,倒是未来社会有可能群婚,人没有固定的配偶。有的人说,原始的婚姻是母权在先,是母系社会,父权制和父系社会是以后发展起来的;有的人则说人类家庭史上从来没有过母权和母系时期,一开始就是父权统治。有的人说原始的家庭都是大家庭,今天家庭的模式才变小了;有的人不这样认为,说原始的家庭就是小家庭。无论如何,人们从不同角度,提出不同证据,证明自己的观点和说法,有的根据历史上遗留下来的亲属制度和民俗民风去推测历史上与这种制度相适应的家庭形式,有的通过研究人类的近亲,如类人猿和猕猴的"家庭"以研究人类家庭的各种初级形态,有的从古代童话、民歌、民谣、民间传说研究人类家庭的各种早期形式,有的运用考古学材料研究家庭史,有的则采用纯逻辑论证的方法论证历史。

人们研究历史上的家庭,因资料不同、证据不同、方法不同,所得到的结论也不相同。现在还很难找到一个统一的说法。比如摩尔根是根据历史上所保留的亲属制度去推测历史上与这种制度相适应的业已绝迹的家庭形式,而麦克伦南、韦斯特马克等则反对摩尔根的观点和方法。然而马克思、恩格斯对摩尔根的研究成果给予了充分的肯定。在本书中我们引用摩尔根和恩格斯关于人类家庭发展的不同阶段的观点,不是刻意说明人类原始的家庭是怎样的形态,或者肯定过去的家庭就是这样的,而是说明家庭不是一成不变的。所以说,家庭有其产生和发展的历史,也必然有转化和消亡的过程,家庭是个历史范畴。

第八章

家庭关系与家庭结构

社会的本质是社会关系,家庭的本质是家庭关系。男女结婚产生夫妻关系,标志着新家庭的诞生。夫妻生儿育女,产生亲子关系,是家庭的延伸与扩大。当我们开始观察每一个具体家庭时,首先看到的是这个家庭由多少成员组成,成员之间相互联系,扮演着不同的角色,发生着不同的关系,这些关系的总和又构成不同的家庭模式。家庭的首要问题,是家庭关系和家庭结构问题。

一、什么是家庭关系与家庭结构

所谓家庭关系和家庭结构都是指家庭构成,是指家庭中人的构成和联系。任何家庭都是由两分子以上构成的,每一分子的存在都依赖着其他分子的存在,他们各自踞有一定的位置,互相关联,相互交往,互相维持,组成了整个家庭。家庭关系和家庭结构是同义语,但含义和表达有不同的侧重。

所谓家庭关系就是家庭成员之间的关系,是指家庭成员在家庭中的不同地位,扮演的不同角色,相互间有不同的互动与联系方式,以及由于其间的互动与联系方式所产生的相互间的权利和义务。家庭关系一般是指家庭中两分子(或两种角色)间的关系。

所谓家庭结构是指家庭分子间的某种性质的联系,家庭分子间相互配合和组织、家庭分子间相互作用和相互影响的状态,以及由于相互作用和相互影响而形成的家庭规模、类型和家庭模式。家庭结构一般是指家庭中全体分子和各种角色所形成的综合关系与模式。

二、家庭关系

家庭关系就是家庭成员之间的关系,如夫妻关系、亲子关系、兄弟姐妹关系、婆媳关系、妯娌关系、祖孙关系等。它表现了家庭分子间不同的联系方式和互动方式。家庭关系也叫家庭人际关系。

1. 家庭关系是一种特殊的社会关系

俗话说,"清官难断家务事""家家有本难念的经"。何至如此?是因为人们常常会被眼前的、日常而琐碎的、不断重复的家庭生活现象遮住了眼睛。只有从社会关系的角度,通过家庭关系内在矛盾的特殊性,才能认清家庭关系的本质。

家庭关系与其他社会关系的联系和区别主要是:

(1) 家庭关系和其他社会关系发生的根据不同

任何一种社会关系都有内在的根据,其成员间联系的根据不同、联系的方式不同,构成了不同的关系。比如邻里关系以居住地为根据,表现了人们毗邻而居;同学关系以学习为根据,表现为人们在一个学校或班集体里共同学习;同事关系以事业为根据,表现了人们在一个单位或在一种职业、行业中共同工作、交往;而家庭关系则以婚姻血缘为根据,表现了有婚姻和血缘关系的人共同生活在一起。家庭关系以婚姻为起点,以婚姻和血缘为纽带。

(2) 家庭关系表现了家庭成员之间特殊的互动

家庭成员特殊的交往方式、特殊的互动,是家庭关系特殊性的动态表现。家庭成员间的互动既有物质方面的,也有精神方面的,比如物质生产、生活消费、性爱交往、繁衍后代、亲子情感、家庭娱乐等,其中性爱交往、繁衍后代、亲子情感等都是其他社会关系中所没有的特殊的交往和互动。

(3) 家庭关系以代际为层次

家庭关系和其他社会关系的一个十分明显的区别是它的代际性和层次性。

所谓代际关系是家庭中不同代（不同辈分的人）之间的交往,具体说可以是一代、两代、三代,甚至是四代、五代人间的交往。家庭关系表现了其他社会关系所没有的连续性和承前启后性。代际关系将家庭成员划分在不同的代际层次上,每个人都有确切的层次位置。这种层次位置是由婚姻血缘关系和每个人在这一关系中所处的地位决定的。处在不同代际层次上的人有不同的权利义务和角色扮演要求。

（4）家庭关系最久远、最普遍

人自出生就在家庭里,和父母及其他家庭成员接触、互动,产生家庭关系。家庭关系起初是每个人唯一的社会关系。自家庭关系产生以来,又出现了许多家庭关系之外的新的社会关系,尽管在历史的发展过程中,许多其他社会关系都消失了,或改变了形态,唯有家庭关系保留了下来,而且保持了它的基本形态和内核。在人类文明史上,迄今为止,无论哪一个地区、哪一个民族、哪一个国家、哪一种社会制度下都有家庭,也都有家庭关系。几乎所有的人从生到死都离不开家庭,都在家庭中扮演着特定的角色,和他人发生着特定的关系。

（5）家庭关系最深刻、最密切

和其他社会关系相比,在一定的意义上说家庭关系最密切、最深刻。家庭成员间有全面的合作与互动,使他们之间不仅有血缘、姻缘关系,经济上的相互利益关系,事业上的志同道合关系,政治上的相互利害关系,日常生活中的频繁交往和共处关系,肉体上的接触和互动关系,还有情感上的深刻联系。这是其他任何一种社会关系都不能比拟的。因此,人们常常用家庭关系来比喻其他关系的密切,如"我们是一家人""爱厂如家""爱社如家",称关系密切者为兄弟姐妹。由于家庭关系密切,所以它对于人的影响是深刻乃至终身的,对人的世界观的形成是基础的、基本的。在传统社会有家庭成员"一荣俱荣,一损俱损",有"夫荣妻贵""光宗耀祖",有"株连九族"等说法,这些尽管在今天看上去已经落后了,但也反映了家庭关系的深刻性和密切性。

（6）家庭关系的社会控制层面多,规范化程度高

和其他一些社会关系相比,家庭关系受社会的控制多,规范化程度高。社会

控制家庭关系的手段是多种的,主要有法律、道德、习俗、宗教和舆论等。不论哪一个国家和地区,无论其政治制度、经济和社会发达程度、道德、风俗和习惯有多大差别,都有关于婚姻和家庭的法律,以使婚姻家庭关系法制化、规范化。法律是今天社会控制和规范家庭关系的主要手段。中国2001年颁布的现在仍然还在施行的《婚姻法》,对家庭中的各种关系(特别是夫妻关系和亲子关系)之间的权利和义务,都有十分详细的规定。道德是使家庭关系规范化的另一重要手段。比如对家庭关系中的亲子关系,用"父慈子孝""尊老爱幼"等来规范。其他像宗教、习俗、舆论等也都从不同方面对家庭关系进行了制约。可以说,家庭关系受到的社会控制比其他任何一种社会关系都多,都严格。

从以上六个方面我们可以了解家庭关系的特殊性,只有从婚姻的本质、家庭在社会中的地位、家庭与社会的关系、家庭承担的社会职能和作用上,我们才能了解为什么家庭关系有这样的特殊性。

2. 家庭关系影响因素的多元性、复杂性

家庭关系作为一种特殊的社会关系,其影响因素是多元的、复杂的,既有家庭内部的因素,也有家庭外部的社会因素。

(1) 影响家庭关系的内部因素

第一,家庭人数的多少。

家庭的成员多,关系的次数多,则关系复杂;相反,家庭成员少,关系次数少,则关系简单。从次数上说,人数越多,关系的次数越多。

如果家庭中只有两个人,则只有一种关系:

A—B

如果家庭中有3人,就有三种关系:

如果家庭中有 4 人就有 6 种关系：

如果家庭中有 5 人就有 10 种关系……

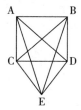

美国的家庭问题专家沙波特发明了家庭人数与家庭关系次数关系的计算公式，$\frac{N^2-N}{2}$。N 为家庭人数，将家庭人数代入此公式，就可算出家庭关系的次数。

例如一个 10 口之家，家庭关系的次数 $\frac{10^2-10}{2}$，是 45 种关系。

第二，家庭类型的异同。

所谓家庭类型也叫家庭模式，在以后关于家庭结构的讨论中我们要具体涉及模式问题。一个家庭的人数多少涉及家庭关系的次数，次数越多关系越复杂，次数相等的家庭，由于模式不同，家庭成员相互间扮演的角色不同，关系的复杂程度也不相同。比如同是 4 口之家，第一个家庭是由父母和未婚子女组成，家庭中有夫妻关系、亲子关系和兄弟姐妹关系；第二个家庭是由父母和已婚子女（比如儿子）组成，家庭中不仅有夫妻关系、亲子关系，还有婆媳关系、翁媳关系；第三个家庭是由已婚兄弟组成，家庭中除有兄弟姐妹关系，还有妯娌关系。这三个家庭虽然人数相等，但关系的内涵是不同的。

第三，家庭中的血亲和姻亲。

血亲指血缘关系，是由亲子关系派生的。姻亲指姻缘关系，是由婚姻关系派生的。在中国，依传统观念，血亲较姻亲为重。家庭成员间血缘关系近，大多为直系亲属,则关系密切;血缘关系远,直系旁系相杂,则关系复杂而疏远。不同社会血亲和姻亲的位置不同,重要性也不同。封建社会重亲子关系,现代社会则重夫妻关系,家庭关系的重心由纵向转为横向。

第四,家庭中已婚夫妇对数。

在家庭中结婚者和未结婚者的角色不同,和他人的关系也不同。家庭中的一对夫妇能够形成一个"中心",夫妇之间有"向心力"。每增加一对夫妇,比如说儿子娶了媳妇,就会增加一个"中心",在夫妻之间有"向心力"的同时,也会出现两对夫妻之间的"离心力"。多对夫妇多"中心",离心力更大,势必引起家庭关系的变化并影响家庭结构的稳定。在有关家庭结构的理论研究中,有些学者主张按家庭中夫妻对数的多少及这些夫妻在同代和不同代的位置,来区别与划分家庭结构的类型,这不无道理。

第五,家庭中的代际层次。

一般来说,家庭中代际层次越少,家庭关系越简单;代际层次越多,家庭关系越复杂。由于不同代际的人所处的时代不同、社会环境不同、社会经历不同、年龄不同、生理和生命周期的循环不同,总会发生生活方式、习惯、性格、兴趣、价值观、理想等方面的差异,也会有不同利益的冲突。在一个急剧变迁的社会中,世代之间的隔膜会变得明显,这就是人们常说的"代沟"。就两代人关系而言,做父亲的常代表旧有的社会价值和观念,并握有社会和家庭交给他们的权力,为儿子的则要接受新观念、新标准,要争得独立,为此,两代人之间会发生代际冲突。两代人之间尚且如此,多代人之间问题就更多。

第六,家庭成员的区位距离和居住环境等生活条件。

家庭成员间的关系和他们之间的区位距离、居住环境等生活条件是密切相关的。同居共处是家庭生活的必要条件,因此住房条件是引起家庭关系变化的重要因素。社会人类学家克罗伯说:"一个人无论如何总得有一个住处。没有外婚团体,没有嗣续原则,没有图腾,一个人照样能活,可是和人一同住却必然产生有社会影响的联系。"[①]居住距离的远近、住房间数的多少,对家庭关系都有影

---

① 费孝通:《生育制度》,天津人民出版社1981年版,第79页。

响,住得太远了,有"远亲不如近邻"之说;住得太近了,过于拥挤了,又有"多刺的刺猬挤紧了,大家都不好过"之说。

第七,家庭成员的生理、心理、道德、文化和修养等因素。

从生理上说,家庭成员必须合作。比如说,夫妻间性生活不和谐,就会影响夫妻关系。家庭中有病人(特别是需要长期治疗的病人),也会影响家庭生活气氛与关系。然而,人不同于动物。家庭关系不仅是生理关系,还有心理、思想、道德、情操、爱好、性格、文化、修养等方面的关系以及对家庭责任和义务的认同和承担等。比如,夫妻相亲相爱、父母抚育儿女、子女赡养老人等都会使家庭关系更密切。家庭成员文化修养较高能提高家庭生活的文明程度。家庭成员有共同的理想、兴趣和爱好,家庭生活丰富,家庭关系和谐。

(2)影响家庭关系的外部因素

家庭作为社会的细胞,家庭关系就要受到外部因素即社会因素的影响,其影响因素也是多元的。社会的生产方式、政治、法律、伦理道德、风俗习惯、文化传统、宗教等都是家庭关系的影响因素。

社会的生产方式不同,家庭关系就不同。封建社会自给自足的自然经济占据了统治地位,人们世世代代固定在一定的土地上。家庭既是一个生活单位,也是一个生产单位,男子是家庭中的主要劳动力,男性家长是家庭劳动的组织者和家庭财产的占有者,不能不占有统治地位,享有绝对权威,而其他家庭成员则处于服从的地位,这就决定了封建社会的家庭关系是"家长制",男女不平等,亲子不平等,家庭中的成员不平等。资本主义社会以来实现了社会化大生产,使农民和束缚他们的土地分离了,一家一户的生产单位解体了,人们都走出家庭到社会上就业,家庭的生产职能消失了,封建的"家长制"也自然解体了。

我国20世纪60年代中期发生的"文化大革命",波及家庭,使一些家庭中派系对立、有矛盾纠纷,甚至使家庭成员之间分崩离析,这就是政治影响家庭关系的例子。

1949年中华人民共和国成立后制定的三部《婚姻法》都有父母有抚育子女的责任、子女有赡养父母的义务的规定,从法律上约束了两代人之间的关系,促进了两代人关系的和谐,是法律影响家庭关系的例子。

世界各国文化传统不同,也产生了不同的家庭关系。比如西方国家重视夫妻关系,产生了横向为重心的家庭关系;东方国家重视亲子关系,产生了纵向为重心的家庭关系。

另外,宗教对于家庭关系也有巨大影响,比如,中世纪的欧洲教权扩张、教令统一,寺院法也进入全盛时期。寺院法贯行本诸教义,采取禁止离婚主义,如有重大特殊理由时,得经宗教最高当局宣告婚姻无效,才能离婚,这是宗教影响家庭关系的例子。

综上所述,家庭关系的影响因素有家庭内部的,也有外部的,是多种因素综合作用的结果。

3. 中国封建社会家庭关系的特点

中国经历了几千年封建社会,封建主义对中国的家庭和家庭关系影响很深,要认识今天中国的家庭关系,不能不对封建社会家庭关系先有一个大概的了解。封建的中国家庭关系的主要特点是:

(1) 家庭中亲属种类多

西方家庭大多只包括夫妇子女两代人。中国的封建家庭却不如此简单。从纵的方面,家庭中可包括父母、祖父母、曾祖父母以及子、孙、曾孙等直系亲属;横的方面,家庭中则有兄弟、姐妹、妯娌、堂兄弟、堂姐妹等旁系亲属。从图 8.1 中可见中国家族系统的庞杂,其关系也必然错综复杂。

中国家庭关系复杂,还表现在家庭中的亲属称谓较多,每一种亲属,无论属父党、母党和妻党,也无论远亲、近亲,均有一种特殊称谓,以表明其特殊名分,在家庭中所扮演的特殊角色、所处的特殊地位。仅以父亲的同辈亲属来说,就有伯父、叔父、堂伯父、堂叔父、族伯父、族叔父、表伯、表叔、姑丈等,而在西方只有一种称谓(英语是"uncle",法语是"oncle",德语是"der Onkel",皆为同一意义)。

				高祖父母				
			族曾祖姑	曾祖父母	族曾祖父母			
		族祖姑	祖姑	祖父母	叔伯祖父母	族祖父母		
	族姑	堂姑	姑	父母	叔伯父母	堂叔伯父母	族叔伯父母	
族姊妹	再从姊妹	堂姊妹	姊妹	己身	兄弟兄弟妻	堂兄弟堂兄弟妻	再从兄弟再从兄弟妻	族兄弟族兄弟妻
	再从侄女	堂侄女	侄女	长子众子长子妇众子妇	侄侄妇	堂侄堂侄妇	再从侄再从侄妇	
		堂侄孙女	侄孙女	嫡孙众孙嫡孙妇众孙妇	侄孙侄孙妇	堂侄孙堂侄孙妇		
			侄曾孙女	曾孙曾孙妇	侄曾孙侄曾孙妇			
				玄孙玄孙妇				

图 8.1 中国封建社会家族的九族系统图①

（2）家庭之外还有家族和宗族

说我国社会有较多种亲属称谓，并不是说每一个具体家庭中都有那么多种亲属关系。一般家庭通常仅有直系两三代亲属，或仅有直系两代及旁系兄弟姐娌等亲属。之所以家庭中有那么多亲属称谓，是因为在家庭之外还有家族和宗族。

家庭是针对自成生活单位的亲属团体而言的。宗族是家庭的扩充，它包括父族同宗亲属。而家族不仅包括父族同宗亲属，还包括母族和妻族的亲属。旧制度家族有"九族"之多，即"父族四、母族三、妻族二"。家族是针对两个以上的家庭彼此间有亲属关系而言的。家庭有同居共财之义，而家族不以同居共财为

---

① 李银河、郑宏霞：《一爷之孙——中国家庭关系个案研究》，内蒙古大学出版社 2009 年版，第 191 页。

限。由此可见,我国的家庭关系不仅在家庭以内,而且跨到家庭之间,这是家庭关系复杂的又一原因。一个家庭的成员可以通过家族、宗族关系与另一个家庭的成员发生联系和作用,一个家庭可以通过家族和宗族影响另一个家庭,这在我国是常见的。

(3) 家族大,关系复杂,却有章可循

其一,父权制,全家权力集中于家长,子女需服从尊长,毫无自由。

其二,父系承袭,重男轻女,男尊女卑,男女不平等。

其三,嫡庶长幼有序,嫡长继承,兄弟不平等。

其四,重视亲族关系,凡宗族戚党之人,皆休戚与共的分子。

其五,重"孝""悌",崇拜祖先。

(4) 纵向家庭关系

和横向夫妻关系相比,中国自古更重视纵向亲子关系、代际关系、上下关系,上要孝敬父母,下要养育子女,以传宗接代为本。

我国封建的家庭和家族关系的这些特点,至今仍在一定程度上影响着我国现在的家庭和家庭关系。在时代的变迁中,它也发生了变化,以下我们从中国的纵向家庭关系及转移来说明这种影响和变化。

4. 纵向式的中国家庭关系及转移

(1) 从家庭三角结构看家庭关系的重心

依社会学和人类学观点,家庭关系的重心与核心在于由父母和子女之间的关系构成的家庭中的基本三角,其他家庭关系是这一三角关系的扩展与延伸。著名社会学家费孝通引用了雷蒙德·弗思的话说:"舞台上或银幕上的三角是二男一女(近来也有二女一男)间爱的冲突;可是从人类学者看来,社会结构中真正的三角是由共同情操所结合的儿女和他们的父母。"[1]费孝通认为,婚姻的意义就在于建立这个社会结构中的基本三角。夫妇不只是男女间的两性关系,

---

[1] 费孝通:《生育制度》,天津人民出版社1981年版,第65页。

第八章 家庭关系与家庭结构

而是共同向儿女负责的合作关系。在婚姻的契约中不仅包含一种关系,而且包含两种相连的社会关系——夫妇关系和亲子关系。这两种关系不能分别独立,夫妇关系以亲子关系为前提,亲子关系以夫妇关系为必要条件,这是三角形的三边,不能短缺的。费孝通运用几何学两点成一线、三点成一面的道理解释了家庭结构中两种相互联结和相互依存的关系,即夫妻关系和亲子关系,以及由这两种关系结成的家庭中的核心结构。

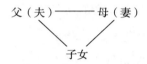

图 8.2　家庭三角结构图

家庭结构的核心在于家庭中的基本三角,其间还有横向和纵向之分别。就夫妻关系和亲子关系方向而言,夫妻关系是平辈关系,是横向;亲子关系是异辈关系,是纵向的。在不同的文化和国度中横向和纵向关系的位置不同,也称家庭结构的重心和方向不同。所谓重心在横向上是说夫妻关系比亲子关系重要,夫妻关系处在主导地位,夫妻关系支配亲子关系;在纵向上是指亲子关系比夫妻关系重要,亲子关系处在主导地位,亲子关系支配夫妻关系。按中国的家庭传统,亲子关系重于夫妻关系,家庭结构的重心在亲子关系,是纵向家庭关系。根据儒家思想,婚姻历来是两姓宗族之事,并非男女双方个人的事。男子结婚不是为个人娶妻,而是为宗族娶妇;女人结婚,不是为个人嫁夫,而是嫁与夫姓的宗族为妇,事关宗族承先启后的大事。换句话说,女人到了男家,就是要给男家生孩子,传续后代。中国传统家庭伦理的核心也在纵向、在上下,上要孝敬父母,下要生育、抚养子女,而不在横向,讲夫妻相爱。亲子关系重于夫妻关系。在很多情况下,不是亲子关系依赖于夫妻关系,而是夫妻关系依赖于亲子关系,夫妻关系靠亲子关系来维持和支撑。比如在今天我们也常常听到一些夫妻感情不和、想离婚的人说,本来想离婚,但是想到孩子,为了孩子也不能离婚。这是用亲子关系维系夫妻关系的最典型的说法。在中国的家庭中常常听到有的做父母的说:我们这一代人不行了,寄希望于下一代了。父母在家庭中为子女牺牲自己,呕心沥血,而心甘情愿者,大有人在。

西方社会家庭关系的重心在横向,夫妻关系和亲子关系相比更重视夫妻关系。用西方人的话说:宁要个人青春幸福,不要为子女拖累。价值观念的取向在自身、在本代,不在子女、不在下一代。具体表现在家庭中,他们更重视夫妻关系的质量,重视夫妻间的浪漫爱情,而把子女放在第二位,如果夫妻不和,宁可以离婚的方式分离,也不因子女而凑合。因此,西方社会离婚较容易,离婚率较高。这种家庭关系的重心在夫妻关系的模式,我们称之为以横向为重心。当然,这样看西方社会的家庭,不是说西方社会的父母不要孩子、不爱孩子,而是说在夫妻关系和亲子关系的比较中,夫妻关系更为重要。

20世纪末,中国的家庭关系的重心也发生了一些变化,具体表现为在亲子关系仍然被重视的同时,夫妻关系的地位提高了,出现了重心由纵向向横向转移的趋势。新的青年一代更多地重视夫妻关系,重视能否实现爱情、找到理想配偶,更多重视自我价值的实现、自身生活质量和事业的成功,而把家庭、子女放在较后的位置。为此,一些人不结婚,晚结婚,结了婚也不要(或暂时不要)子女。在配偶和子女的关系上,也出现了由子女需求向配偶需求的转移。

三、家庭结构

家庭结构是家庭关系的整体模式,也叫家庭类型。社会学家、人类学家从不同角度对家庭结构有不同的类型划分。

1. 家庭结构类型的划分方法

(1)按家庭人数或代际层次数的多少划分。按家庭人口数量的多少划分家庭的大小,人口比较多的家庭,称为大家庭;人口比较少的家庭,称为小家庭。也有的按家庭中的代际层次划分家庭的大小,只包含一代人或两代人的家庭,称为小家庭;包含三代或三代人以上的家庭,称为大家庭。

(2)按配偶人数的多少划分。一群男女互相为配偶称为"多夫多妻制家庭",一个女人有多个丈夫称为"一妻多夫制家庭",一个男人有多个妻子的家庭称为"一夫多妻制家庭",男女专一、互为配偶的称为"一夫一妻制家庭"(也称为

第八章　家庭关系与家庭结构

"专偶制家庭")。

（3）按决定和参与家庭事务的权力划分。父权制家庭指家庭中的事务由父亲来控制和决定。母权制家庭，家庭中的事务由母亲控制和决定。舅权家庭，家庭中的事务由舅舅控制和决定（舅权是母权的变种，舅权代行母权）。平权家庭，夫妻平等决定家庭中的事务。

（4）以家庭分子传袭的系统规则为标准划分。母系家庭，其子女的姓名及承继依母方；父系家庭，其子女的姓名及承继依父方；平系家庭，男女两系平等计算或者任何一系都可以；双系家庭，同时属于母族和父族。

（5）以家庭分子居住地为标准划分。从妻居家庭，也称母居，即结婚后丈夫在妻家居住，也称招赘或招女婿；从夫居也称父居制家庭，即结婚后妻子在夫家居住；单居制家庭，即婚后既不住妻家，也不住夫家，而是夫妻自立门户，单独住。

（6）按家庭代际层次和亲属关系立场划分。这种家庭结构和类型划分方法是当代社会学、人类学通常使用的方法，即将家庭划分为核心家庭、主干家庭、联合家庭和其他家庭等四个类型。前三种是有代表性的主要结构和类型，其余的划归为第四种。

① 核心家庭(nuclear family)。

核心家庭的概念首先是由美国社会人类学家 G. P. 默多克提出来的。1949年默多克对 250 个家庭进行了研究，在《社会结构论》一书中提出了"核心家庭"的概念和理论。默多克在提出这一概念时还搜集和排列了人们对这种家庭的其他称呼，比如："自然的家庭"(natural family)、"直接的家庭"(immediate family)、"生物家庭"(biological family)、"原级家庭"(primary family)、"限制家庭"(restricted family)。英国的拉德克利夫-布朗和其他一些英国学者称它为"基本的家庭"(elementary family)。

从家庭结构研究的角度，特别是从家庭中基本的三角结构处，称这种由父、母、子女组成的家庭模式为"核心家庭"是非常贴切的，顾名思义，它是家庭的核心（中心）结构与模式。核心家庭的理论和概念已为社会学界和人类学界多数学者所接受。核心家庭的主要特点有：

A. 核心家庭具有四种明显的功能：性的、经济的、生育的、教育的。

B. 核心家庭以一男一女结合的夫妇为主，故又称为夫妇家庭，以与血族家庭相对称，血族家庭是由有血缘关系的亲属组成。可是事实上核心家庭含有夫妻和血缘两种关系。夫妇和子女，以血缘相连，故依子女立场看，核心家庭为血族家庭。任何社会都有乱伦禁忌，夫妇必是无血缘关系之一男一女经由婚姻而组成，故依组成者立场看，核心家庭为夫妇家庭。

C. 核心家庭对亲属关系的网络之依赖比其他家庭小，故所受之控制亦较弱，婚后不必受强大的压力勉强同父族和母族同居，可以自由另建新居。

D. 核心家庭的嗣系，不偏重配偶中任何一方，不一定是父系和母系的单系，也可以是双系。由于新居远离父族和母族，常常不能参加亲属的共同活动与仪式。

E. 择偶比较自由，婚姻合适的重点在于夫妻本身，与亲属是否和谐相处居于次要。所以谁与谁结婚，以当事者意见为主，其他亲属并不会施以太重的压力。

F. 核心家庭基于夫妻之间的相互吸引与相互爱恋，与家人发生密切接触的甚少。在扩大的家庭内，家人众多，彼此的感情联系分散而不强烈。核心家庭的夫妻在心理上不能在家外寻找安慰，于是在情感方面造成亲密与脆弱的好坏两面，一旦夫妻在家内得不到爱和快乐，便失去了继续维持的动机而诉诸分离，因此核心家庭制度下离婚率趋于增高。

G. 庞大的亲属团体能供给各种社会福利服务，照顾鳏寡孤独残疾之人，此为核心家庭所缺少者。因此，社会必须加强社会福利事业，设立孤儿院、养老院、婚姻指导所等，以补亲属团体之缺。

H. 核心家庭比他种家庭更适合于现代的工业都市社会。①

核心家庭，是指一对夫妻和未婚子女所组成的家庭，也包括只有夫妻二人的家庭，夫（或妻）与未婚子女所组成的家庭。这种家庭的特点是有一对夫妻，因此只有一个中心。

---

① 王云五：《云五社会科学大辞典》（社会学卷），台湾"商务印书馆"1971年版，第50页。

第八章　家庭关系与家庭结构

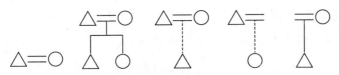

图 8.3　核心家庭的几种模式

图标号示意：我们使用社会学和人类学统一使用的符号和图示，"△"代表男，"○"代表女，"＝"代表婚姻，"｜"代表亲子关系，"—"代表兄弟姐妹关系，"⋮"代表领养关系，"△＝"或"＝○"的空缺表示家庭中有离婚和丧偶等情况。

② 主干家庭（stem family）。

这个概念是由法国社会学家勒普累所创。他是第一位以科学方法来研究家庭的社会学家，他将 19 世纪的欧洲家庭划分为三大类，即父权家庭、不稳定家庭和主干家庭。主干家庭是指夫妻和一对已婚子女所组成的家庭，也是我们通常所说的三代同堂的家庭。换句话说，父母只留下已婚子女中的一个（若是多子女，其余的婚后分离出去），包括留下儿子，也包括留下女儿。在父系传统和传递的社会，一般留下儿子在身边，家庭由父、母、儿、媳和孙子女组成。父（或母）与一对已婚儿女的家庭也归为这一类。主干家庭好比大树，去其分支，留其主干，就家庭来说，留下主要承续人，其余的子女分家另过。主干家庭的特点是有两对夫妻，但处在两代人的位置上。家庭中有两个中心，一般有三代人（随着现代人寿命的延长，也有四代人的）。

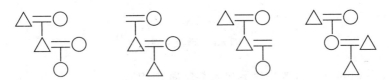

图 8.4　主干家庭的（有代表性的）模式

③ 联合家庭（joint family）。

联合家庭是血族中两个或更多的性别相同之人，及其配偶和子女所组成者。他们同居于一住宅之内，服从相同的权威或接受一个家长的领导。如一个男人及其配偶、已婚儿子儿媳、孙子孙女等构成之家庭。① 今天,联合家庭是指父母和多对已婚子女共同居住生活的模式,或兄弟姐妹婚后不分家的模式。这种家庭是《四世同堂》中的祁老太爷的家庭模式,也是《红楼梦》中的荣国府、宁国府式的家庭模式,是所谓真正意义上的大家庭。相对于联合家庭来说,上面所说的主干家庭只是中等规模的家庭。因此主干家庭也叫折中家庭。联合家庭的主要特点是家庭中有多对夫妻,且有同代夫妻,人口多,关系复杂,有的还直系旁系相杂,由于是多对夫妻共处,所以是多中心的。

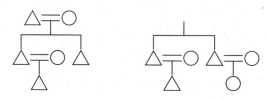

图 8.5　联合家庭的(有代表性的)模式

④ 其他家庭。

即上述模式以外的家庭。比如在中国常见的隔代家庭(由祖孙两代人构成),父母双亡的未婚儿女组成的家庭,以及其他家庭模式等。图 8.6 展示了其他家庭中的一例——"祖孙家庭"(隔代家庭)。

图 8.6　隔代家庭

以上我们列举了六种社会学和人类学常用的家庭类型的划分方法,还有其他按研究问题的性质分类的方法。在学术理论界用得最广的是我们列举的六种分类方法中的第一种(按家庭人数多少)和第六种(按家庭代际层次和亲属立场)方法。以下我们将分别使用这两种方法阐述 20 世纪以来家庭经历的小型化和核心化过程。

---

① 　王云五:《云五社会科学大辞典》(社会学卷),台湾"商务印书馆"1971 年版,第 241 页。

第八章 家庭关系与家庭结构

2. 家庭的小型化趋势

传统家庭是大家庭模式(准确地说,传统社会崇尚大家庭)。近现代社会以来,家庭出现了小型化趋势,家庭的平均人口正在减少。关于这一点,学术理论界一直有不同的看法,有的人同意上述结论,有的人认为过去的家庭人口就不多,人类社会从未经历过人口众多的大家庭时期。为了说明现代家庭的人口状况,我们先从古代家庭说起。

(1) 传统的大家庭

在人类史初期的对偶家庭,人类从群婚状态开始发展成某种或长或短时期内的成对配偶制,即一个男子在许多妻子中有一个主妻,而他对于这个女子来说也是她的许多丈夫中的一个主夫。由于这种带有群婚特征的婚姻形态,使当时的家庭包括了多对配偶及其子女,自然人数较多。这一点在对偶婚向一夫一妻制过渡时出现的家庭公社中可以得到证明。南斯拉夫的"扎德鲁加"是这种家庭公社的最好的例子。它包括一个父亲所生的数代子孙和他们的妻子。他们住在一起,共同耕种田地,衣食都出自共同的储存,共同占有剩余产品。过去,在俄国人、塞尔维亚人和保加利亚人中都可以找到这种家庭公社。德意志人的经济单位起初也不是现代意义上的个体家庭,而是几代人或者说几个个体家庭所构成的,并且还包括许多非自由人的家庭公社。罗马尼亚家庭也被归在这种类型以内。最初的家长制家庭(父权制家庭)由若干数目的自由人和非自由人在家长的父权之下组成,它说明当初的家庭不仅包括父权支配的妻子和子女,而且包括一定数量的奴隶。这种家庭和今天相比显然规模较大、人数较多,也属大家庭。原始的家庭之所以是大家庭,跟当时的生产力水平是有关的。由于生产工具落后、生产力低,只有家庭人数众多,才能有较大的力量应对险恶的自然环境,发展生产、维持生存。这种推论从逻辑上是成立的。法国著名人口学家阿尔弗雷·索维说:"只要父亲拥有绝对的权力,而所有他的孩子都劳动,他的主要利益就在于要一个大家庭。"① 美国未来学家阿尔温·托夫勒认为:"在工业革命以

---

① 阿尔弗雷·索维:《人口通论》上册,查瑞传等译,商务印书馆1983年版,第159页。

前,家庭的组织形式,各地都不尽相同。但是农业占优势的地方,人们一般都生活在几代同堂的大家庭中,叔侄姑嫂、姨舅爷奶一大堆,组成一个共同劳动的经济单位。"①在中国也有过对传统大家庭的推断与假说,他们认为直到20世纪30年代,中国"现时最大多数人民仍未脱离宗法社会的大家庭制度"②,即人口众多、规模较大、数代同堂的大家庭占优势。如前所述,我国古代典籍中也有一些关于大家庭的描述和记载。然而,另一些学者依据其他资料否认这一点。我国自秦汉以来就建立了全国规模的人口调查制度。其深入细致的程度,在当时的世界上是罕见的。如果认真考察我国历代正史中有关户口的记载,不难发现,一些文献资料否认了大家庭占优势的观点,而"五口人之家"才是我国历史上普遍存在的传统家庭模式。据史学界考证,从西汉元始二年(公元2年)到清宣统三年(公元1911年)的一千九百多年间,有典籍稽考,能推算出较为可信的家庭人口的平均数计71个,这71个数据的平均值为4.95人,标准差为1.61。按家庭人口平均数分类,具体表现的次数见表8.1:

表 8.1 中国历史上家庭规模表

人口	次数	人口	次数
2 人以下	2 次	2.00—2.99 人	12 次
3.00—3.99 人	1 次	4.00—4.99 人	9 次
5.00—5.99 人	31 次	6.00—6.99 人	15 次
7.00—7.99 人	0 次	8 人以上	1 次

由于缺乏家庭代际构成的历史资料,我们无法直接从代际层次的角度分析我国传统的家庭规模。但是,考虑到我国古代人们的婚龄较低、寿命较短等特点,假设大家庭的第一代人为一人,至少在60岁以上;第二代为一对夫妻,40岁左右;第三代为两对夫妻,20岁左右;第四代为一人,新生婴儿;则四世同堂至少为8人。如果这一假设成立,我们把平均人口在8人以上作为衡量大家庭的标

---

① 阿尔温·托夫勒:《第三次浪潮》,朱志焱等译,生活·读书·新知三联书店1983年版,第79页。
② 陈长蘅:《我国土地与人口问题之初步比较研究及国民经济建设之政策商榷》,《地理学报》1935年第2卷第4期。

准,则 71 个历史数据资料中,家庭人口平均数在 8 人以上的仅仅出现一次,即在唐肃宗乾元三年(公元 760 年),为 8.79 人。又据历史记载,唐肃宗乾元年间,安史之乱尚未平定,社会矛盾尖锐,土地兼并严重,户籍完全混乱,因此,这个家庭平均数可能不足为据。有的学者认为,在漫长的封建社会中,中国的家庭人口主要在 4—7 人之间,或主要在 5—6 人之间。①

20 世纪 30 年代,有关中国历史上"大家庭占优势"的观点提出不久,许多学者就对此提出异议。费孝通在《生育制度》一书中说:"这种大家庭并不是我们中国社会结构中的普遍方式,各地方每户人数的平均,据已有的农村调查说,是从四个人到六个人。四个人到六个人所组成的地域团体决不能形成上述那种大家庭。"②

据此我们可以认为,在中国的历史上,大家庭是人们的家庭理想,是符合当时的生产方式和传统文化的。但大家庭的维持需要一定的条件,特别是经济条件,因此只有少数富户人家才能实现大家庭模式。对于穷人来说,维持大家庭是不易的。另外,那时人的寿命较短,从年龄结构上世代同堂的大家庭也不会多。

(2) 20 世纪以来家庭的小型化趋势

因为各种原因在人类历史上大家庭并没有成为普遍的模式,20 世纪以来家庭小型化趋势更为明显,不仅世界如此,中国也是如此。

世界发达国家的家庭规模。在美国,1975 年时全国每户平均人数是 2.94 人,1990 年下降为 2.63 人,2010 年下降为 2.59 人,即每个家庭平均不到 3 口人,以后是继续减少的趋势。在日本,第二次世界大战后家庭人口日益减少。1975 年平均每户 3.28 人,到 1990 年降为 2.99 人,(预计)2010 年每个家庭只有 2.55 人。根据联合国人口统计年报提供的数据,1990 年法国的每户平均人数是 2.6 人、瑞典 2.1 人,而早在 1981 年英国家庭平均人数仅为 2.7 人。③

中国的家庭也呈小型化的趋势。20 世纪 80 年代以来尤为显著,据 1982 年

---

① 转引自潘允康:《家庭社会学》,中国审计出版社、中国社会出版社 2002 年版,第 206 页。
② 费孝通:《生育制度》,天津人民出版社 1981 年版,第 85—86 页。
③ 王化波、孟秋丽:《日本的家庭结构现状及变化趋势分析》,《东北亚论坛》2000 年 2 月第 1 期。

进行的中国五城市家庭调查的数据资料统计,那时家庭平均人口数为 4.08 人。而 1990 年缩减到 3.96 人。

根据 1999 年《中国统计年鉴》公布的数字,1998 年全国家庭户规模是户均 3.63 人,其中北京是 3.03 人,天津是 3.36 人,上海是 3.06 人,重庆是 3.35 人。全国户均人口最少的是北京;最多的是西藏,户均 5.29 人。

根据 2015 年《中国统计年鉴》公布的数字,2014 年全国家庭户规模是户均 2.97 人,其中北京是 2.49 人,天津是 2.62 人,上海是 2.34 人,重庆是 2.72 人。全国户均人口最少的是上海;最多的是西藏,户均 4.08 人。

(3) 家庭规模小型化的社会原因

首先,现代化、工业化、都市化的进程,改变了人们的生活方式,造成了人口的社会性流动,人们走出家门劳动就业,常常要到远离家乡的地方就业、生活。在这种流动中,人数众多的大家庭越来越难以维持了,而灵活多变的小家庭适应这种生产方式。其次,家庭生育数量的减少、生育率的降低,是造成家庭小型化的直接原因。现代人为了学业和事业上的成功,为了提高生活质量和改变生活方式,在生育上的流行观念是少生育、不生育和晚生育,不仅观念上是如此,行为上也是如此。这样家庭人口自然减少。再次,离婚者增多、离婚率增高,使家庭分裂和解体,一个不稳定的家庭是聚集不起人口、形成不了规模的。最后,独身主义的出现,女性在家庭中地位的提高,以及家庭中两代人关系的变化,由原来的聚合到分离,也都使家庭小型化。

3. 家庭的核心化趋势

所谓家庭的核心化趋势是指核心家庭的数量越来越多,成为现代家庭的主体模式。

今天,核心家庭的概念和核心家庭普遍存在的客观事实已为人们普遍接受。美国社会学家帕森斯认为核心家庭是工业社会的产物,是工业社会里最适合的家庭形式。原因是:第一,现代工业基于成就价值之上,需要人力流动以有利于经济发展,尤其是现代工业社会需要"自由劳动力",结构独立的核心家庭比扩

第八章 家庭关系与家庭结构

大家庭适合于这种流动。第二,这种核心家庭对孩子看得比任何关系都重要,通过社会和地理上的流动,可提供儿童的发展机会,从而有利于社会的发展。第三,在核心家庭中,男人起主要联系作用,是全家人的经济支柱,这就促使所有的成年男人都要找工作。第四,核心家庭可以满足个人感情上的需要,从而为应付各种社会问题提供一块保护性的飞地。有些社会学家认为,帕森斯的分析忽略了两个重要因素:阶级关系问题和愈来愈多的妇女就业问题。他们认为,核心家庭不利于赡养老年人、抚养儿童,夫妻容易离婚等。美国历史学家哈利文则认为,在工业化以前,家庭的规模就已经开始缩小了,只是工业化以后,缩小的速度加快罢了。核心家庭不是工业化的产物,在工业社会以前的农业社会,它就已经十分普遍了。《英国大百科全书》则说,核心家庭是一种最古老的家庭形式,它的历史可以追溯到人类最早的祖先,大概在50万年前或更早些。当时这些人们分成小帮而居住着,他们的孩子出生间隔为一年,或最多两年,但在孩子们能料理自己以前,却需要几年的时间。母亲为了抚育孩子们,就必须从丈夫那里取得帮助,同时这些父母们和孩子们就需要组成稍微稳定的核心家庭。

核心家庭是现代家庭的主体类型和模式,不仅西方国家是如此,东方国家也是如此。20世纪中期的相关统计资料证明了这点,以日本为例。(见表8.2)

从表8.2中可见,日本的核心家庭已从1960年的53%上升到1995年的58.7%,而以三代户(其他)为主体的其他亲族户下降了,由1960年的30.8%下降到1995年的15.7%。

表8.2 家庭类型别户数构成(%) ①

年份	总数	核心家庭					单身	其他
		总数	夫妻家庭	夫妻和孩子	父子	母子		
1960	100.0	53.0	7.3	38.2	1.1	6.4	16.1	30.8
1970	100.0	56.7	9.8	41.2	0.8	4.9	20.3	23.0
1975	100.0	59.5	11.6	42.5	0.8	4.6	19.5	21.0

---

① 王化波、孟秋丽:《日本的家庭结构现状及变化趋势分析》,《东北亚论坛》2000年2月第1期。

续表

年份	总数	核心家庭					单身	其他
		总数	夫妻家庭	夫妻和孩子	父子	母子		
1980	100.0	60.3	12.5	42.1	0.8	4.9	19.8	19.9
1985	100.0	60.0	13.7	40.0	0.9	5.4	20.8	19.2
1990	100.0	59.3	15.5	37.3	1.0	5.7	23.1	17.4
1995	100.0	58.7	17.4	34.2	1.1	6.0	25.6	15.7

在中国,传统上是崇尚大家庭模式的,也就是我们列举的联合家庭模式,它的形成条件是儿女婚后与父母都不分家,当然在尊崇父系传统的中国,主要是儿子与父母不分家。其实,根据成立这种家庭的客观条件,这种家庭在历史上就不多。20世纪家庭调查的有关资料证明,20世纪上半期这种家庭为数不多,在农村中还有一些,城市中已经很少。而三代同堂的主干家庭是有一定数量,它既符合中国的家庭传统,也在某种程度上符合现实生活的需要。然而,近年来的社会调查和统计资料证实,不仅联合家庭的数量很少,主干家庭的数量也在减少,核心家庭的数量大大增加了。中国的家庭正在经历一个小型化与核心化的过程。

根据1982年开始的中国五城市家庭调查资料和2008年中国社科院社会学研究所组织的"中国城市家庭结构和家庭变迁"调查结果显示,中国城市核心家庭所占的比例越来越大,从1982年调查时的66.4%,上升到2008年调查时的70.2%。(见表8.3)

表8.3 两次调查结果对比(%)[1]

家庭结构	1982年	2008年
单身户	2.4	12.1
核心家庭	66.4	70.2

---

[1] 数据部分引用自马春华、李银河等:《转型期中国城市家庭变迁》,社会科学文献出版社2013年版,第140页。

续表

家庭结构	1982 年	2008 年
主干家庭	24.3	14.0
联合家庭	2.3	0.2
隔代家庭	—	2.7
同居家庭	—	0.8
其他	4.6	0.1
合计	100	100

从表 8.3 我们可以看出，二十年间，核心家庭的占比增长，但是主干家庭和联合家庭的比例却在下降，分别从 24.3%降到 14.0%、从 2.3%降到 0.2%。

家庭模式的这种变化在其他相关的调查研究中也已经明显地表现了出来。根据中国社会科学院社会学研究所等单位于 1998—1999 年进行的"现代中国城乡家庭研究"显示，核心家庭占被调查家庭总数的 67.64%，主干家庭占 30.64%，联合家庭占 0.48%，也是核心家庭为主体，主干家庭为辅的格局。[①] 我们可以认为，今天在绝大多数家庭中，儿女长大结婚后，如果有足够的房子，都会与父母分开住、分开生活，成立自己的小家庭，这不仅符合青年人的心理，也是老年人的意愿和选择。

中国家庭重视亲子关系，重视纵向关系的传统，表现在家庭结构和模式上是大家庭和"世代同堂"，即子女婚后仍然和父母不分家，生活在一起，组成世代同堂的大家庭。小说《四世同堂》描写了抗日战争时期中国人的苦难命运和不屈不挠反抗日本侵略者的精神。它是通过描写祁老太爷一家的家庭生活展开的，虽然主题不在描写某种家庭理想、家庭关系和家庭模式，但在客观上宣传了世代同堂的家庭生活。不仅《四世同堂》如此，其他一些经典作品，如《红楼梦》《家》《春》《秋》《雷雨》等，描写的也都是大家庭。尽管中国的历史上真正的大家庭并不多，只有少数富户是大家庭，但大家庭一直被当作理想模式来推崇，并被载入

---

① 沈崇麟、杨善华、李东山主编：《世纪之交的城乡家庭》，中国社会科学出版社 1999 年版，第 68 页。

史册。宋朝时期,一陈姓人家十三世同居,有长幼700余口人,既"不畜婢妾"也"人无间言",每到吃饭时必群"坐广堂",未成年的孩子单列一席。在这个大家庭中,光狗就养了百余条,狗也在一起吃食,而且是"一犬不至,余皆不食",表现了大家庭中的"融融之乐"。在唐朝时期,也有"寿张人张公艺九世同居"之记载。陈家和张公艺都得到了当时的最高统治者皇帝的青睐,不仅大驾光临,而且诏旌其门,免除其赋税和徭役,每年贷粮数千担予以奖励。可见这种世代同堂的大家庭为当时的朝廷所推崇,但数量不多,才能被载入史册。陶渊明《与子俨等疏》云:"颍川韩元长,汉末名士,身处卿佐,八十而终,兄弟同居,至于没齿。"在史书上称这种世代同堂不分家的为"孝义""孝友"者。翻阅历代史料,如《孝义传》和《孝友传》所录"数世同堂"者为数也不多。

当时大家庭为社会的理想,但数量不多,是客观原因造成的。比如人的寿命较短,受经济条件限制,大家庭维持需要较好的经济条件,只有富人家才有可能。当然这里所说的大家庭是指累世同堂的家庭,儿女结婚仍然和父母生活在一起。换句话说,儿子结婚一般是不离开父母的,和父母继续住在一起;女儿则嫁到他家,和丈夫的父母生活在一起。

今天的情况发生了很大变化,两代人不思团聚,想分离了。从20世纪70年代末到80年代初期,我们就发现了这种变化,而变化首先是从青年人开始的。1985年天津社会科学院和天津市人民政府联合在天津市区进行了天津市千户居民户卷调查,当问到下一代人对上一代人的家庭愿望时,得到如下结果:"愿意住在父母家的",占17%;"愿意住在岳父母家的",占2.79%;认为"最好各自单过的"最多(含表示"愿意父母和岳父母过来住一段"的),占80%左右。以上调查结果表明,在家庭中青年人首先"背叛"了老年人。而在今天,老年人与子女同住的意愿也较之以往有所降低。"中国健康与养老追踪调查"(CHARLS)的数据显示,是否与子女同住分城市和乡镇、有无配偶等不同情况。但是可以肯定的是,由于受教育水平、收入、职业等影响,现阶段老年人"同住意愿"已经不同于传统上"世代同堂"的单一状态,这是时代发展带来的必然变化。

其实在人们观念变化的同时,现实的家庭模式也在同时发生变化,中国的世代同堂的大家庭解体,家庭小型化、核心化了。

第八章　家庭关系与家庭结构

4. 主干家庭——现代社会中传统家庭模式的代表

因为世代同堂、直系旁系相杂的大家庭（前面我们所说的"联合家庭"）只是传统社会人们的家庭理想，从来没有成为中国家庭模式的普遍事实，三代同堂的"主干家庭"就成为大家庭模式的代表，在现实生活中也有一定的数量。法国社会学家勒普累提出的主干家庭的原义，只包括父系男性继承的情况，即由父、子及其子女组成。当然在人类社会的历史上，实行父系的国家与民族占大多数，但也有实行母系女性继承的现象。在实行母系的地方和民族那里，他们的主干家庭自然是母系女性所继承，恰与勒普累定义的情况相反。另外，现在许多国家，特别是在城市里，由岳父母、女儿女婿、外孙子女组成的家庭，即从妻居的现象增多了。还有现代许多国家在法律上规定，女子和男子同样有继承权。有些家庭无男性继承人，只有女性继承人，她们或者招赘或者婚后采取母居的形式仍与父母住在一起，这些也都是事实上的主干家庭。

西方学术界一般把主干家庭称为三代人的家庭。那么，是否主干家庭只限于三代呢？从留一个继承人继承家产的情况看，如果已婚的继承人没有生育子女，那么主干家庭就只有两代人。再者，如果继承人的继承人也已结婚，生育了子女，而成了曾祖父的老人还活着，仍是家庭的成员，则家庭中的代数可以不限于三代。社会学家孙本文先生在谈到主干家庭时，就主张有父母的与父母同居，再往上推，有祖父母、高祖父母的，亦应同居。总之，留其直系，去其旁系。主干家庭也被称为直系家庭。直系家庭不限于三代，有两代也有四代、五代的。不过三代的主干家庭最多。

我国社会学家潘光旦先生称主干家庭为"折中家庭"，"折中"之义是在大家庭（联合家庭）和小家庭（核心家庭）间的折中。早在 20 世纪 20 年代，潘光旦先生就说，中国大家旧制之大患在枝蔓过甚：妯娌关系、兄弟关系、叔侄关系……到处可以发生纠葛，折中家庭可以将旧的大家庭去其枝叶、留其根干，纠葛大大减少。家庭本是连续之物，折中家庭虽然对大家庭有所裁割，但却使家庭的连续性不受打击。它去旧家庭之形，而无害于其承上启下的精神。从社会效用方面讲，它是训练同情心与责任感最自然、最妥善的组织；从生物效用方面讲，它是种族精神与血统绵延的保证。

从观念上讲,主干家庭与封建的家庭传统不相违背。日本学者就把德川幕府时代日本已流行的主干家庭称为"封建儒教"的家庭形态,主干家庭是事实上的传统家庭模式,是较为普遍地存在于人类社会的家庭结构中的。19世纪,当勒普累提出主干家庭概念时,欧洲主干家庭的存在还是很引人注目的。在中国、日本、朝鲜等东方国家主干家庭的数量比欧洲要多些。在日本,早在德川幕府统治时代就存在"直系家庭"(主干家庭)。当时实行嫡长子继承制,不继承家业的其他诸子都必须离家独立生活。由于封建武士普遍采用这种家庭形式,到德川幕府后期,已成为社会上基本的家庭模式。到明治维新以后,明治政府以法律形式将主干家庭作为家庭制度固定下来,推及整个社会,使它逐渐成为被全体国民接受的家庭制度,占统治地位。然而,到第二次世界大战以后,核心家庭取代了它,成为主要的家庭模式。

主干家庭在中国社会占有很重要的地位,它是从联合大家庭向核心小家庭的过渡模式,比较容易为人们的观念所接受,也比较容易在现实生活中实现和维持。还在20世纪初,社会学家的调查就发现中国人既不赞成大家庭制,也反对欧美式的小家庭,而有一种折中的家庭观念。社会学家潘光旦1926年在上海调查了317名城市居民的家庭意愿,所得情况如下:

1."中国之大家庭制有种种价值,允宜保存。"(所问问题,以下同)

赞成者:男—79人,女—12人,共91人,合占29%

不赞成者:男—194人,女—32人,共226人,合占71%

2."欧美之小家庭制,有种种价值,宜完全采取。"

赞成者:男—106人,女—20人,共126人,合占40.5%

不赞成者:男—162人,女—23人,共185人,合占59.5%

(两可但侧重一方面者4人,未填者6人)

3."欧美之小家庭制可以采用,但祖父母与父母宜由子孙辈轮流同居奉养。"

赞成者:男—174人,女—31人,共205人,合占64.7%

不赞成者:男—99人,女—13人,共112人,合占35.3%

(两可但侧重一方面者 3 人)

4."采取小家庭制,祖父母与父母生计,由子孙辈担任,但不同居。"

赞成者:男—167 人,女—27 人,共 194 人,合占 61.8%

不赞成者:男—104 人,女—16 人,共 120 人,合占 38.2%

(两可但侧重一方面者 3 人,未填者 3 人)①

从上述统计数字中可见当时对中国传统大家庭持否定意见者多达 71%。但人们也不赞成完全采取欧美式小家庭,否定者达 59.5%。大多数人赞成实行欧美小家庭,但长辈由晚辈轮流同居奉养或不同居奉养。赞成同居奉养的达 64.7%,赞成不同居奉养的为 61.8%。说明人们的家庭模式观念正处在过渡和转变之中。

5."天伦之乐"的理性思考

尽管世代同堂的家庭在历史上只是人们的理想,没有成为普遍的社会事实,尽管今天人们的家庭观念已经发生了很大的变化,家庭模式也已经小型化了,然而,"天伦之乐"的理想并没有消失,有时还处在社会价值观念的主体地位上。从 20 世纪 80 年代开始,为了促进家庭建设,弘扬家庭美德,全国各地都先后开展了评比"五好"家庭活动。一些被评选出的"五好"家庭典型上了光荣榜,被颁发了奖状,并被广泛宣传和介绍。翻开当年评出的"五好"家庭谱,其中多是"十口人一家亲""合家记""我是怎样被评为好媳妇的""我们姑嫂是怎样和好的""像妈妈一样的嫂子""理家有方的好婆婆""妯娌贤"等,显然都是在大家庭中(至少是三代同堂的家庭)才可能发生的事情。这样就产生了一种倾向,似乎家庭越大、关系越复杂,越值得称颂,越容易评得上"五好"和"模范"。中国的家庭大多数是只有两代人组成的小家庭,却在占少数的三代或其他复杂家庭关系的家庭中选出大多数家庭模范,从逻辑上有所不通。除去这是社会有意无意宣传传统中国家庭伦理之外,在现实生活中一些人也还在怀念将要逝去的天伦之乐。它和传统观念的影响有关,也和今天中国的家庭与社会生活实际是有一定关联

---

① 潘光旦:《中国之家庭问题》,上海商务印书馆 1934 年版,第 39—42 页。

的。在今天的家庭和社会生活中,两代人共同生活与密切交往对家庭还是有一定的便利和好处的。

对老年人来说,从这种模式中得到的最大好处是养老,具体说有赡养、扶病、心理慰藉等三个方面。我国家庭还有一部分老年人(特别是在农村)没有经济收入或收入较少,需要得到子女资助。老年人常常体弱多病,也需要子女日常生活中的帮助、照料,特别是扶病就医。老年人在精神和心理上也需要子女的慰藉。

青年人呢?也同样有依靠老年父母的方面。比如今天的青年人大多是双职工,常常是顾了业务管不了家务,退离休的父母可以帮助他们买菜、做饭、代管家务、照顾小孩等,减少了他们在社会上工作就业的后顾之忧。特别是在照看子女方面,青年夫妇把孩子交给爷爷奶奶、姥爷姥姥看管,既放心又省钱。这种情况还形成了我国的一些由爷代和孙代组成的隔代家庭。

从以上讨论中我们可以看到,在我国人们还对"天伦之乐"有留恋和怀念,不仅因为传统观念的影响,还因为"天伦之乐"下的家庭模式对于现实的社会生活有一定的意义,对于两代人的各自需求都有所满足,因此它还有影响。在我国城乡还有一定数量的三代同堂的家庭存在。然而,正像我们前面谈到的两代人相互"背叛"和家庭已经小型化、核心化那样,家庭正在向相反的方向转变。我们可以认为,在现实的社会生活中有两种力量影响着家庭模式,一种是分家的力量,另一种是合家的力量,由于前一种力量大于后一种力量,因此,家庭分解的趋势不可改变。世代同堂的家庭带来了"天伦之乐",也产生了现实家庭生活中的矛盾和冲突。

(1) 亲子冲突

亲子冲突常常来自亲子两代的差异,也叫"代沟",它表现在两代人之间思想、性格、兴趣、爱好、价值观等各个方面。产生这种差异既有生理因素、心理因素,也有社会因素。心理学研究认为,脱离儿童期的青年从心理上发生了巨大变化。引起这种变化的首先是生理因素,即性的成熟和身高、体重的迅速增长。一些人做过统计,青春期前两年的学生身高每年约增长 8—12 厘米,很快超过了母

第八章　家庭关系与家庭结构

亲,变得和父亲一样魁伟,他们意识到自己已经是大人了。青年开始走入社会,逐渐产生对社会和家庭的责任感。他们感到不仅父母要对自己负责,自己也要对父母负责;不仅社会要对自己负责,自己也要对社会负责。他们想到将来要组织自己的新家庭,还要对自己的儿女后代负责。这些心理的最初表现是要求在社会上得到承认,在家庭中,则表现为对父母的"反抗"和要求独立,希望自己决定自己的事情,生活自立,经济自立,一切自立。他们习惯独立思考和建立自我的价值观念。在德国哲学家尼采的传记里,记载了尼采长大成人后,和他母亲之间发生冲突的故事。尼采的母亲是一位虔诚的教徒,她爱她的"上帝",也爱她的儿子。她一心希望儿子也能像自己一样敬仰上帝,信奉教理,以便同进天国。尼采呢?有不同于母亲的信念,有自己的思想和哲理。他既要坚持自己的理念,又不愿欺骗和顶撞他所热爱的母亲,这使他十分矛盾和烦恼。一天他怀着苦闷的心情向附近的市场走去,此时狂风大作,越刮越猛,他看见路边一个卖气球的小贩,正拼命地抓住一把系在空中乱舞乱跃的气球的细丝,不让气球被风吹走。然而无济于事,丝太细,风太狂,看着风吹断了根根细丝,把气球送上遥远的天空。尼采从这情景中突然醒悟,他嘘了一口气,仰望着无所顾忌,飘向远方,毫不留恋的空中的气球,吐出这样一句话来:"要飞的,终于飞了!"尼采用这个故事说出了在亲子两代冲突中,子代要求摆脱亲代,争得自己独立地位的强烈愿望和哲理。① 今天,在亲子两代冲突中,亲代能理解和尊重子代,则意味亲子分离;亲代不能尊重子代,像《红楼梦》中的贾政对贾宝玉那样,只能酿起激烈的矛盾和冲突,最终的结果,还是分家。

(2) 婆媳矛盾

在三代同堂家庭中和亲子关系密切相关的是婆媳关系,婆媳关系历来是比较微妙的。特别是在今天,青年一代儿媳受过教育,有自己的职业和工资收入,在家庭中要争取越来越大的发言权和家庭事务的支配权。以操劳家务为主、希望维持旧有家庭秩序的婆婆,和以参加社会劳动为主、希望组织自由小家庭、建立家庭新秩序的儿媳常常会发生冲突,并将其他家庭成员卷入其中,造成人际关

---

① 费孝通:《乡土中国　生育制度》,北京大学出版社 1998 年版,第 210 页。

系紧张。从家庭关系的角度看,婆媳关系难处是有深刻的文化根源的,比如有社会文化方面的原因。在封建社会中,女性在家庭中的地位历来很低,有"三从四德"之说。女人在家从父,嫁出从夫,夫死从子。嫁到别人家的媳妇有如泼出去的水,到了男家是劳动力,是生育的工具,处境悲惨。然而也有"千年的媳妇熬成婆"的说法,媳妇一旦成了婆婆,她统治压迫的唯一对象就是儿媳。自己受过压迫,反过来又压迫他人,以从中找到平衡,这就是中国的封建家庭文化。婆媳关系紧张还有心理上的原因,即婆婆往往在儿媳那里有一种相对剥夺感。儿子本为自己生、自己养,儿子长大结婚和媳妇亲密了,而且亲密程度超过了自己,"是媳妇把儿子夺去了""是媳妇把儿子教坏了"等想法都可能在婆婆那里产生。反之,儿子孝敬父母,和父母亲近,也可能引起媳妇的不满,婆媳心理上的冲突是很容易发生的。有上述因素,再加上现实家庭生活方面的原因,比如谁管钱、谁做家务、怎样教育子女等,都可能因为利益冲突或想法不同,而发生冲突。

(3) 生活方式的差异

生活方式的差异也是大家庭所面临的问题。在现代社会的发展中,人们讲求个性、独立性和自我,而不是要共性和服从,在生活方式上也是如此。家庭越大,人口的结构越复杂,人口的基本状况和素质相差得远,生活方式越难协调和统一。比如,一个家庭中其成员年龄差别越大,就越容易产生生活中的矛盾。老年人喜静,青年人好动;老年人常常是早睡早起,青年人则是晚睡晚起;老年人慢节奏,青年人快节奏;老年人墨守成规、较现实,青年人则好打破成规、富于理想;老年人喜欢传统艺术,比如喜欢看戏、看京剧等,青年人则喜欢看现代艺术,比如看电影、歌舞和跳迪斯科。这些生活方式的不一致都会通过日常生活表现出来,并发生冲突。在家庭中电视机前的争论能说明由于年龄的差距而产生的兴趣的差异。老少三代人同坐在一台电视机前,可能有三种不同的爱好,会因为选择不同频道、不同节目而产生纠纷。在其他日常生活中我们还可以找到很多这方面的例子。

(4) 人际关系中的纠纷

中国有句俗话:"人多好种田,人少好过年。"是说"种田"和"过年"对家庭人口的要求不同。在现代社会,家庭的生产功能已经消失了,主要是生活单位,换句话说,主要是"过年",而不是"种田",因此还是人少一点为好。从现代家庭生活的角度看,人少的最大好处是简化家庭人际关系。家庭大,分子多,层次重叠,角色交织,则关系复杂。若家庭中只有夫妻二人,则关系最简单。夫妻下有未婚儿女,则复杂一点,但较好调理。父母和结婚儿女生活在一起,在家庭中有三代人,两个中心,则关系更复杂。倘为大家庭,几代重叠,直系旁系相杂,则关系最复杂。中国旧制大家庭的弊病就在于枝蔓过多,不仅有夫、妻、子、女之间的关系,而且有婆媳关系、祖孙关系、妯娌关系、叔侄关系等,因此常常发生纠纷。家庭大,枝节多,纠葛也越频繁。从代际层次上看,也是越简单越好,两代人之间都有"代沟",多代人之间更复杂,是不言而喻的。从夫妻对数上看,一对夫妻一个中心,两对夫妻两个中心,多对夫妻多个中心。家庭中夫妻对数越多,离心力越强,家庭矛盾越多。

(5) 区位距离中的问题

区位学理论中有一种人际关系观点,即"距离产生美",是说在人际交往中有一个规律,拉开(或保持)距离交往反而关系容易处得好。在传统社会,即便是以维持大家庭为荣的书香人家,人多事杂,也不能不横一个"忍"字,竖一个"耐"字,才能世代同堂。唐朝寿张人张公艺九世同堂,惊动了当时的皇帝。皇帝亲临其门询问治家的道理。年迈的张公艺写了一个"忍"字。富户尚且要忍,穷户呢? 在直接从事生产、勤惰分明、劳逸易判的农家,单靠忍耐是不够的,因此,两个家庭在一户里生活的例子在农村就不多。今天社会生活发生了很大的变化,再维持大家庭共同生活是困难的。

(6) 不利于子代的独立成长

和西方社会比较,中国家庭的代际关系是双向的,父母要生育养育子女,子女长大成人后要赡养父母,我们称这种代际关系模式为双向反馈模式(见图 8.7)。

$$A \rightleftarrows B \rightleftarrows C \longleftarrow \cdots\cdots$$

图 8.7 双向反馈模式

而在西方一些国家,家庭关系是单向的,父母要生育养育子女,子女长大成人却不必赡养父母,只养育自己的儿女即可。就好像接力赛跑那样,每个人只向前跑,不用顾后面,只顾前面,把接力棒交给前面的人就可以了。我们称这种代际关系模式为单向接力模式(见图8.8)。

$$A \longrightarrow B \longrightarrow C \longrightarrow \cdots\cdots$$

图8.8 单向接力模式

这是在两种不同文化传统中形成的不同代际关系模式。父母养育了子女,子女不赡养父母好像不公平,但对于西方人来说,他们并不这样认为。之所以如此,一是它已经形成了一种文化风俗,大家都习以为常,被社会认可了。二是他们认为每一代人都不养上一代人,而养育子女、养育下一代人,这对每一代人也是公平的。我们在这里不对这两种代际关系模式做比较,只从对青年一代成长、自立、走入社会角度做一分析。

在西方社会,青年一代不需要赡养父母,然而,父母对他们的责任、义务也相对较少。西方家庭的孩子独立较早,一般在14—15岁时就渐渐自立,闯社会、闯世界了。他们在进入青少年期时,一边上学,一边参与各种社会工作和社会活动,去打工赚钱,此时他们有一种心态:自己挣钱花光荣,找父母要钱花不应该。到了上大学,他们一般住在学校,或在学校附近的地方租房子住,大学毕业自己去找工作,成家立业,不再和父母生活在一起。因此他们的自立精神很强,自我生活、自我奋斗能力也强。

在中国,由于两代人相互联系紧密,客观上也造成了子代对于亲代过于依赖和自立精神较差。《伦语·里仁》有云:"父母在,不远游,游必有方。"这是中国特有的主张孝敬长辈的家庭文化,到今天还有影响。可是,20世纪80年代末到90年代初,在北京、天津、上海等大城市中出现了一些奇怪的现象,即报考全国重点大学的高中毕业生的比例大大减少了,相反这些城市自办的地方院校却颇受欢迎,报名人数暴涨、录取分数奇高,甚至不亚于全国重点大学。为何如此?并非这些地方院校师资力量强、教学质量高、教学设备好、教学经费充足,而是在这些学校毕业后能就地分配,而不是面向全国分配。相反全国重点大学要全国分配,大学毕业后,可能要分配到中小城镇、农村、边疆等地,因此重点大学不受欢迎,地方院校反而受欢迎。据了解,不希望报考重点大学的,主要不在学生本人,而在学生家长。一些家长为了不让子女远离,不同意甚至阻挠子女报考重点大学。一些青年人也恋家,做出了同样的选择。这实际上扼杀了青年人的远大志向,滋长了新生一代狭隘的家庭观念、地方观念和乡土观念,以致故土难离,贪图安逸,不适应蓬勃发展的新形势对青年人的要求。它阻碍了人力和人才的合理流动和配置,使急需人才、人力的边远落后地区得不到支持和补充,使参军、支边、国家投资的重点建设项目的人员供不应求。

是什么因素影响了当时的青年一代,使他们竞争意识差、惰性强、自立能力弱,习惯于等、靠、要,而不是竞争、努力、进取、自力更生?原因是多方面的,依赖家庭的心理,就是原因之一。做父母的对孩子是"幼年时为读书操心,青年时为成家操心,成年后为儿孙操心",父母对孩子关心过多,孩子对父母依赖必定加深。这是极不正常的。然而,迄今为止,这一问题并没有引起千家万户的警惕,也没有引起社会的足够重视。

在紧密的亲子之情中,孩子不仅在成家立业前依靠父母,而且在结婚时依靠父母,父母要把自己的大量积蓄拿出来为子女办婚事。有些子女在婚后还要挨着父母住,啃"老骨头",占父母的便宜,这些对于青年一代的独立、自立,以及进入社会奋斗、竞争,都是不利的。

(7) 亲代受拖累,生活质量降低

中国家庭的父母一生为儿女拖累,大大降低了他们的生活质量。对于父母来说,子女在年幼时需要父母养育,在上学时需要父母帮助,结婚时需要父母操心,子女就业了,有了收入和经济能力,乃至成家立业了,还要依靠父母,令人费解。

从以上事实中可以领悟到,今天老年人要有所得,必有所失。老年人顾及天伦之乐,要为儿女付出许多,无论他们的主观愿望如何,客观上他们都会被拖累,要以降低生活质量为代价。正因为如此,今天越来越多的老年人开始对三代同堂家庭进行反思,倾向独立生活了。

综上所述,在现代中国家庭中有两种相反的力量和因素:一种是促使大家庭存在的力量和因素,另一种是使大家庭分解的力量和因素。前者包括老年人和青年人互相帮助和传统的家庭文化等,后者包括两代人的差异(代沟)、人际关系复杂、不利于青年人自立、不利于老年人提高生活质量等。相比较而言,后一种力量大于前一种力量,后一种因素多于前一种因素。因此,中国的家庭正向小型化、核心化发展,中国的亲子关系正在从传统模式向现代模式转变。

6. 家庭生命周期

所谓"生命周期"是指生命从有到无的循环过程及其不同的循环阶段。家庭生命周期则是指一个家庭的诞生,以后经历了不同的发展阶段,直至瓦解消灭,被新的家庭所取代的过程。家庭生命周期显示了一个家庭从形成到解体的循环运动过程。

美国学者 P.C. 格里克 1947 年从人口学角度提出了比较完整的家庭生命周期概念,并对一个家庭所经历的各个阶段做了划分,即形成、扩展、稳定、收缩、空巢和解体等六个阶段。表 8.4 标明了每一个阶段的起始与结束的人口事件。

表 8.4 家庭经历的各个阶段

阶段	起始	结束
1. 形成	结婚	第一个孩子的出生
2. 扩展	第一个孩子的出生	最后一个孩子的出生
3. 稳定	最后一个孩子的出生	第一个孩子离开父母
4. 收缩	第一个孩子离开父母	最后一个孩子离开父母
5. 空巢	最后一个孩子离开父母	配偶一方死亡
6. 解体	配偶一方死亡	配偶另一方死亡

六个阶段的起始与结束,一般以相应的人口事件发生时丈夫(或妻子)的均值年龄来表示,各段的时间长度为结束与起始均值或中值年龄之差。例如,如果一批妇女的最后一个孩子离家时(空巢阶段的起始),平均年龄为 55 岁,而她们丈夫死亡时(空巢阶段的结束),平均年龄为 65 岁,那么这批妇女的空巢阶段为 10 年。这个概念综合了人口学中占中心地位的婚姻、生育、死亡研究课题。由

第八章　家庭关系与家庭结构

于婚姻、生育、死亡等人口过程都是发生在家庭中,对家庭生命周期的研究可以对这些人口过程的机制进行更深入的认识和分析,避免了传统的人口学把婚姻、生育、死亡等人口过程分离开来孤立地进行研究的弊端。家庭生命周期概念在社会学、人类学、心理学乃至家庭有关的法学研究中都很有意义。例如,对家庭生命周期的分析,可以更好地解释家产权、家庭与家庭成员的收入、妇女就业、家庭成员之间的关系、家庭耐用消费品的需求、处于不同家庭生命周期的人们心理状态的变化等。①

世界上许多社会学家有过关于家庭生命周期的研究。德国社会学家瓦尔纳从理论方面把西方的核心家庭划分为"准备和建设阶段""抚养和教育阶段""分离阶段""老年阶段"等四个阶段,是以夫妻为中心和亲子关系的变化为主线的。

从家庭结构的角度看,中国家庭生命周期与西方家庭生命周期有异同,在所谓家庭的"准备阶段"和"抚养教育阶段",中西方家庭在模式变化上并没有明显的区别,而到了"分离阶段",区别开始明显了,西方核心家庭的子女一般是不和父母住在一起的,而传统上中国有相当一部分家庭的子女在结婚以后会和父母住在一起,临时或长久组成主干家庭,这是西方所没有的。在中国,青年人婚后和老年人生活在一起,但并不永远生活在一起,而是合家之后又可能分家。因此,在家庭结构上出现了不同的家庭模式。每个家庭在生命周期的不同阶段上采取哪种家庭形态会因具体情况而定,就大多数情况或规律而言,老年人和青年人生活在主干家庭中的机会较多,而中年人生活在核心家庭中的机会较多。换句话说,部分家庭可能采用这样的生命循环方式:一些青年人刚刚结婚可能与父母生活在一起组成主干家庭,经过一段时间和父母分离了,只和自己未婚子女生活在一起,转变为核心家庭,待子女婚后可能又和子女生活在一起,然后又分离了,重新变为核心家庭。我们称这种比较普遍的家庭生命周期循环模式为"U"形循环模式,见图8.9。

---

① 雷洁琼主编:《中国大百科全书》(社会学卷),中国大百科全书出版社1991年版,第107页。

图 8.9 "U"形循环模式

在图 8.9 中我们可以看到家庭模式是"U"形的,是主干家庭与核心家庭相间的。这是在家庭模式小型化过程中家庭生命周期的自我调节,即一个家庭在生命周期的不同阶段,采取家庭生活所需要的不同模式。

传统上是如此,今天的情况又有了较大变化。家庭网模式得到了普遍青睐,青年人婚后要和老年人住在一起的越来越少。如果我们认真分析一下青年夫妇和老年夫妇合家和分家的原因,就可以知道,有些青年人之所以结婚后的一段时期和父母生活在一起,"住房缺少"是个明显的原因。青年人婚后找不到新房,在父母处匀房住,就成为比较普遍的了。近 20 年来,城镇发展商品房,大搞住宅建设,房子开始多了。比较充裕的住房会对家庭结构产生明显的影响,从区位学角度深化这一认识是十分必要的。

7. 家庭网

中国的现代化加速了中国家庭的小型化和核心化进程,而中国家庭仍富有亲子关系密切的传统。在现代和传统的交融中新型家庭网出现了,从而形成了对家庭小型化、核心化的补充。

(1) 什么是家庭网

从社会学的角度来说,"家庭网"是指有亲属关系的家庭之间所组成的社会网络,就多数情况而言,它是由可能组成主干家庭或联合家庭的几个独立的核心家庭之间所组成的一种特殊的社会组织,具有特殊的结构和功能。作为"社会网"的一种,它源于亲属关系,而区别于其他社会网,其间具有较密切的关系和较强的凝聚力。然而,现代"家庭网"也不同于旧式的封建宗族或家族,既不同居共财,也不被置于封建家长统治之下和封建伦理观念束缚之中,处于家庭网中的各个家庭是相互独立的,在保持各自独立生活方式的前提下,以日常生活中的频繁交往和相互救援为主要特征。从两代人的角度说,是既分开过,又相互联系;既保持各自独立的生活方式,又相互帮助救援;既有传统色彩,又有现代特色。下面我们以我国城市家庭网为例来说明它的特点和功能。

(2) 家庭网的规模

一般家庭网是由父母和已婚子女的家庭或有其他亲属关系的家庭组成。根据1982年中国五城市家庭调查有关资料,在上海杨浦区宁国街道双阳里居民委员会随机抽样调查了98个家庭,提供家庭亲戚交往情况的62名,占63.27%。62名调查对象共提供有交往的亲戚112家,最少的提供1家,最多的提供5家,平均1.8家。在2008年"中国城市家庭结构和家庭变迁"调查中专门调查了城市家庭的亲属关系问题,分别从与兄弟姐妹的关系、与祖辈亲属的关系、与父辈亲属的关系以及与儿女亲家的关系几个方面展开了问卷调查,得出的结论是中国家庭在重视发展密切的亲属关系方面延续了中国传统,与其他亲属,尤其是兄弟姐妹保持着较为频繁的日常互动。这也说明,在今天中国的城乡,家庭网普遍客观存在着。

根据天津社会科学院和广州《家庭》杂志社联合进行的家庭调查,城市家庭平均与5.8户三代以内亲属关系的家庭交往,其中非常亲密的为1.56家,比较亲密的为2.03家,一般交往的1.57家,偶尔往来的0.88家,密切和较为密切交往的约占70%。就规模上看比中国五城市家庭调查中发现的家庭网要大。① 一个中、青年家庭的家庭网主要是由该家庭与其配偶一方(或双方)的父母家庭组成,或是与此有关的兄弟姐妹家庭组成。依传统,中国的家庭是父系的,一个新的家庭的诞生主要是从父居,与父系家庭往来。然而,今天主张男女平等,更由于人们观念上的改变,开始双系并举,人们不仅同男方父母家庭来往频繁,而且同女方父母家庭来往频繁,在交往中婆家和娘家并重。在一些家庭中婆媳关系处得不好,而母亲和已嫁出的女儿关系密切。今天,在老人的观念中,女儿不再是"泼出门的水",反而是"妈妈贴身的小棉袄",女婿也可能成为家庭网中的重要角色。由于这种改变,尽管中国家庭生育子女的数量大大减少了,但任何一个

---

① 潘允康、柳明主编:《当代中国家庭大变动》,广东人民出版社1994年版,第209—214页。

家庭网都至少有 3 户的规模,即本家和双方父母家,若再加上其他兄弟姐妹的家庭和其他亲属的家庭,家庭网的规模在 5 户左右。对于一个老年人家庭来说,主要是和自己子女家庭之间进行联系。我国老年人在过去生育子女的数量是比较多的,生 2 个或 2 个以上,如果只考虑这方面的关系的话,家庭网的规模也在 3 户以上。新近出现的情况是子女的联姻亦可能把两家的老人联系起来,并同时把有关的其他亲属家庭卷入,尽管其间联系有时较少,结构松散,但亦可能扩大家庭交往和家庭网的规模。任何一个家庭网的存在都以日常生活的联系和交流为依据,而这种交流和联系又要以必要的空间距离和其他手段为条件,因此,尽管许多家庭之间有亲属关系,但因为缺少现实联系的根据和条件,其间也不能组成家庭网。因此城市家庭网规模尽管大于 3 户,但目前也仅在 5 户左右。

随着独生子女政策的实行、人的寿命的延长,有人预测在一个时间段内"4—2—1"式的家庭模式会多起来,一些家庭网的规模将在 3 户左右。(见图 8.10)

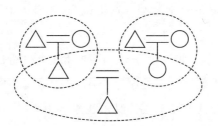

图 8.10　一个家庭网的规模

(3) 家庭网的区位距离

区位学中的区位距离原是生物学中用于研究有机体和其环境之间关系的一门学问,现在它已被运用于社会学、人类学,用区位距离去测量社会距离,据此判定人际关系的亲疏。社会学家费孝通说:"居处的聚散多少是关于生活上的亲疏,因之,空间距离给了我们研究社会联系的一个门径。从人和人在空间的分布和移动所发生的距离和接触上去考察它给予社会生活上的影响,是社会区位学研究方法。"① 今天我们同样可以用这个方法去测量家庭和家庭之间的关系,分

---

① 费孝通:《生育制度》,天津人民出版社 1981 年版,第 78 页。

析家庭网的特点。

目前我国大多数亲属家庭还不具备日常生活交往所必备的区位距离,即所谓的"端一碗汤也不冷的距离"。由于住房条件及其他劳动就业机会的限制,亲属之间近距离居住、守望相助,不易实现。相反,非亲属家庭之间却是近距离交往较多,多是邻里交往,因为距离近,有交往的条件和根据。而亲属家庭网交往的区位距离大,跨省、跨市、跨区、跨街还能维持,是因为他们之间有血缘姻缘关系。换句话说,由于人们的血亲观念重,亲属关系重于非亲属关系,其间的相互联系能克服远距离交往上的障碍,或者说是扩大了交往上的距离。这是亲属家庭网之间关系密切的具体表现。

(4)家庭网的经济功能

最常见的是子女家庭向父母家庭交纳赡养费和父母家庭给子女家庭资助,当然还有其他亲属家庭之间经济上的相互帮助与馈赠。有关城市父母家庭和子女家庭经济往来情况的调查资料表明,多数情况下是父母家庭给予子女家庭的要多于子女家庭给予父母家庭的,换句话说,资助费多于赡养费。尽管多数家庭的子女向父母交纳过赡养费,但他们也在不同程度上接受父母的资助,或者是受钱,或者是受物,或者是由父母代交房租水电费,或者是到父母家吃饭不交钱、少交钱。至于其他亲属关系的家庭之间在经济上的互相支援,一般是在遇到婚、丧、病、生育及其他较大生活事件时才有可能,无论从数量和频率上都比不上直系亲属家庭之间。

(5)家庭网的生活功能

所谓家庭网的生活功能是指家庭网中的家庭在日常生活中相互帮助、排忧解难、提供方便。子女家庭到父母家庭吃饭是最常见的,大多是为了方便,因为子女家庭多为双职工户,他们到父母家庭中用餐搭伙(一般都是中午一顿),既吃得现成、舒服,也节省开支。另外父母住在子女家庭里,帮助子女家庭买菜、做饭、料理家务,伺候女儿、儿媳坐月子也是十分常见的。同时,老年人遇上购物、行路、就医等方面的困难时,子女家庭成员会经常过来帮忙。这种生活上提供方便和家务上互相分担,包括代买菜、拿牛奶、取报纸、洗衣、搬迁、搞卫生、室内装修等。

(6) 家庭网的扶病、扶老和托幼功能

扶助病人、老人和照看儿童是家庭网的重要功能之一。一个家庭有病人需要到医院就医,通常由亲属陪伴和护送,病人在家中休养时,大多也由亲属护理,除去同居亲属外,非同居亲属也会过来照料。在一个家庭中若老人生病了,他们的子女(包括那些分出去过、已独立成家的人)往往会轮流来守护,这已经成为家庭中默认的事情。现代家庭中,双职工父母的孩子照看问题,也大多依赖父母帮助。

(7) 家庭网的"应付危机"和"安全保障"功能

到目前为止,我国的社会保障制度和体系还不完善,也不发达,在遇到"天灾"和各种"危机"时,人们往往依靠家庭和亲属网络来提供保障。家庭网在"应付危机"和"安全保障"方面发挥了作用,主要是在有大事件和突发事件时,家庭成员互相帮助,包括出主意、想办法,给予各种具体帮助和心理上的安慰等。

(8) 家庭网的感情交流功能

感情交流是家庭功能的重要方面,在小家庭中如此,在有亲属关系的家庭之间也是如此。在中国,"血浓于水",亲情至上,亲属之间的感情常常强于其他的感情。人们在家庭里希望从亲人身上获得温馨与快乐,在亲属之间也希望得到在他人身上得不到的东西。过去情感交流主要在家庭中进行,现在感情交流不仅在家庭中进行,也在家庭与家庭之间进行,换句话说在家庭网中进行。

(9) 家庭网提供婚丧大事等服务功能

人们在生活中总会遇到一些生活事件。婚事和丧事是中国人家庭生活中的大事。现在婚丧之事有越办越盛、越办越奢靡的趋势,除去和人们的物质生活水平提高有关外,也和社会风气及人的观念变化有关。在婚事和丧事中,一般人都希望办得隆重些、得体些,这就需要他人帮助,而这种帮助多来自亲友,包括金钱资助、赠物、代办各种事情、主持仪典等。

以上我们列举了家庭网的各种家庭与社会功能,这些功能是在组成家庭网

第八章　家庭关系与家庭结构

中的家庭独立生活、保持各自生活方式的前提下实现的,因此我们说它是对家庭小型化、核心化的一种自然的补充。家庭网是在家庭小型化过程中传统模式与现代模式相结合的产物。

8. 住房与家庭结构的改变

用区位学理论分析研究住宅和家庭结构之间的关系,可以从区位中心论、区位聚散论和区位共生论等三个方面去分析。

(1) 从"区位中心论"看住房与家庭结构

区位中心论是指在一个区位人际关系结构中有一个中心结构,这一结构左右和影响其他结构。人类学家认为社会结构(特别是家庭结构)中真正的三角是指由共同情操所联结的儿女和他们的父母。这是两种不能分别独立的相关的社会关系。夫妇关系以亲子关系为前提,亲子关系以夫妇关系为必要条件。夫妇关系是这一三角结构的中心,它是亲子关系的来源。在一个家庭中家庭关系总是在变化的,最显著的变化莫过于子女的成婚。一旦子女结婚成家,家庭就会由一个中心变成两个或多个中心(每增加一对新的夫妻就增加一个中心)。家庭中若只有一个中心,会产生向心力,家庭成员会围绕中心互动,家庭结构比较稳定。当家庭中有两对或多对夫妻时,则中心之间会出现离心力,会有中心之间相互排斥的情况。然而,家庭毕竟是一个社会生活的基本单元,如果家庭只有有限的住房,或只有同居共处的住房,即便家庭是多中心的,有很大的离心力,也常常会保持同居的结构模式。一旦家庭有了足够的可供选择的住房,原有的家庭结构就可能解体,从多中心模式重新变成一个中心模式。从这点上说,住房因素不仅能使同居的家庭结构模式解体,而且能为新的家庭中心的成立提供可能。换句话说,它不仅能破坏原有的家庭模式,而且能促成新的家庭模式,这是住宅在拉大一些人的空间距离时,又能缩小另一些人的空间距离的特点所决定的。因此,住宅在影响家庭结构的变化中有很重要的作用。今天,社会已经能向人们提供更多、更充裕的住宅,家庭结构会有更明显的变化,因为它符合现代家庭分解的大趋势。

(2) 从"区位聚散论"看住房与家庭结构

居处的聚散不仅是了解人与人联系的门径,它本身就是一个重要的事实。它可以体现家庭中人与人之间保持着怎样的社会关系和距离。在住房条件有限时,客观上看,住房条件能限制、制约和决定人们的联系方式和联系频率。一旦人们找到了住房,就会出现另一种情况。

在社会和家庭中人们希望保持怎样的距离?社会联系的实质是行为和情感,行为上相互依赖的程度和情感上交往程度的深浅决定了社会联系的亲疏。而这种亲疏是可以从人的空间距离来测量的。住房是人的空间距离的重要条件和指标。家庭是社会中利益攸关的亲密团体。为了维持亲情,是否人与人的距离越近越好?不是的。以往在直接从事生产、勤惰分明、劳逸易判的农家,两个家庭在一户里生活的例子就不多。这表明子女长大结婚以后,分家独立是普遍的情形。农村是如此,城市也是如此。古代是如此,现代也是如此。保持距离交往反而能使亲情长久,是人们在长期社会生活中悟出的道理。在现代社会生活中人们更加追求独立、追求个性和不同的生活方式,从一定的意义上说是要散而不是要聚。然而家庭关系不同于其他社会关系,是散中一定要有聚。不仅要聚,而且要有聚的地方和空间——住房。在住房缺少时,人们要生活,因此以聚为第一选择。一旦有了足够和可选择的住房,人们就有可能聚中再散,因此,住房是家庭成员聚散选择的重要条件。没有这一条件,无论人们观念怎样现代化,怎样追求独立的生活方式,要散要聚都是困难的。

(3) 从"区位共生论"看住房与家庭结构

区位共生论是指在一定区域内生命体之间为了求生存而相互依赖的关系。共生论用在家庭中是家庭成员为生存而相互联系和依赖。对于一个家庭来说,与共生密切相关的还有"共栖","共栖"是共生系统中的特殊的现象,它与住房紧密相连。尽管今天中国社会发生了巨大的变化,从经济、社会到家庭都是如此,但它还是处于从传统向现代的变革之中。和这种变化相适应,人们在聚散的选择中比西方人还是较多地考虑共生和共栖问题。这是和西方社会的重要区别。据此,在住房的要求上是分合兼并的,既要离开,又要近一点,以便于联系,

第八章 家庭关系与家庭结构

相互照应、相互帮助、相互支持。从家庭模式上说,还在20世纪80年代,中国的一些家庭社会学研究专家就提醒有关建筑部门在设计新的楼房建筑时应考虑这一需求。90年代中国少数建筑楼的设计已经兼顾了这些方面,比如在一些大的单元楼建筑中有大单元套小单元的,这为人年老时仍留下一个已婚子女在身边,两代人既可以共处又相互分开,创造了一种特殊模式。然而,一个时期以来,人们还是把足够的住房作为首要条件,然后再近一点,是分割中的共生。因此,一旦有了住房,一部分家庭要分离了,而另一部分家庭因缺少住房还要"共栖",住在一起,时间或长或短。这就是今天中国家庭在两代人同居比例下降之时,仍能保持一定的同居比率的原因之一。

第九章

家庭功能

家庭是以婚姻血缘关系为纽带的基本的社会群体,有和其他社会群体不同的关系和结构,因此就有和其结构相适应的特殊功能。

一、什么是家庭功能

所谓家庭功能,就是家庭对于人类社会的功用和效能,或者说家庭对人类生存和社会发展能够起到哪些作用。比如家庭是生育单位,能为人类繁衍后代,绵延种族;家庭是生产单位,在组织社会生产劳动中曾经起过很大的作用;家庭是消费单位,具有消费功能,对于人类的日常社会生活不可缺少等。

1. 家庭的多功能性

在人类历史上任何一个时期,任何一个民族、种族和社会,家庭的功能都不是单一的,而是多方面的,这是其他社会组织和群体所不可比拟的。美国社会学家布利兹坦曾经比较详细地列举了家庭的多种作用。他说,所有的家庭组织,无论是以何种形式出现,它的重要意义在于:家庭,对绝大多数成员来讲,是包罗万象,提供各种便利的社会组织;家庭,无论大小,是成员社交与私人生活的稳定的中心。家庭成员常常聚会,这是其他群体成员所不及的。个体最为关切的福利与财务分配,信息的交流,只有在家庭中才有可能。人们总是以家庭为出发点,

第九章 家庭功能

随即向其他组织靠拢。家庭组织为成员的这一步骤准备了一切。各种类型的家庭都提供以下诸便利:性的满足,生儿育女,儿童的抚养和儿童的社会化,给予各成员心理及物质上的安全感,把青年介绍到那种能满足他们需要的各种非家庭组织中去,向在其他地区工作的成员提供保护设施及生活必需品。所有家庭组织对社会的贡献具体表现为:向社会输送人口,传播社会习俗,向从属社会单位输送青年,分配商品与调节公共设施,在重要领域调解青年与老人、男子和妇女之间的关系。为达到上述目标,家庭组织必须保持同非家庭组织的联系。

社会学家龙冠海认为:"家庭是唯一的一个团体能够满足人类的多种基本需求,换言之,具有多种功能。"他把家庭的功能分为:

(1)生物的——如性欲的满足、生育传种、小孩的保护及老人的照料。

(2)心理的——如个人各种心理态度及行为的养成,人性及人格的发展,情感的发泄,爱情的培植与表现,以及精神的安慰等。

(3)经济的——家庭本来是一个最小的经济组织单位,为生产、分配及消费的场所,个人的食、衣、住莫不依赖之。

(4)政治的——家庭单位是一个小型政府,家长为统治者。

(5)教育的——家庭可称为人类最初和最小的学校。

(6)娱乐的——家庭可视为人类最初的娱乐场所,是家庭分子共同从事娱乐活动的地方。

(7)宗教的——家庭可以说是人类最初的教堂。①

从上述论述中我们对家庭功能有一个概括的了解和认识。家庭虽然不能满足人的一切需求,但是能够满足人的多种需求。家庭对于人类社会不可缺少,具有重要作用。家庭功能是家庭存在的社会根据。

2. 家庭的基本功能

家庭的功能是多种的,其中有一种功能是基本的,亦可称是根本的,即龙冠海先生所称的生育传种,费孝通先生所说的生孩子和把孩子领大,马克思、恩格

---

① 龙冠海:《社会学》,三民书局1991年版,第273—274页。

斯所说的人类自身的生产和再生产：种的繁衍。

人的寿命是有限的，必须在不断新陈代谢中得到更新和延续。为了这件至关重要的事情得到有效保证，人类社会创造和实行了男女结合的婚姻制度和家庭制度。这是婚姻家庭从古至今存在的基本根据。也是家庭天长日久的生命力所在。

家庭从它产生的那天起对人类社会就有多种功能，围绕人类种族的绵延和传递这件根本的事情，它的基本功能是生殖、抚育、教育、扶养、赡养，这是本代人在自身生产和生存的同时，如何生产下一代，把一个初生的婴儿，从生物之人转变为社会之人，如何呵护同一代人、奉养上一代（数代）人，以实现人类自身生产和再生产。与此相关的还有性功能，没有性功能和性生活，就没有怀孕、分娩，也就不可能有生殖。

上述功能，使家庭成为一个基本的社会群体，产生了家庭相关的生殖功能、抚育功能、教育功能、扶养功能、赡养功能、性生活功能、物质生产功能、日常生活与消费功能、休闲娱乐功能、心理和情感功能、政治功能、宗教功能等。以下我们将按照上述顺序分别阐述家庭的各种功能。

二、家庭的各种功能

1. 生殖功能

著名社会学家费孝通先生把"生育"分解为"生殖"和"抚育"两个概念，称"生殖"是新生命的造成，"抚育"是生活的供养。这里我们首先议论新生命的生成，即生殖。它是由社会中的家庭来完成的。

没有人就没有人类社会。由于生命的有限性，任何社会都需要不断通过生殖产生新的生命，形成一定数量的人口，才能世代绵延，传续下去。这是社会存在和发展的最基本条件。因此人口的生产和再生产从来都是社会关注的大事情。以俄罗斯为例，根据俄罗斯人口学家的统计和测算，自20世纪90年代以来，俄罗斯已经连续20多年，人口的出生率在死亡率之下。这是一个十分危险的信号。为此俄罗斯采取了鼓励生育的政策，对多子女妈妈和家庭给予奖励。

第九章　家庭功能

近来的有关新闻报道了日本年轻人厌烦生育,人口有了负增长的倾向。日本社会对此十分关注。据日本媒体报道,日本总务省公布的基于"住民基本台账"的人口动态调查结果显示,截至 2017 年 1 月 1 日,日本国内人口总数为 1 亿 2558 万人,比上年减少 30.8 万人,连续 8 年减少超过 30 万的降幅是自 1968 年开始统计以来的首次。①

中国是世界第一人口大国,现在有 13 亿多人口(第六次人口普查数据),有家庭户 4 亿左右。家庭承担着社会的人口生产和再生产功能。从 1949 年中华人民共和国成立以来,我们的人口政策几经大变动。20 世纪 50 年代,我们的逻辑是:人是世间最宝贵的。当时中国人口学家马寅初根据中国的国情提出了控制人口的主张,遭到了批判,结果是"批判了一个人,多生了几亿人"。1980 年中共中央提出"计划生育要采取立法的、行政的、经济的措施,鼓励只生育一个孩子"。从此,我们开始实行严格的控制人口和计划生育政策,提倡一对夫妇只能生育一个子女,奖励独生子女,并建立了庞大的组织体系(计划生育委员会),采取了一系列强力措施,控制人口的增长,限制和处罚超生者。然而在经济和社会的发展中,我国的人口出现了新的问题。由中国社会科学院发布的《经济蓝皮书:2015 年中国经济形势分析与预测》认为,中国目前的总和生育率只有 1.4,远远低于更替水平的 2.1。② 社会对有可能出现的人口结构倒金字塔形的担忧,经济发展所需要的人口红利的逐渐消失,以及飞快出现的人口老龄化和面临的养老的巨大压力和负担,引发了社会生育政策的又一次变化。从 2011 年开始,我们放宽了独生子女政策中的一些限制条件,从"双独二孩"到"单独二孩",即先后允许夫妻双方都是独生子女或夫妻一方是独生子女的家庭生二孩。2015 年中共十八届五中全会则决定,全面实施一对夫妇可生育两个孩子政策。在短短

---

① 《日本人口减少 30 万人创新高　出生数首次跌破 100 万人》,http://www.517japan.com/viewnews-94814.html。

② 总和生育率(TFR)指假设妇女按照某一年的年龄别生育率度过育龄期,平均每个妇女在育龄期生育的孩子数。生育更替水平是指这样一个生育水平,即同一批妇女生育女儿的数量恰好能替代她们本身。目前发达国家普遍认为,总和生育率为 2.1 即达到了生育更替水平。之所以为 2.1 而不是 2.0(一个孩子对应父母中的一个),是由于在出生时,男孩数要略多于女孩数,且一部分女孩将在育龄期前死亡。发展中国家的死亡率较高,因此,达到生育更替水平的总和生育率常常要高于 2.1。

几十年里中国的人口政策发生了这么大的变化,说明了社会对人口生产的关注。它已经是经济社会协调发展的一个十分重要的组成部分。

无论社会的人口政策怎样改变,家庭具有的人口生产和再生产的职能没有变。家庭是社会依赖和依托的人口生产单位。要深刻地理解这点,我们还要了解家庭的抚育功能和教育功能。

2. 抚育功能

所谓抚育是指父母对子女的呵护、养育和帮助。我国《婚姻法》第二十一条规定:"父母对于子女有抚养教育的义务","父母不履行抚养义务时,未成年的或不能独立生活的子女,有要求父母付给抚养费的权利","禁止溺婴、弃婴和其他残害婴儿的行为"。第二十三条规定:"父母有保护和教育未成年子女的权利和义务。在未成年子女对国家、集体或他人造成损害时,父母有承担民事责任的义务。"

相比动物来说,人类的哺乳期、呵护期要长得多。而且人类在繁衍过程中,子体对于母体的依赖期相对较长,子体需要母体更长时间的呵护、养育和帮助。动物的子体在出生后,一般也需要母体的呵护、养育和帮助,时间或长或短,但相对于人类来说,比较短。海龟的妈妈生下海龟蛋后,有一个短短的孵化期,一旦小海龟破壳而出,就立即奔向大海,独立了。在鸟禽类中,老鹰对小鹰的哺乳期相对较长,在此期间老鹰要去捕食喂养未成年的小鹰,等到小鹰长到羽翼丰满,老鹰要教小鹰飞翔捕食,一旦小鹰学会了,就独立生活了,这个过程也只需要几个月时间。大型哺乳动物抚育期相对较长,像哺乳动物狮子需要 1—2 年的时间,小狮子就自立和独立生活了。而一个婴儿从出生到独立生活一般至少要十几年,更多地需要父母的哺育、呵护、养育和帮助。

社会学家费孝通先生说:"……人类的婴儿不但所需的哺乳期特别长,能独立直接利用别种食料来营养的时期特别晚。即在断乳之后,生理上虽则可以说已经长成独立的个体,但是还要一个更长的时期去学习在社会中生活所需的一套行为方式。这是人类所特具的需要。社会知识的传递对于个人的生活是极其重要的,因为人不能个别地向自然去争取生存,而得在人群里谋生活,一个没有学得这一套行为方式的人,和生理上有欠缺一般,不能得到健全的生活;他也就没有能为人类种族绵续尽力的机会。把这套行为方式传授给孩子们的工作可以称为社会性的抚育。社会性的抚育对于孩子的长成,新的社会分子的培养,以及种族的绵续上,和生理性的抚育有同样的重要性。"①

人类父母对子女的抚育还有其特殊性。这是因为人类抚育作用有两个特征,一是孩子需要全盘的生活教育,二是这个教育的过程相当长。人从小到大的自立能力、自理能力、和他人交往与合作的能力、适应和融入社会生活的能力等都需要长期教育和培养。费孝通先生曾经举例生动地形容了父母引导子女的反复性、重复性。比如,一个两三岁的孩子,在一个星期天受父母干预的次数比一个成年人一辈子受他人干预的次数都要多。儿女最初的成长和社会化几乎都是在父母反复的指导和帮助下才完成的。费孝通先生还阐述了家庭中双系抚育的重要性。他说:"在人类社会里一个健全的分子所需的资格很多。一个孩子要获得这些资格非得有长期的学习不成。在一个比较简单的社会里,生活上所需的知识、技术、做人的态度,在家庭里都可以学得到。反过来说,至少得有一个家庭才能得到这些资格。少于一个家庭的,不但日常生活不易维持,而且男孩子不能在母亲那里获得他所需要的全部生活方式,女孩子单跟父亲一样得不到完全的教育。全盘的生活教育只能得之于包含全盘生活的社会单位。这单位在简单的社会里是一男一女的合作团体。因之,抚育作用不能由一女一男单独负担,有了个母亲还得有个父亲。"②只有双系抚育的家庭才能使孩子获得完整的社会人格,这是极其深邃和发人深省的。

3. 教育功能

所谓教育是指培养新生一代准备从事社会生活的整个过程。家庭的教育功能和家庭的抚育功能不可分开。家庭对于新生婴儿来说既有养,也同时有教,养中有教,教中有养。如果一定要把"抚育"和"教育"分成两个概念的话,抚育是

---

① 费孝通:《生育制度》,天津人民出版社1981年版,第8页。
② 同上书,第26页。

"养中有教",侧重于养;教育则是"教中有养",侧重于教。

刚从母体降生的婴儿还只是一个生物的人,不是一个社会的人。每个人从胚胎时期到参与社会生活,都需要一个发育、成长的过程。一个人从不识不知的生物个体,到成为一个社会成员,必须学习那个社会长久积累起来的知识、技能和规范,发展自己的社会性,取得一个社会成员的资格,才能成为一个社会的人。这个过程就是人的社会化过程。从人的成长规律上看,人有一个较长的依赖生活期,即有一个较长的不能独立生活的童年时期。相对于其他动物来说这个依赖期很长。人生理上和心理上的成熟,从婴儿期一直要延长到少年期,甚至青年期,特别是人脑的结构,要到十三四岁才基本成熟,才能进行较完备的高级脑力劳动,从而积累大量的知识,为继承社会事业、从事新的创造奠定基础。人在依赖生活期中主要面对父母,由父母养育、教育和监护。父母和子女有共同的生活环境——家庭,子女在婴儿、幼儿和童年时期对父母的依赖,以及家庭成员在日常生活中面对面的互动特征,使得父母对子女的教育在人的社会化中有特殊的地位和作用。家庭教育对人的品质个性,对人的理想和世界观的形成是最基本的。每一个家庭的父母都在根据自己的阅历和生活经验,自觉或不自觉地,日复一日、年复一年地,用自己的言行影响和教育子女。家庭教育具有经常性、潜移默化性、艰难性和不可替代性。以下我们从人的社会化所包含的几个方面阐述家庭教育对儿童的社会化所具有的功能。

(1) 教导基本生活技能

教导基本生活技能是人的社会化的内容之一。新生婴儿呱呱坠地后,适应环境和生存能力很差,有哺乳的需求,有衣食的需要,没有自己获取营养和衣食的能力,无独立生存的本领,因此父母要帮助他们、哺育他们,向他们提供营养和衣食,并从行为上助力和呵护他们。待婴儿长到了一定的年龄,父母教他们走路,教他们学说话、与他人交流,教给他们如何吃饭、穿衣、睡觉,养成卫生习惯,以及自我保护、趋利避害等基本技能,提高他们独立和自理生活的能力;以后还要教他们自谋生活的能力,即如何走入社会,学习文化和从事职业劳动等。以教育子女生活技能为内容的家庭教育是不可缺少的,它和抚育功能是紧

第九章　家庭功能

紧联系在一起的。

（2）学习社会规范

学习社会规范是人的社会化内容之二。任何社会都有一套维持这个社会秩序的规矩、规则，就是所谓的社会规范。它通过社会各种形式的教育与社会舆论的力量，来约束人们的行为，使人们逐渐形成一种信念、习惯、传统。俗话说，懂规矩、讲规则，按社会规范行事。

社会规范是人类社会文明的一个重要组成部分，一般是用来调整人与人之间、人与群体之间、群体与群体之间、人与社会之间、群体与社会之间关系的，概括地说是用来调整社会关系的。如法律规范、道德规范、学习规范、职业规范和各种各样的生活规范等。其中法律规范是国家和地区调整人的行为的根本规范，带有强制性，在今天实行法治、依法治国的条件下，法律规范带有决定性意义；道德规范是调整人的精神的，使人们知道在社会中应该怎样行事，怎样为人，怎样处理人与人之间、人与社会之间的关系，树立起善恶美丑的观念；学习规范主要是人在学习中需要遵守的各种各样的规章考核制度；职业规范是指导职业劳动的，如职业团体制定和执行的各种规章制度、工作制度、考勤制度、作息制度、休假制度等；各种各样的生活规范范围很广，它表现在风俗、习惯、礼仪、时尚等许多方面，有些是人们在长期的社会生活中约定俗成的。

人们学习社会规范是通过各种场合、各种途径不间断进行的，最早是在家庭中进行的。在家庭中，儿童学习社会规范首先是在父母的指导下进行的。父母应当根据子女的年龄和情况有意识地经常向他们讲解和教授各种社会规范，最先学习的是家庭生活规范，从家庭生活规范扩展到社会生活规范。比如儿童最早尊敬他人和服从权威的习惯是在家庭里培养的，首先是热爱父母，尊重长辈和老人，帮助兄弟姐妹，然后再扩展到社会去热爱、尊重和帮助他人。一个在家里不懂得尊重父母、热爱亲人的人，在社会中是很难做到尊重他人、热爱他人的。在家庭中，父母在对子女进行教育时，言传身教是很重要的，父母自身的不检点，父母子女关系的失范和家庭生活规则混乱，都会对子女产生不好的影响，不利于他们的成长。实践证明，家长行为的越轨和失范，会直接导致子女行为的越轨和失范,在有关青少年犯罪行为中表现得最为明显。

(3) 指点生活目标

人为什么活着,有怎样的生活目标,是人生观和世界观问题。人需要有理想、有目标、有追求、有情操。一个人如果没有理想,一天天地混日子,思想空虚,意志消沉,精神萎靡不振,这样的人无异于行尸走肉,是一个社会化不完善的人。家长就应当从小培养子女树立生活的理想和目标,培养健康、科学的价值观、理想和信念,有远大志向,有生活的追求,有发愤图强、拼搏进取的动力,对生活充满信心和期望。在这方面家长既要言传,更要身教。俗话说,榜样的力量是无穷的,对子女来说,父母作为榜样十分重要。

(4) 培养社会角色

人的社会化的内容是人类社会长期积累的文化成果。人的社会化是使初生的生物之人转变成为社会之人,为社会培养符合社会要求的社会成员,使其在社会生活中担当一定的角色,按社会关系和社会结构为角色树立的规范行事。家长要帮助和教育子女有角色认知,学会角色扮演,使他们知道,在社会这个大舞台上,要按照社会的期待扮演社会角色,在不同的社会场景中有不同的角色要求,要有角色复合意识和角色转换意识。角色扮演成功者是社会需求者,是生活和事业的成功者。

父母是孩子的第一任教师,家庭是孩子的第一所学校,是儿童社会化的第一个场所。父母通过教导孩子基本生活技能、学习社会规范、指点生活目标、培养社会角色等四个环节,将孩子培养成社会人,实现社会意义上的人口生产和再生产。

4. 扶养功能

所谓扶养功能是指夫妻之间的关系和功能,即夫妻之间的相互帮助、支持和供给。男女结婚形成夫妻关系,也产生了夫妻间的权利和义务,我们称之为扶养。我国《婚姻法》第二十条规定:"夫妻有互相扶养的义务。一方不履行扶养义务时,需要扶养的一方,有要求对方付给扶养费的权利。"在家庭夫妻关系存续期间,夫妻有相互扶养的义务,直至夫妻关系解除终止。

5. 赡养功能

所谓赡养是指子女对父母的帮助、支持和供给。今天赡养概念包括了物质、生活、精神等三个方面。随着现代社会发展,精神赡养一词出现了,是说子女对父母的精神慰藉。

中国的双向反馈代际关系模式决定了家庭中的赡养功能。赡养不仅成为中国家庭的重要功能,而且是家庭中重要的文化氛围,具体表现为家庭中的"孝道"。孝敬父母已经成为中国家庭流行了数千年之久的文化遗产。我国《婚姻法》也有相应的规定。在中国的家庭中子女不赡养父母者,要受到社会舆论的谴责和道德压力。

中国家庭中的两代人之间的双向反馈代际关系模式不仅存在于两代人之间,而且扩大到隔代之间和同代人之间。我国《婚姻法》第二十八条规定:"有负担能力的祖父母、外祖父母,对于父母已经死亡或父母无力抚养的未成年的孙子女、外孙子女,有抚养的义务。有负担能力的孙子女、外孙子女,对于子女已经死亡或子女无力赡养的祖父母、外祖父母,有赡养的义务。"第二十九条规定:"有负担能力的兄、姐,对于父母已经死亡或父母无力抚养的未成年的弟、妹,有扶养的义务。由兄、姐扶养长大的有负担能力的弟、妹,对于缺乏劳动能力又缺乏生活来源的兄、姐,有扶养义务。"这些规定说明中国的家庭主要成员之间有相互帮助、支撑、救援的义务。

赡养是今天中国家庭的一大功能。到目前为止,家庭养老仍然是中国社会养老的主要模式。有关社会调查资料显示,我国农村失去劳动能力的老人绝大多数还要由子女资助赡养,尽管在城市的大多数老人已经有了退休金,但仍有部分老人的经济来源完全或部分出自子女。

赡养不仅包括物质方面,还包括精神方面。精神慰藉是今天老年人的需求之一。许多老人有了退休金,物质生活有保障,不依靠子女,但他们特别需要从子女那得到精神上的补偿和安慰。有的人说今天的老人更需要"精神赡养",十分生动形象,即老年人到晚年希望享有"儿孙绕膝之乐"。中国的一曲流行歌

《常回家看看》唱出了老年人希望常和子女见面、团圆的心声。社会也号召子女常回家看看。

扶病和日常生活的帮助是今天中国家庭对老年人的又一重要功能。老年人体弱多病，有许多体力型的家务劳动不能自己去做，需要子女帮忙。老年人在生病时子女会予以关照，扶病就医。

6. 性生活功能

（1）家庭是满足人的性欲需求的唯一合法的社会群体和组织

婚姻的成立标志着当事者有相互的性权利和性生活的合法化。性生活是家庭特有的功能。美国社会学家布利兹坦将性欲的满足列为家庭的首要功能。中国有句古话："食色，性也。"（《孟子·告子上》）是说在人的生命过程中，吃饭和性生活是两件基本的事情。人要生存必须吃饭。人要传种，延伸生命必须有性行为。因此，食和色是人的本质属性，在这点上，人和动物没有区别。人类社会要把性生活囿于婚姻之内，限制在家庭之中，是因为它和生育相连，因此对性生活要加以限制和规定，否则它会对人自身的生产和再生产产生巨大的干扰力和破坏力。从社会规范的角度看，性生活应当存在于家庭之中，在夫妻之间。社会反对婚前、婚外的性行为。家庭是满足人的性欲需求的唯一合法的社会群体和组织。

（2）性生活——家庭中夫妻关系的调节剂

人在社会中生活一般有物质生活需要、精神生活需要，还有性需要。以往我们只谈前两种需要，而对性的需要讳莫如深，今天人们不再回避这一需要了。金西说过："谁的性生活缺乏协调，谁的婚姻就遇到困难。如果协调性生活的方法不对，也必须有极大的精神感召和无比坚毅的决心，才能把婚姻维系下去。因此我们说，性因素在婚姻中毕竟是非常重要的。"[1]该论述只是从婚姻关系维系的角度阐述性生活对婚姻的影响。现代人更多的是从婚姻质量角度、从爱的角度

---

[1] 阿尔弗雷德·金西：《金西报告——人类男性性行为》，潘绥铭编译，光明日报出版社1989年版，第161页。

第九章 家庭功能

思考性生活的作用。西方人把性生活称为"做爱",即通过性生活实现爱、表达爱。爱是现代人的需要,是精神生活领域的高境界的追求,换句话说,性生活是人的需要,是人的高境界的追求。从某种意义上说,性生活的满意度,标志着一个家庭的生活质量。

科学研究认为,人们的性要求并不是从家庭开始,而是从结婚前的青春期就开始了。但是因为种种原因人们还不能马上结婚,从生理的成熟到结婚一般都要十年或更多的时间,有的学者称这一时期为"性的失业"时期,甚至认为这是对人青春时代的"残酷压抑"。医学和心理学研究表明,此时青年的性期待得不到满足,往往有些偷偷摸摸的性行为和模拟性行为,诸如手淫之类,以满足其性期待和对于性的好奇心。性压抑可能带来失眠、机能低下、兴奋、头疼症状和轻度歇斯底里以及精神病的症状,有时甚至导致盗窃、放火、强奸等罪行。一些社会调查资料证实,青少年中的性犯罪除去跟他们受外界的影响和腐蚀,比如听黄色录音,看黄色小说、图片、录像带,品行变坏有关外,也跟他们性生理要求长期得不到满足有关。禁欲主义的结果可能带来生理发展不平衡,心理发展不健康,或性格怪僻等。因此,性对于青年是重要的、不可回避的,满足性要求是现代婚姻的主要动机之一。现代婚姻中最让人关心的莫过于以性为主的爱情的满足,因为如果仅仅是友情的满足,就不必依赖异性,也不必结婚和成立家庭了。心理学家认为,爱情是由感情因素和性本能因素组成的,在友情关系中,感情占有很大比例,在恋爱关系中,性的要求占有很大比重。恋爱的直接目的和结果——婚姻也就不能不和性要求有密切的关系。

"性生活"和家庭中的夫妻关系是密切相关的。在家庭中"性生活"是夫妻关系的调节剂,是家庭和夫妻生活质量的标志,而性生活失调导致夫妻关系的失衡,容易造成夫妻间的矛盾和冲突。

现在有些国家规定青年婚前要做身体检查,包括询问身体情况、家族有无遗传病、与配偶有无近亲关系、精神状态、传染病等,要检查生殖器,规定患性病、麻风病及精神失常未经治愈者不能结婚,患有心、肺、肝、肾等重要器官的严重疾病或传染性皮肤病的人不宜马上结婚,待治愈后再结婚。这不仅保证夫妻婚后能生育和繁衍健康的后代,而且能使夫妻之间有和谐的性生活,以促进夫妻间在生理、心理、情感上的全面交流和沟通。西方国家许多研究表明,性生活是否和谐是影响夫妻关系的重要因素。婚姻是为了满足多种多样的需求而缔结的。夫妇一方或双方的某些需求部分或全部得不到满足,就会导致争吵,进而发展为持续的冲突,从而损害了婚姻的牢固性。而由于一方或双方的性要求得不到满足而造成的冲突、不和与心情不舒畅是需求不能满足的原因之一。造成这种情况的原因是多种多样的,如夫妇一方的性要求降低,性欲出现的周期和频率不一致,夫妇对婚后生活的心理卫生问题无知,男方出现阳痿或女方性欲缺失,夫妇患有各种疾病,夫妇中的一方身体或精神上长期过度疲劳等。苏联社会学家崔科夫认为性生活不协调不仅可以导致夫妇冲突,而且可能导致离婚。他认为导致离婚有三种原因:第一,多半由社会—经济性质的因素的作用而产生的动因;第二,主要由具有心理和生理性质的因素的作用而产生的动因;第三,社会生物方面的动因。其中第二类动因中就包括"生理上不协调""丈夫或妻子患有不育症,以及其他生理性的原因,如丈夫阳痿,妻子性欲缺失等"。尽管许多人仍然不愿公开说出这些方面的事情,而往往笼统地将性生活不和谐归结为"性格不合"等原因,但越来越多的人现在对此问题已直言不讳了。

在夫妻的性生活中,妻子的性权利是值得关注的。我们较多地关注妻子是因为性权利对于她们来说特别重要。从性生理上看,男性一般处于主动地位,而女方性特点是"承受"。从社会的角度说,人类几千年的社会是男权社会,女人从属于男人,在性行为中只是男人发泄性欲和生儿育女的工具。性的唯生育目的历来是中国传统婚姻家庭观念的核心,很少有人注意到女人作为自然人,也有性欲,女人作为社会人,也有要求性满足的权利。尽管在今天主张男女平等的时代,剥夺女子性权利的制度早已经不存在了,但传统文化和观念还存在,还在深深地影响着人们。美国著名性学专家金西在他的报告中说:性行为的"这种单方面的活动决不是人的生物属性所造成的,是文化所规定的、女性成长于其中的性模式的产物"[1]。在中国的传统文化中,女子"无性"便是德仍是一些女子性角

---

[1] 阿尔弗雷德·金西:《金西报告——人类男性性行为》,潘绥铭编译,光明日报出版社1989年版,第157页。

色的"特点"。在传统的性文化中,女人从小就被暗示,性生活的唯一目的是传宗接代,正派的女人不应追求性快感而只是为了对丈夫尽义务,如果对性感兴趣,那就是"邪念",是"污秽下流之事"。这样,在女人的心理常反映出性羞耻心、不洁感和抑制欲,对性反应的被动、淡漠和倦怠逐渐成为妇女性角色的潜意识,从而形成不少女子的"性感受贫乏"的现象。当然,女子产生"性感受贫乏"还有一些其他具体顾虑,如怕怀孕、怕疼、怕被别人议论等。对于女性来说,"性臣服"现象也成了一种性文化。女性对男性的依附性在女性的心理中铸就了一种心理反射:实现自身性与生育的功用,就是实现了自我价值,而占有了自己价值的人便是自己所依附的对象。有些女子经常说的,"我已经是他的人啦""生米已成熟饭"等,都是臣服心理的直接反映。弗洛伊德曾经指出,一个长期自守的女性,一旦由于婚姻或者其他原因与某一男性产生了性接触,便会对这一男性产生百般顺服和高度依赖的心理,仿佛这一男性从此成为她生活的主宰。[①] 这种心理和现象曾在封建文化影响很深的中国,尤为明显和突出。在这种心理支配下,在性生活过程中,女子总是把自己置于被动的、受男子支配的地位,对于性生活不敢或不愿表示出任何兴趣和欢乐,对性生活采取逆来顺受的态度,不论自己在情绪上、生理上是否有性兴趣与性需要,只要丈夫需要,就要尽"女人的义务",无条件地奉陪,即使自己要为此忍受极大的痛苦,也认为是天经地义的,因为"女人总是这样的"。

当然,在今天,家庭中的两性生活除去有以上我们所谈的人的生理、心理需要,协调夫妻关系、增进夫妻情感交流外,也还有通过性行为达到怀孕生育、繁衍后代、绵延种族的目的和功能。无论从人的生理和心理需要,从协调家庭中的夫妻关系、发展夫妻间的亲密感情,从生育和繁衍后代上看,两性生活对于现代家庭和社会都是十分重要的。

(3) 性观念的革命

有一个叫冯·德·魏尔德的美国医生,在他那本著名的《理想的婚姻》中说过,正常的人在夫妻之爱中,如果没有实现肉体的彻底交往,就没有身心上的幸

[①] 西格蒙德·弗洛伊德:《性爱与文明》,滕守尧译,安徽文艺出版社1987年版,第237页。

福可言。而同样的，相互之间如果没有心灵上的交往，那么肉体上也不会有理想的结合。完美的性交要求双方从心灵上引起性爱，这就只有靠爱情才能做到。①这是现代人对性行为的看法，可是以往并非如此，在很长的一个历史时期中，性即为淫，是"万恶之首"，是不堪言，更不可行的。从古代到今天，人们正在经历一场性观念和性行为的革命。

纵观人类社会的发展，可以知道人们的性观念经历了否定之否定的过程，第一次否定是人的社会性与生物性的否定，是对于性的歪曲。第二次否定是人的社会性与生物性的结合，是一次真正的革命。

在中国的文化史上，曾经有过对性采取一种健康、正常、自然的态度。例如，儒家就说"食色，性也""饮食男女，人之大欲存焉"。中国古代最重要的房中术作品之一的《洞玄子》开篇就说："夫天生万物，唯人最贵。人之所上，莫过房欲。法天象地，规阴矩阳。悟其理者，则养性延龄；慢其真者，则伤神夭寿。至于玄女之法，传之万古，都具陈其梗概，仍未尽其机微。"这是把人类的性生活看得非常重要，而且认为男女之事是和天地、阴阳融合在一起的。古人提出"欲不可绝""欲不可早""欲不可纵"的口号，也十分辩证。因此说中国自古以来就实行性禁锢、性封闭是不确切的。有关专家认为，中国在汉、唐以前社会对性的态度是相当开明的。例如，从敦煌发现的许多资料可以看出，当时妇女的地位并不是很低的，男女社交比较自由。离婚再嫁也比较容易，人们并不以为耻。唐朝是中国历史上的强盛时期，社会生活各方面自由度大，性的自由度也比较大。女皇帝武则天当臣下犯颜直谏，劝她不要搞"面首"时，她不但不生气，而且奖励了这个大臣，是比较开明的。中国自宋代中期以后，程朱理学盛行，封建礼教开始禁锢人们的头脑，性保守、性封闭也越来越严重，汉、唐以前的性观念开始被否定，被说成是"脏唐烂汉"，性为"淫"，为万恶之首。这种性观念的扭曲表现为巨大的男女不平等。明代的性禁锢很严酷，但明朝的皇帝却很淫乱，物极必反，春宫图、性小说流行起来了，此时也是女人在性上最受压抑、最受迫害的时期。女人的贞操观念在程朱理学中被系统化和抬高到无以复加的地步。"饿死事小，失节事

---

① 潘允康：《社会变迁中的家庭：家庭社会学》，天津社会科学院出版社2002年版，第241页。

第九章 家庭功能

大",女人对男人要"三从四德""从一而终"。女人普遍要缠足,这样就不能出远门,只能在家乖乖侍候丈夫,同时"三寸金莲"也便于被男人玩弄等。此时,"男女授受不亲""男女大防"等观念流行,人们正常的性生活被弄得十分神秘,被认为是十分污秽、下流的,这种状况到明、清两代达到了顶峰。

在西方社会两性观念的变化也经历了同样的过程。古罗马以前性观念是十分开放的,有些史学家认为,古罗马是因纵欲而亡国的,那时古罗马有许多节日,如"酒神节""花神节"等,一到这些节日,男男女女都涌上街头去狂欢、酗酒,和陌生人乱来,性行为比较随意。以后性观念开始禁锢和严厉了,当然也像东方一样首先是对女人严厉。直到19世纪的维多利亚时代,还实行性禁锢,有的规定夫妻过性生活都要把衣服穿得严严实实,只在双方的裤裆上留一个小洞。如果说人类对自身性观念的第一次否定,是"野蛮"对低等文明的否定,那么第二次否定则是高等文明对"野蛮"的否定。

性观念的革命和性科学的兴起首先是从西方社会开始的,以20世纪40年代美国的金西调查为标志。当时在美国社会,金西调查也不为人们所接受,社会对此议论纷纷,指责很多。在调查中许多人不愿提供合作,甚至连金西的妻子也不愿合作,可见当时人的意识的保守程度。然而,金西终于在美国推动了一场性革命,并最终为社会所接受和承认,被称誉为"金西革命"。进入20世纪后期的美国,人们开始用一种科学和开放的态度对待性问题,社会采用教育和疏导的方针,特别是对待刚刚进入青春期的青年人。在调查时,一个做家长的曾和金西谈起她怎样对待自己女儿的性行为。她的17岁的女儿告诉她自己不仅有了男朋友,而且发生了性关系。这位做母亲的不仅没有指责女儿,反而告诉她下次怎样做才能避免怀孕。金西问她为何如此,她反问:为什么不这样?她说:我的女儿已经17岁了,她应该懂得这些了。当然在美国少女未婚先孕的现象还是比较多的,社会对于这些未婚先孕的少女也比较宽容,有社会工作者经常来和她们聊天、谈心,给她们出主意,包括被男朋友抛弃了怎么办,要不要腹中的孩子,怎样堕胎或怎样做未婚妈妈等,这使她们感到问题发生后得到的是社会支持而不是社会压力。这些都表现了社会开放和宽容的性观念。美国总统克林顿和前白宫实习生莱温斯基的性关系和性丑闻被揭露后,美国社会舆论的态度最能说明美国人今天的性观念,一方面社会在性问题上还是比较严肃的,认为性应该在家庭之中,在夫妻之间,而不应溢于夫妻之外,应当是规范化的;另一方面,社会也没有大惊小怪,当共和党的一些议员企图用此事掀起政治风波,克林顿的社会支持率不仅没有下降,反而上升了,就是很好的例证。

在中国,对性问题的关注是20世纪80年代的事情。还在80年代中期,我国的一些医学工作者、社会心理学家和社会学学者开始关注性社会问题,主张性教育与性科学。随着我国社会的改革开放和人们生活方式与观念的更新,人们再也不回避性问题,而是把它作为一门学科来对待。80年代末90年代初,我国两万例"性文明"调查在全国展开是大规模开展性科学研究的重要标志。我国学者认为这场性革命有以下八个方面的标志:

第一是性生理知识开始普及,比如青春期性教育由国家教委发文,列入中学的教育计划,又比如性方面的书籍开始出版。

第二是医学、性治疗的开端。

第三是性学研究的合法化。

第四是性工具、性保健品可以出售。

第五是性生活在婚姻中的分量加重。

第六是性是人们私事的观念更多地被人们接受。

第七是对性的认识的改变,人们对性的认识,其认同从生育文化,发展到是一种物质文化,又进而认识到它是一种生命文化。

第八是有的女性的性权利开始觉醒。①

上述议论概括了我国社会性观念的变化和性革命、性科学的开端,这是一个不可改变和逆转的趋势。应当特别指出的是,这场革命不是人为发动的,也不是宣传鼓动和政府行为,但它还是不以人的意志为转移地发生了,说明它有社会需求,有强大的生命力。人类社会性观念的否定之否定的过程,是人类从愚昧走向文明的过程。

---

① 刘达临:《中国婚姻家庭变迁》,中国社会出版社1998年版,第134页。

第九章 家庭功能

（4）性行为与身心健康

性爱具有身体健康的保健治疗功能。国内外保健专家的最新研究表明,性爱不仅是人的生理和心理需要,而且具有提高人体免疫系统功能、有效防治多种病症的奇特功效,有利于身体健康的保健治疗功能。专家们列举了性爱对几种常见的主要疾病的疗效,及对人的寿命的延长的作用。

心脏病。专家发现经常拥有和谐性生活的夫妻,发生心脏病的危险较小。

牙齿病。爱情生活与牙齿病关系密切。经常获得性满足的人不论男女,牙病发生率较低,即使患有牙病,牙痛也不很严重。

心理病。因为缺乏适当性爱的人,往往会抽烟、酗酒、精神倦怠、心灵空虚,而性爱可使人产生自信心,令身心得到满足、有活力。

神经官能症。科学家在已婚的神经官能症患者中调查发现,性爱能缓解不能抑制的情绪爆发,当心理压力使人紧张时,性爱有意想不到的松弛效果。此外,性爱能促进人体的新陈代谢,使人精神抖擞、神采奕奕。

疼痛症。科研人员通过对患关节炎及损伤症妇女的研究发现,性高潮能有效地降低身体各部的痛感。当患有胃部、背部神经痛等疾病时,阿司匹林固然有效,但是性爱的兴奋能刺激大脑分泌出一种叫胺多酚的化学物质,对减弱神经痛相当有效。

皮肤病。粉刺、青春痘、暗斑等皮肤病多与皮肤血液循环不良有关。所以,除了饮食必须节制糖分、脂肪、高蛋白、辛辣食物的摄入外,性爱往往因加速血液循环而使皮肤光洁细嫩,并起到防治皮肤疾病的作用。

癌症。享有幸福美满家庭生活和性爱生活的人,比生活在暴力家庭中的人患癌症的危险性要低,并且即使患上了癌症,其存活期也较长。因为能够获得性满足的人,体内 T 淋巴细胞含量总是处于最佳状态,免疫力增强,对于抑制癌细胞的侵入和扩散自然也最有效。

寿命长短。离婚者与家庭和谐、性生活适宜的夫妇相比,平均寿命要短。中年丧偶者早逝的危险性较大。此外,离异者中得不到适当性爱的人,患病危险还比非离异者高得多。

(5) 建立规范化和科学化的两性生活

破除性愚昧是建立科学规范化的两性生活的前提。两性生活是现代家庭生活的重要组成部分，但长期以来它变得过于神秘、被人歪曲了，以致使一些人达到"愚昧"的程度。在性观念和性行为较为开放的西方社会，尚有性无知和性愚昧，在性封闭的中国社会，这种情况会更严重。宣传性知识，开展性教育，破除性愚昧，对于建立规范化和科学化的两性生活是十分必要的。

科学的性生活首先应该是规范化的。在人类文明史上，大多数民族和国家都把满足性欲的方式加以规范化、体系化。虽然各个社会对性的限制有宽有严，性生活满足的方法也多种多样，但却没有一个毫无限制的地方。从人类社会整体上说，规范性限制的本身就是一种满足。人的两性生活需要得到满足，每一个人应有性生活的平等权利。如果没有对两性生活与关系的限制，必然使性关系混乱和不平等，比如说一些人纵欲无度，另一些人却可能是性饥饿。人类社会限制两性关系的方法是多样的，比如实行一夫一妻制，把性生活局限在夫妻之间等。这样在男女比例大致相等的社会，客观上保证大多数人可以获得平等的两性生活的机会和权利，保证正常的家庭生活和男女性关系的实现。

规范化的两性生活对于繁衍后代是十分重要的。规范化的两性生活（比如不允许近亲结婚）才能产生优良健康的人种。实行一夫一妻制才能确认子女的父亲和母亲。在人类社会历史上，近亲结婚的危害早已被人们所认识。近亲结婚，由于血缘关系太近，基因遗传容易把双亲的生理缺陷遗传给后代，多出现畸形胎、怪胎、智能低下、残疾之人，降低人口质量，给家庭和社会造成沉重负担，给民族素质带来不利影响。基于优生原理，必须反对近亲结婚，对近亲的两性关系加以限制。我国的《婚姻法》就有"直系血亲和三代以内的旁系血亲""患有医学上认为不应该结婚的疾病"的人禁止结婚的规定，以保证下一代的健康，提高人口素质。

规范化的性生活也是对性生活的限制，它有利于人的身心健康。性关系和性行为是人的生理和心理需要。然而，性行为不加以限制，也会危害人的身心健康，带来社会病。性病是流行于世界各国的社会病，它和性生活没有规范和限制

第九章 家庭功能

有关。根据史料,性病残害了许多君主、后妃、教皇,甚至能毁掉一支军队和一个城市。在人类社会上性病不止一次改造过历史。饱受文明熏陶的伊凡四世原来已把16世纪的俄国导向发展和进步的途径,可惜梅毒把他变成恐怖的伊凡,从而使他前功尽弃。在西方国家也是如此。美国联邦卫生机构指出,2015年美国性病患者人数达到前所未有的水平,2014年到2015年,梅毒病例增幅最大,为19%,其次是淋病(12.8%)和衣原体感染(5.9%)。患有衣原体感染的美国人最多,超过150万;其次是淋病患者,近40万;梅毒晚期患者则为2万多人。① 传统上,卫生专家们认为性病只分为五种,而现在他们已知道有二十多种性病,而其中最令人关切的包括艾滋病、淋病、生殖器疱疹、梅毒、毛滴虫病等。这些性病对人体的健康是十分有害的。

规范和限制性生活可以陶冶性格和情操,促进人的事业。人生活在社会上,需要有理想、性格、情操、精神和追求,对性欲的适当节制在一定意义上可以促进培养人的理想、性格、情操、精神和追求。一些人类学家曾经对一些不限制结婚年龄和性行为的部落做过研究并得出结论,性行为的毫无节制,不仅降低了民族的素质,而且削弱了他们的创造力和创造精神。现代心理学研究证明,对于由于规范和限制性生活使人在青年一段时间处于"性饥饿"和"性失业"状态是不能简单加以否定的。由于规范和限制,青年人在这一时期,以巨大的努力抑制自己的性欲,解决性欲需求和现实之间的矛盾,能使人格更内在化、意志化和精神化。在性行为上的自我控制是青年人走入社会的"最严厉"的自我控制的机会,对于品质和意志的形成非常重要。弗洛伊德曾经指出,在努力使性欲升华的过程中,出现了灿烂多姿的青春期文化,青年在音乐、戏剧、美术、文学、体育等活动中所倾注的热情产生于性的压抑这一母胎,这是一般人都承认的道理。弗洛伊德的情欲限制概念是把它看作人类文化创造的根源。

总之,使两性生活规范化,实行限制是性生活功能正常发挥的主要方面,这不仅包括对象和范围的限制,也包括周期和节律的调节。

---

① 《法媒:美国性病患者人数创新高 同性恋易患病》,2016年10月21日,http://www.cankaoxiaoxi.com/world/20161021/1363771.shtml。

(6) 建立性生活的自我调节系统

人的性欲应该得到满足，从身心健康的角度看，过分地抑制性欲或纵欲无度都是有害的，建立性欲的自我调节系统十分重要。根据生物学和生理学研究，人的性欲可以而且应该得到调节。性腺激素的多少是进行性行为的主要生理原因。当然除此之外还有营养的好与差、不安的消除、异性的存在等因素，这些都能使动物恢复到其生物、生理状态。越是低级的动物，这种状态的决定性意义越是明显，不管是雌是雄，在大量分泌性激素的时期，异性对其最富魅力，自己也容易产生性兴奋。但高级动物，特别是人就不同了，尽管性腺激素对人的影响很大，但不能决定一切。在很多时候，不管周期性的性激素分泌量多少，人能根据情况激起性欲，能经常性地进行不一定与生理因素有关的性行为。相反，人在性激素分泌很多，精力旺盛的时候，也仍然具备禁欲的意志力，它说明人已从生物即本能的自然达到了自律的境地，一些心理学家曾用心理学图式（见图9.1）解释这一问题。

$$S(刺激)—O(神经中枢)—R(反应)$$

图 9.1 人类行为的一般模式

对于低等动物来说，O 的结构很简单，S 几乎可以穿过神经中枢而产生 R，换言之，由 S 直接招来 R，由性激素（性刺激），可直接招来性行为，S 与 R 的结合与机械相似。但当生物变成高等生物，O 的结构变得复杂，O 的调节作用和决定性作用亦显得突出了，S 不一定能直接决定 R。因此当 S 产生时，由于 O 的抑制作用，不一定能出现 R 的效果，相反，当 S 没有产生时，由于 O 的指令，能产生 R 的效果。可见，人具有性欲调节系统。实践证明，人应该利用性欲调节系统对性生活实行调节。在夫妻生活中保持一定的性生活频率，不仅是生育的前提，而且对增进夫妻感情、提高家庭生活质量也是十分重要的。夫妻性生活过于贫乏，对于家庭和夫妻关系不利。对于人来说，性欲和食欲一样，本来是出自某种生理需求，以后则产生了某种心理状态，哪怕是没有生理需求也要进行。快感是伴随性欲的满足而产生的心理状态，以后则变成为了追求这种心理状态而产生的欲望。从性生活上说，单纯为了追求快感而毫无调节地进行性交也是无益的。过去有

第九章 家庭功能

人对中国历代皇帝的平均寿命做过统计,证明皇帝比一般人的平均寿命短,这显然是和他们纵欲无度有关,其中包括对性生活的毫无控制和调节。因此,人应该主动调节自己的性生活,从自然走向自由。既应摒弃禁欲主义,不做虚伪的"神",也应摒弃纵欲无度,不做本能的"兽",而应该做一个自由的"人"。

(7) 建立合理的性生活周期和频率

所谓合理的性生活周期和频率是指在单位时间里性生活的次数及性生活低潮和高潮之间的循环。从频率上说,频率过低,既不能完成新陈代谢的生理过程,也不能实现夫妻间情感的交流,而频率过高,则使人精疲力竭,不能承受,损害人的身心健康。医学上认为,性生活的周期和频率是因人而异,因年龄不同的。比如,对于中青年身体健康者来说,每周行房事 1—3 次为宜,时间最好在入睡之前,便于睡眠休息和体力恢复。在新婚和久别重逢之时,往往会有重复性行为的情况,平时则应加以控制。从年龄上说,中青年次数可相对频繁,老年人递减。对老年人的性生活有两种不同看法。一种认为老年人应禁止房事,以保住阳气,益寿延年。另一种认为,"老人也有春天""发苍苍亦鱼水欢"。实际老年人也有性能力和性要求,老年人需要一定频率的性生活。有的研究认为,女性在绝经之后,由于解除受孕等原因,性兴趣反而可能超过以前。一些老年人之所以没有或较少有性欲是和传统观念有关,比如说老年人有性要求和性生活是"粗鄙不成体统"等,在这种观念影响下,一些老年人抑制自己的性要求和性活动,久而久之,更加感到孤寂和挫折,从而丧失了性能力。老年人这种生理和心理上的"退休",其实加速了他们的老化过程。现代性科学的主流派认为老年人具有性方面的兴趣和能力,老年人不应受不符合科学的传统偏见的影响,而应该对自己有信心,保持包括性生活在内的活跃的有利于身心健康的生活方式,使老年生活更温馨和快乐。

和性生活频率相联系的是性生活周期。像生物钟那样,男性和女性每月都有一次性高潮,此时性交有更多快感,容易进入高潮。问题是夫妻双方性高潮时间常常不一致,甚至矛盾,因此相互理解、沟通、信任和协调也是十分重要的。

(8) 建立协调的夫妻性生活关系

性生活牵涉夫妻双方,建立协调的夫妻性生活关系是十分重要的。在现实的家庭生活中,由于夫妻在年龄、生理、心理及其他方面的差异,性生活不协调的情况常常出现。一般说来,男女都可能有性机能障碍。性欲过盛的情况虽有,但数量较少。绝大多数情况是不同程度的性欲低下,女性多为"阴冷",表现为对性生活缺乏快感,以致冷漠、厌恶,从生理上说和女性卵巢机能不足、肾上腺皮质和脑垂体等内分泌腺功能失调等有关;从心理上说则和情绪压抑、恐惧和性生活配合不当有关。男性性功能障碍主要表现为阳痿和早泄。除去生理原因外,过于兴奋和恐惧、性交时间过长、长期手淫和纵欲过度都可能造成阳痿和早泄。另外无论是脑力或体力劳动者过于疲劳都可能引起性功能低下。在发生性功能障碍时,夫妻都不应着急或责备对方,而应从语言和心理上安慰对方,帮助对方去就医,以克服性功能障碍。男性和女性性高潮到来的时间是不相同的,一般来说男性达到高潮快,且高潮退去也快,女性正相反。因此在性交时,男方应尽量避免急促和粗鲁,通过耐心的爱抚促使女性也达到高潮,以提高性生活质量。有调查资料表明,在不同国家和地区,未曾体验过或很少体验过"性高潮"的女性往往占有相当大的比例,是值得注意的。总之,要建立和谐的夫妻两性生活关系,必须夫妻密切合作,才能有默契与成功。

7. 物质生产功能

(1) 什么是家庭的物质生产功能

所谓家庭的物质生产功能,从广义上说包括家庭中的生产、分配、交换和消费等项。

家庭曾经是生产资料占有单位。人类社会最初的私有制是和原始公社的解体、生产资料归家庭占有同时发生的。

家庭曾经是生产劳动的组织单位。原始公社末期,生产力发展,开始以家庭为单位组织生产,家长是生产劳动的组织者和领导者。

家庭也是劳动产品的分配和交换单位。以家庭为单位占有生产资料,以家庭为单位从事劳动,也决定了以家庭为单位参与对劳动产品的分配和交换。

家庭是消费单位。家庭的人口数量和收入决定了家庭消费的水平。家庭的

第九章 家庭功能

支出项目和比重等决定了家庭的消费方式。以家庭为单位核算消费和支出,是社会消费的基本特点。

因此,家庭的物质生产功能是进行生活资料即食物、衣服、住房以及为此所必需的工具的生产,满足人们吃饭、穿衣、住房等需求。只有这些基本需求得到满足,人们才能进行政治、宗教、艺术、休闲、娱乐等其他方面的活动,才有家庭生活的其他方面。

(2)社会变迁与家庭生产功能的变化

农业社会的经济是自给自足的自然经济,赋予家庭生产功能。中国封建社会有"两亩地一头牛,老婆孩子热炕头"之说,是那时家庭生产和生活的生动写照。在漫长的农业社会中,家庭的生产功能是家庭的重要功能。

工业社会实现了社会化大生产。家庭成员投入到社会生产中去。家庭自身的生产功能被削弱了,一部分家庭不再是生产单位,没有生产功能,另一部分家庭还是生产单位,保留有生产功能,并以特殊的形式和现代化社会大生产融合起来。

以中国为例。1949年之前,我国主要是农业社会,大部分家庭保留着生产功能。中华人民共和国成立后在城市开始了工业化进程,并很快实行了公私合营式的社会主义改造;在农村则进行了农业合作化,成立了初级和高级农业合作社,家庭的生产功能一度被大大削弱了。改革开放开始后,总结以往的经验教训,认识到生产关系的变革不能超越生产力发展的水平,而要适应生产力发展的要求。安徽省凤阳县"小岗村"18户农民从1978年开始大胆实行家庭联产承包责任制,恢复了家庭生产功能,农民的生产积极性大大提高了。安徽省其他地区不少生产队也实行了包产到户。同时,在贵州、四川、甘肃、河南、内蒙古等省和自治区的一些生产队也实行了这种生产责任制。有人说,包产到户拉开了中国改革开放的伟大序幕,大大促进了生产力的发展。农村的家庭联产承包责任制,使农村的家庭部分恢复了生产职能。在城市,一部分个体工商业者出现了,因此也出现了部分家庭恢复生产职能的情况。然而,现代社会家庭这种生产职能的恢复和保留,只针对部分家庭,从社会的发展看,这种职能一旦和市场经济对接,也会有变形与变化的可能。比如有人预言,一旦改革深化,农村农业需要实行集约经营后,家庭的生产职能还会发生变化。

其实,在西方发达国家,也有一些家庭经营适应现代农业大生产的例子。比如在美国已经实现了农业的现代化,但是他们的农业大多数还是家庭经营。

(3) 家庭的生产功能与现代化

家庭的生产功能及其在社会中的地位使它与工业化、现代化的进程发生了相互影响。

自1949年中华人民共和国成立以来,无论是城市还是农村,实行的都是社会主义公有制。改革开放后,开始了多种所有制并存的局面,然而公有制仍占有很大比重。中国的改革在城市和农村的情况不同,方式和方法也有很大差别。因此它所表现出的经济社会发展与家庭的相互作用的机制和影响也不同,出现了比较复杂的情况,不能一概而论。我们可以从两个方面,一是农村实行联产承包责任制以及个体经济和私营经济的发展,二是在城市大中型国有企业所发生的情况来介绍这个问题。

第一,家庭在农村联产承包责任制及城乡个体私营经济中表现出了传统活力。它调动了人们的劳动积极性,提高了生产效率,促进了经济发展和工业化、现代化进程。

现在中国还处在社会主义初级阶段。改革开放前的机制是"一大二公""平均主义""大锅饭"等,无论从生产关系和人的利益认同方面都抑制了人的劳动热情。改革开放以来中国及时调整了生产关系,调整了生产组织方式,实行以家庭为单位的生产承包责任制,建立起新的利益共同体,从而使改革取得了突破性进展。这一改革之所以是成功的,是因为它顺应了中国的具体国情,抓住了人们重视家庭和对家庭利益认同的基本点。家庭具有凝聚力,因此,把家庭作为社会利益的基本共同体、作为生产的基本组织单位,是符合今天的社会现实的。这一改革在生产关系上做了很大调整,以家庭为生产劳动的基本组织单位,家庭拥有对生产资料(主要是土地)的使用权和支配权;在对劳动产品利益的分配上也有了很大调整,以家庭为劳动产品和利益的基本分配单位,家庭对劳动产品有支配

第九章 家庭功能

权和分配权,因而调动了人们的积极性与热情。家庭关系和其他社会关系相比,常常表现出更直接、更密切、更可依赖、更有效的特点。家庭成员因联系密切、交往便利,不必经过中间媒介传递信息,相互之间的合作更加容易。在现代社会交往和交换活动中,特别是带有传统家庭主义色彩的中国社会和世界其他地区的华人社区社会中,无论是获得帮助和忠告,还是得到资助和贷款,人们从亲戚那里获取资源、资金都比从官僚机构或公司企业那里更容易得到,代价也要小一些。也就是说,在相对落后的社会经济条件下,家庭结构所具有的优越性是现代官僚制度和公司企业所望尘莫及的。

应该指出,现代社会企业的生存与发展也需要精神和道德。从历史发展的角度看,家庭伦理道德是社会伦理道德体系的基础与核心,是社会道德体系中最为成熟的部分。家庭的凝聚力、亲和力、互助友爱、尊老爱小、长幼有序、角色分工的确定性,都能为现代企业注入精神活力。对西方工业化早期的一些研究表明,亲属网络不仅为新兴的企业带来源源不断的劳动力,而且也带来了服从的习惯和整合精神。在西方尚且如此,在"家本位"的中国就更是如此。

第二,家庭在国有大中型企事业单位(及国家机关)中的干扰力量。

如果说在改革初期,"家本位"在农村家庭联产承包责任制和城乡个体私营经济中表现出了传统的活力,促进了经济的发展,而在城市,在国有大中型企业中则出现了许多相反的情况。我们首先注意到在国有大中型企业中无论从所有制形式、经营机制、分配机制上都难以形成以家庭为单位的利益共同体。其次,在国有大中型企业中已经形成了和西方社会科层组织制不完全相同,但相类似的企业和机关管理体制、机制和制度。在这种情况下,家庭关系的伸展,家庭价值的张扬,带来的不是大团体利益的认同,而是小家庭利益的扩展;带来的不是企事业的整合力,而是离散力;带来的不是企事业效率,而是混乱的秩序;带来的不是现代企业道德和精神,而是不正之风。

这是因为,家庭关系的伸展和现代社会科层组织制原则是冲突的、不相容的。所谓科层制也称为分部制、分责制。此种制度是指组织内部分别负有专责处理事务的行政体系的一种名称。其特点是在组织内部各等级的单位负责人,有固定的职务,有划分的权限,有例行公事的一定程序,有对上对下负责任的范围。换言之,是机构内部刻板方式的行政组织。现代社会里的大规模组织,如政府、工厂、公司、大学、工会、教会等,几乎都有这类科层制的存在。科层制的目的是要提高组织的行政与工作效率。它是以业缘关系为基础的,排斥业缘以外的其他关系,包括家庭关系。马克斯·韦伯曾指出该制度有如下特点:①有正式规章。②有明确分工。③权力分层。④按正式规则发生公务关系。⑤任职资格要通过考核和任命。① 科层制的一些主要原则与亲属至上的"家本位"的原则是不相容的。

从以上分析中我们可以知道,在中国目前的发展阶段上,以家庭为本,对中国工业化和现代化进程发生着两种相反的作用。这和中国的具体国情是相关的。我们在研究"家本位"对中国工业化和现代化的影响时必须顾及以下几个方面的差别:第一,生产资料的公有和私有的差别。第二,在农村和城市的差别。第三,现在和未来的差别。

8. 日常生活与消费功能

家庭成员共栖、共居,家庭是人们日常生活的栖息之地。有些人称家庭是"亲属聚合与互动之地",家庭是"避风的港湾",家庭是人的"保护性飞地",家庭是人的"安乐窝",都很生动形象。自古以来,家庭就是人们的生活单位。在现代社会,人们在从事劳动后,回到家中,满足生理和心理的各种需求,休息、养生、闲暇娱乐、情感交流、享受生活,再重返社会劳动,周而复始,形成了人的一生的社会生活循环和生命循环。由于家庭关系的特殊性、家庭功能的重要性,家庭成为社会日常生活的基本单位和单元,非其他社会组织、群体和单位所能取代。

家庭成员日常生活在一起,决定了家庭具有消费功能。家庭成员的生活方式和特征,决定了他们同居、共财,必然是共同消费。传统社会家庭是社会消费的基本单位。现代社会,家庭还在很大程度上保留着家庭消费的特征:共同收入,共同占有财产,共同"制订消费计划",共同支付和支出金钱,共同储蓄储备钱财。在现代生活方式中,"AA"制进入了少数家庭,来到了夫妻之间,但基本上

---

① 雷洁琼主编:《中国大百科全书》(社会学卷),中国大百科全书出版社1991年版,第81页。

第九章 家庭功能

没有改变家庭整体消费的性质和基本格局。

9. 休闲娱乐功能

家庭是人的休闲娱乐的重要场所之一。家庭娱乐对于儿童有特别重要的意义,如讲故事、游戏都是在家庭里首先实现的。即便对于成年人,家庭娱乐也不可缺少。它能增加家庭生活的乐趣,丰富家庭生活内容,调剂家庭成员的智力和体力,满足家庭成员的心理和生理要求,增加家庭成员的凝聚力。

在生产力低下的社会,人们不能不花大部分时间从事繁重的劳动,无暇娱乐。随着生产力的发展和社会的现代化,生产效率大大提高了,人们能用较少时间完成以往成倍,甚至成十倍、成百倍的工作,这为劳动者提供了大量的闲暇时间。人们有暇休闲和娱乐了,比如今天我们已经实行双休日,不断调整和扩大了各种休假时间,为人们提供了更多的休闲和娱乐时间。社会也在不断扩大和增建娱乐、休闲和旅游设施,使人们得到了更多的休闲和娱乐空间、设施和手段。近年来旅游越来越热,每到"五一""十一""春节"等重要节假日,我国有几亿人口出门旅游。合家旅游成为出游的重要组成部分。

现代社会生产的发展、科学技术的进步,特别是大量电子产品,诸如手机、电视机、录音录像设备、电脑等进入家庭,不仅为家庭的休闲和娱乐提供了便利和手段,而且使人们不出家门就可以休闲和娱乐,就好像在家看电视剧比出门看电影更普遍,在某种意义上强化了家庭的休闲娱乐功能一样。

10. 心理和情感功能

人具有心理、思维和情感,与人的社会性、人的社会关系和社会交往、人的群体生活密切相关。家庭是在婚姻血缘关系的基础上产生的,是社会关系中最为深刻、最为亲密的一层。家庭是基本的社会群体。家庭的日常生活环境,家庭成员的面对面互动与合作的特征,使得家庭对于个人具有特殊的心理和情感功能,满足人的心理和情感需求。

在心理上,家庭是其成员的"心理航船的港湾",能够给人以寄托感、依附感、安全感、信任感,是家庭成员心灵碰撞和交流的场所。

在情感上，家庭是其成员情感宣泄和迸发的地方。家庭中包含有人间的爱情、亲情和友情。爱情表现在恋爱和婚姻之中，尽管爱情常常不能被描述得很清楚，但它是客观存在的。革命志士留下的诗抄中有"生命诚可贵，爱情价更高，若为自由故，二者皆可抛"的令人难忘的词句。人可以通过婚姻和恋爱得到并体验爱情。亲情存在于婚姻血缘关系中，夫妻关系、亲子关系、兄弟姐妹关系、祖孙关系及其他各种亲属关系中都有不同程度的亲情。人们在家庭中（也只有在家庭中）得到了亲情。友情来源于家庭成员共同生活、互动、互助、互帮、互相交流的实践。爱情、亲情和友情是人们在社会生活中情感需求的三个层面，家庭能够同时提供这三个方面。

11. 政治功能

所谓政治有一种解释是管理众人之事。人类社会中最早的管理众人之事是在家庭之中发生的。历史上的家庭不仅是一个生产单位，还是一个"小型政府"。在家庭中，家长是统治者，他不仅组织家庭成员进行生产劳动，维持家庭的秩序和日常生活，而且负责召集家庭成员议事，并操有奖惩家庭成员的权力，即所谓的"家长制"。权力是在家庭中产生并实现的。人们的权威观念和服从习惯也是在家庭中形成的。一个孩子出生后，对父母有较长的依赖期，不能不听从父母的，这是人与人之间"管"与"被管"的原初秩序，也是最小的"政治"。

政治不仅表现在家庭之中，而且会扩展到社会，就好比家庭伦理和秩序逐渐演变为社会伦理和秩序那样。在奴隶社会和封建社会中，奴隶主和封建主家庭也成为社会政治的传递系统和链条。父死子继，概莫能外。比如中国的清朝末年，咸丰皇帝驾崩，他的儿子载淳还是幼童，也要登基继位做皇帝（同治），就是一例。在奴隶社会和封建社会，天子之封诸侯，诸侯之封大夫，大多以分封同姓为原则，依宗法系统而定。另外奴隶主和封建主家庭，常常是政治联姻，一荣俱荣、一损俱损。奴隶制度和封建制度是由奴隶主家族和封建家族系统扩充而成的政治系统。进入资本主义社会、社会主义社会等现代社会，随着民主价值的提升、民主政治的出现，家庭、家族式的政治开始淡化，但没有完全消失。在当今的世界上，家庭和家族式的政治更迭和国家领导人接替、继承、延续的事例并不鲜见。

第九章　家庭功能

12. 宗教功能

在信奉宗教的地区和国家里,家庭就是教堂。宗教信仰的发生和传授、宗教仪式的举行等,多半是从家庭开始,以家庭为中心的。由于家庭成员之间有着不可分割的血缘关系和共同的生活环境,相互之间潜移默化,耳濡目染,影响深刻,常常是一人信教,合家信教;一人抱佛脚,合家都烧香。宗教生活与仪式成为一些家庭生活所不可缺少的组成部分。

第十章

家庭伦理

一、什么是家庭伦理

伦理也叫道德。从伦理学上说,"伦"同"类",类是具有共同特征的个体结合的意思,因此,"伦"含有相互关系的思想在内。"理"是"整治""修理"的意思。"伦"和"理"合起来就是整治和修理人与人之间的关系,也就是人与人相处应遵守的规范和准则,即道德。古希腊哲学家亚里士多德曾用伦理来表示德行,中国古代也多把伦理解释为道德。从道德二字上说,"道"是万物普遍具有的规律,"德"则表明一种好的品质。我们通常说"有德"是说有好的品质,"缺德"则指品质不好。所谓道德是说一个人如果把握了客观规律,按客观规律办事,就有了"德行",有了好品质。道德是调整人与人之间关系的行为规范和准则。

家庭伦理也叫家庭道德,它是调整家庭中人与人之间关系的行为规范和准则,是社会伦理道德的一个重要组成部分。研究家庭伦理道德的使命是解决现实家庭生活中摆在人面前的实际道德问题,包括如何处理家庭成员之间的关系,家庭与社会之间的关系;什么样的家庭行为是善的、美的、道德的;什么样的家庭行为是恶的、丑的、不道德的等。

家庭伦理属于家庭生活的精神层面,它既是抽象的,也是具体的。如同一切伦理道德一样,家庭伦理的原则不是哲学家们建立的,而是人们在社会实践中创造出来的。建立在经济关系基础上的家庭伦理反映着许多世代大量的生活经验。因此,它在概括地、系统地阐发家庭生活的道德原则时,既是抽象的,也是具体的;既有思想,也有行为;既体现家庭生活的精神方面,也体现家庭生活的物质方面。

二、家庭伦理和社会伦理

家庭伦理是社会伦理的直接组成部分。家庭的社会细胞地位使家庭伦理成为社会伦理的基础,而社会经济基础和上层建筑,又在各个方面制约和影响家庭伦理。

1. 家庭伦理是社会伦理的基础和组成部分

家庭伦理历来为社会和人们所重视。家庭伦理是社会伦理的基础和组成部分。中国古代儒家把人与人之间的关系称为"人伦",把君臣、父子、夫妇、兄弟、朋友五种关系称为"五伦"。《孟子·滕文公上》中有这样一段话:"人之有道也,饱食暖衣,逸居而无教,则近于禽兽。圣人有忧之,使契为司徒,教以人伦——父子有亲,君臣有义,夫妇有别,长幼有序,朋友有信。"这是说人若只知吃饭、穿衣、睡觉,不知伦理,则和禽兽就没有区别。因此,必须教以人伦。儒家所说的"五伦"中有三伦,即父子有亲、夫妇有别、兄弟长幼有序属于家庭伦理。可见,家庭伦理在全部社会伦理中的分量和地位。在谈到"五伦"之间的关系时,儒家经典《大学》中提出"修身,齐家,治国,平天下"的思想。在儒家看来,"修身"为修炼个人的品德、情操,是第一位的。"修身"之后便是"齐家",使家庭和睦,然后才能治理国家,平定天下。他们认为"修身""齐家"居人伦之首,是形成全部社会关系和秩序的基础和起点。

2. 社会伦理是家庭伦理的扩大

在中国历史上,社会发展的实践充分说明封建的家庭伦理是整个封建社会伦理的基石。社会伦理是家庭伦理的扩大。《周易·序卦》中说:"有男女然后有夫妇,有夫妇然后有父子,有父子然后有君臣,有君臣然后有上下,有上下然后礼义有所措。"可见封建社会的君臣、上下、礼义等一整套政治典章制度都来自家庭中男女、夫妇、父子的伦理道德。在封建社会中,一方面封建统治者利用手中的政治权力为封建的家庭伦理树碑、立传、扬威,另一方面又极力将封建的家庭伦理上升和发展为社会伦理。比如说历代封建王朝都将孔、孟奉为"至圣",将《论语》《孟子》等奉为儒家经典编成经书,规定为开科取士的必读书。他们还利用立"忠孝祠""烈女牌坊"等,大力宣扬封建的家庭道德。在封建社会中,包办买卖婚姻、夫权统治、男尊女卑、家长制、一夫多妻都是天经地义的,合乎道德的。在封建的家庭中要实行家长制,要求家庭成员绝对服从,即妻从夫,子从父,全家要服从家长。于是在道德观念中,就形成了一整套伦理信条,如"天下无不是的父母""父要子亡,子不得不亡""三从四德""仁爱孝悌"等。而封建伦理的炮制者们又极力利用扩大的封建家庭伦理来维护封建社会的统治和秩序,把封建的家长制扩大为维护皇帝的封建集权式统治。在封建社会中有"君君、臣臣、父父、子子"之说,家庭中父子关系的放大,就是社会中的君臣关系,就是上自皇帝、下至百姓的关系。东汉末年的董仲舒就是通过宣扬"三纲五常"等封建的伦理道德来维护封建统治的。所谓"三纲",即"君为臣纲""父为子纲""夫为妻纲",主张臣对君、子对父、妻对夫的绝对服从。这样小至家庭、大至国家形成了一整套适应封建统治需要的伦理。在封建社会里,当官的统治者被称为老百姓的"父母官",换句话说,老百姓要视当官的为父母,形象地表现了家庭关系向社会关系、家庭伦理向社会伦理的直接扩大,移孝作忠,维护封建统治。《孝经》中曾直言不讳地说:"以孝事君则忠。""君子之事亲孝,故忠可移于君。"这样就把家庭中的"孝"推衍成以"忠君"为中心的整个封建社会的伦理。

3. 现代社会家庭伦理和社会伦理之间的关系

家庭伦理是社会伦理的基础和组成部分,家庭伦理扩大为社会伦理是人类社会的普遍规律,今天依然如此。社会中人与人互相爱护,互相尊敬,互相帮助、扶助和提携,讲服从、守秩序的道德,都是来自家庭,来自家庭成员间的友爱、爱护、尊敬、服从、秩序。人们最早的爱心、敬服、克制等品质也都是在家庭中培养的。

然而随着社会变迁,一些传统的家庭伦理也需要改造和变迁。旧有的未经改造的家庭伦理扩大到今天的社会,会对社会有害。比如,今天的社会是民主与法治的社会,不是以往的专制和人治社会;是以人为本、人民至上的社会,不是以往的"官本位"社会。而以往的"家长制"仍然在一些地方和部门、单位中流行。为官者本应是老百姓的"公仆",却被称为"父母官"等,这就是由传统家庭伦理带来的现代社会结构的颠倒和滞后。另外家庭伦理产生于家庭生活之中,并形成家庭成员之间特殊的关系、利益与互动,于家庭生活有益。如果不分青红皂白、不分场合,简单地将家庭成员之间特殊的关系、利益与互动直接搬用到社会,就会造成混乱,带来社会的不正之风。在今天的中国,我们还能经常看到家庭关系直接混进社会关系所带来的影响。一些共产党员、国家干部为了亲友的利益,利用职权、拉关系、走后门、违反政策,甚至贪赃枉法,营私舞弊,严重危害国家、社会、人民的利益,造成了腐败和不正之风,已经引起了社会的强烈关注。今天,我们要建设精神文明,消除腐败,争取党风和社会风气的根本好转,就是要制止狭隘的家庭关系向社会关系的直接渗透与扩大,讲清家庭关系和伦理的适用范围。共产党员讲原则首先要在家庭问题上讲原则,这既是对党员的要求,也是对国家干部,对社会中的每一个人的要求。只有家风好转了,党风、社会之风才能有好转。有了家庭文明,才会有社会文明。

4. 家庭伦理的社会影响因素

无论是家庭伦理,还是社会伦理,都离不开社会,都有社会性,都被社会因素影响。马克思曾说:"物质生活的生产方式制约着整个社会生活、政治生活和精神生活的过程。不是人们的意识决定人们的存在,相反,是人们的社会存在决定人们的意识。"[①]我们能从许多方面找到社会因素对家庭伦理的决定和影响。

家庭伦理受生产方式的影响。不同的社会存在决定了人们有不同的意识,不同的生产方式也决定了不同的家庭伦理。比如说封建社会在家庭中是"男尊女卑",可是在原始母系社会,妇女却享有崇高的地位,这一切都是由当时的生

---

① 《马克思恩格斯选集》第2卷,人民出版社1995年版,第32页。

产方式决定的。有些研究认为,在原始母系社会时期,男子在外狩猎,女子在家播种。男子狩猎所得收获常常不稳定,有时满载而归,有时空手而回。相比而言,女子所付出的劳动、收获有保障。不仅如此,女人还把男人的猎获物圈养起来,让其繁殖,并逐步发展起畜牧业。这样无论男人狩猎回来有无收获,家庭生活都有一定的保证,那时,女子的劳动是家庭生活的主要来源。另外,当时的婚姻还不是后来的一夫一妻制,而是群婚或偶婚,孩子往往只知其母,不知其父,家庭(或家族)以母系传递。这样使妇女在社会的两种生产中都起着决定性作用,她们是领导者、组织者,是氏族部落议事会的首领,在社会中地位很高。与此相应的家庭伦理是女子受到普遍尊敬,是"女尊男卑"。后来生产力发展了,男子由狩猎转为从事农业和畜牧业。一方面,在劳动中男子比女子体力强健;另一方面,女子还要生育子女,要有妊娠期、抚育期等,男子便逐渐取代了妇女,成为生产的主要承担者和组织者,男子的劳动收获也成为家庭生活的主要来源。从此,男女的社会地位发生了变化。以后一夫一妻制家庭的出现,私有制的产生,处于家长地位的男子,不仅有家庭财产的支配权,而且要求对财产实行父系传递,以保证男子在家庭中的地位,过去的"女尊男卑"变成了"男尊女卑",变成了"夫唱妇随"式的男女不平等,并统治了人类社会很长一个时期,而且走向了极端。比如在封建社会,封建的士大夫阶级可有三妻六妾,可任意罢妻休妻,嫖妓宿娼,荒淫无度;另一方面女人却要遵守"从一而终""守贞守节"的道德规范。

家庭伦理不仅受生产方式的影响,而且受政治、法律、阶级、宗教等各种因素影响,还与社会风俗相关。风俗是社会上人们的共同习惯,这些习惯被人们在社会生活中渐渐习得。假如社会上仅有个人,是无所谓风俗的。人多了,大家都承认某种习惯,就形成了风俗。风俗如同语言一样,因地区不同、民族不同而有所不同。《晏子春秋》说:"百里而异习,千里而殊俗。"是说不同的地方有不同的风俗。在任何社会中,凡符合社会风俗的行为一般都被认为是道德的,反之是不道德的。比如我国和一些国家的风俗是要敬老养老,因此,若父母有疾,竭力照顾、侍奉是道德的。在巴西的一些部落中则不然,依社会风俗,若父母老病,只有让其速死,才是道德的,之所以如此,是因为这些部落很穷困,他们认为让病老者占有食物,就会威胁年轻力壮者生存,因此必须让病老者死去。这些行为之所以被

第十章 家庭伦理

认为是道德的,是因为它与社会习俗相一致,为社会习俗所认可。

总之,家庭伦理道德不仅为经济基础所决定,也和上层建筑中的其他范畴联系密切,受各种社会因素的影响和制约。

三、传统家庭伦理的继承与批判

1. 家庭伦理与家庭生活

家庭伦理对于家庭是不可缺少的。家庭是日常生活的场所,是人的终生栖息之地。人人都希望家庭温暖、和睦、幸福,然而有一个幸福的家庭必须具备两个条件:一是物质条件,一是精神条件。物质条件提供了家庭成员生存的基础,没有起码的物质条件,家庭生计不能维持,当然就谈不上家庭生活幸福。此外,家庭中的精神条件和精神生活也很重要。所谓精神条件和精神生活就包含家庭道德和伦理。对于一个家庭来说,物质条件和精神条件都很重要,从某种意义上说,精神条件更重要。《红楼梦》中贾府的物质生活可谓优越,可说是荣华富贵、锦衣玉食,然而大观园中到处充满着封建剥削阶级的空虚、腐朽、荒淫、堕落、钩心斗角、尔虞我诈。正如林黛玉哀叹的那样:"一年三百六十日,风刀霜剑严相逼。"生活在这样的家庭中的贾宝玉、林黛玉虽然有优越的物质生活条件,但没有真正的幸福,就连他们之间的纯真的爱情也被封建主义残酷扼杀了。这说明只有优厚的物质生活条件,并不一定有家庭幸福。相反的,家庭虽然贫困,但精神高尚,却能给人幸福感。在18世纪80年代维也纳严冬的一个滴水成冰的早晨,音乐家莫扎特与其夫人翩翩起舞,这是因为他们无钱买炭取暖,借起舞以御寒,与他同甘共苦的妻子用淳厚的爱抚慰他心中每一个音符,使他尽管生活悲惨,却坚持了事业上的追求。"人生所贵惟志趣",在家庭中除了衣食住行,还有丰富得多、崇高得多的精神生活,如互助友爱、互相尊敬、理想的追求以及爱情等。这些色彩绚丽的花朵,是幸福境界不可缺少的组成部分。因此,要使家庭幸福,就必须有家庭伦理和家庭中的道德建设。精神生活是家庭生活不可缺少的组成部分。

2. 家庭伦理的批判与继承

中国是文明古国,礼仪之邦,在五千年悠久文明历史的发展过程中创造了社会文明与家庭文明,并对今天的社会与家庭产生了深刻的影响。历史唯物主义认为,今天中国的家庭是昨天中国的家庭合乎逻辑的发展。新旧家庭之间既有本质的区别,又有不可分割的联系。那种只强调两者区别,否认两者联系,认为中国的家庭传统都是坏的,没有什么可继承的东西的看法是不正确的。同样,那种只强调两者联系,否认两者区别,认为中国的家庭传统都是好的,只要照搬过来就行了,没有什么可批判的东西的看法也是不正确的。无产阶级文化应当是人类在资本主义社会、封建社会压迫下创造出来的全部知识的合乎规律的发展。在这一过程中清理古代文化的发展过程,剔除其封建性的糟粕,吸收其民主性的精华,是发展民族新文化、提高民族自尊心的必要条件。因此,对几千年中国传统家庭伦理进行继承和批判,不仅是必要的,也是可能的。

(1) 传统的家庭道德也包含人类社会公德

无论在哪一种社会,家庭道德都会包含人类社会公德,即用来调节人对人关系的简单原则。即便在阶级社会里,也存在着一种数千年来人们就知道的、在一切处世格言上反复谈到的起码的公共生活规则,即人类一切公共生活的简单的基本规则。在中国的历史上,社会与家庭的传统属封建传统,就是封建的传统中也包含有以上所说的"简单原则""基本原则""起码的公共生活规则",这些都是今天的家庭可以借鉴的。

比如在亲子关系上,中国的家庭传统中有"父慈子孝",主张爱护后代和赡养老人,这和我们今天提倡的尊老爱幼是一致的。今天的家庭中我们仍要提倡抚养和教育子女,尊敬和赡养老人。传统家庭关系中包含的基本原则对今天的家庭道德建设有正面意义。

再比如在传统家庭伦理道德中,夫妻关系讲究"相敬如宾",兄弟关系中则要"兄友弟恭",这是说夫妻之间要相互尊敬,兄弟之间要相互爱护与帮助。总之,家庭成员间互相尊敬与爱护,也是今天要提倡的。

从以上分析中我们可以知道,中国传统的家庭道德中包含社会与家庭的公德、人与人相处的美德,因此应当继承。

(2) 传统家庭伦理的批判继承

继承传统家庭道德不是要把它原封不动地搬过来用于今天,而是要去其糟粕、取其精华,加以改造。要批判地继承传统家庭道德,一定要有民主自由的原则、平等的原则和现代化的原则。

坚持民主自由的原则,对于原封建婚姻家庭中的不民主、不自由的东西,像包办买卖婚姻、结婚不自由、离婚不自由等应抛弃取缔,坚决贯彻结婚自由、离婚自由的原则。传统的夫妻关系中有"相敬如宾"的内容,但也不是照搬。我们主张夫妻互爱,相互忠实,相互负责,相互合作,认真履行婚姻家庭义务。我们也应看到现实社会中还有婚姻家庭质量不高的情况,以及人们要求提高婚姻家庭质量的正当愿望,对于那些感情已经破裂,婚姻已经死亡的,还要求其"从一而终",显然是形式的。用离婚的办法解决问题,符合今天的道德;离婚后再婚,也无可非议。

坚持平等的原则,就要对传统家庭道德中的不平等实行取缔和改造。在传统的封建家庭中存在不平等的关系,亲子不平等、夫妻不平等、男女不平等、嫡庶长幼不平等、家庭中的所有成员不平等,实行封建家长制等,都应当彻底取缔。实现家庭成员一律平等,是现代家庭伦理道德的基本要求。比如传统家庭道德中所提倡的尊老养老在今天应该继续提倡。但我们应当看到过去尊老养老中有"不平等"的一面。以"孝"道为例,在封建社会"孝"道是以子女对父母的俯首帖耳和唯命是从为前提的。孟懿子向孔子问孝,孔子说:"无违。"(《论语·为政》)孔子还说过:"三年无改于父之道,可谓孝矣。"(《论语·学而》)在他们看来,孝就意味着晚辈对长辈的绝对服从,即使是父要子亡,子也不得不亡。可见,如果我们把封建的孝道原封不动地搬过来,是有害且愚蠢的。今天家庭中两代人的关系和地位是平等的,父母抚养子女、子女赡养父母仍然是家庭道德对亲子关系的要求。但子女孝敬父母不是对父母的盲从,不是父母可以无条件地支配孩子,不是盲目牺牲一代去保全另一代,而是建立在两代人相互平等、互相帮助、共同生存和发展基础之上的。

　　坚持现代化的原则就是家庭伦理要符合现代人的思想、生活习惯和生活方式。比如传统家庭伦理主张家庭成员互相尊敬、互相爱护、互相帮助,"兄友弟恭"中就包含此义。但我们如果把"紫荆枝下还家日"的模式照搬到今天来,就不适宜。因为今天人们讲求个性、讲求自立、讲求独立的生活方式,大家庭正在逐步演变为小家庭,一定要求人们按传统道德,在一起住、一起生活、不分家,是不实际的,不符合今天的道德要求。

　　总之,今天要对传统家庭道德予以继承,但应当是批判地继承、改造地继承。拒绝继承,就会使我们失去了一份珍贵的文化遗产。不加分析批判地继承,完全照搬,不仅无益,而且有害。

　　家庭伦理是家庭中人际关系的准则,是家庭的精神生活层面。没有家庭伦理,家庭成员不能依自己的角色行事,生活缺少应有的规矩,家庭生活不会有序与和美。没有家庭伦理,人与人之间不能相爱,不能互相关心、互相帮助,使家庭缺少高尚的情操与精神生活,这样的家庭也不会幸福。弘扬"亲情""友爱""民主""平等""互尊""自立""友爱""互相帮助"等精神,建设好家庭伦理道德,对于今天的家庭生活十分重要,不可缺少。

　　2001年下半年,各大新闻媒体上都转发了中共中央关于认真贯彻执行《公民道德建设实施纲要》的通知,该纲要就公民道德建设的主要内容做了说明,家庭道德是内容之一。《公民道德建设实施纲要》说:"家庭美德是每个公民在家庭生活中应该遵循的行为准则,涵盖了夫妻、长幼、邻里之间的关系。家庭生活与社会生活有着密切的联系,正确对待和处理家庭问题,共同培养和发展夫妻爱情、长幼亲情、邻里友情,不仅关系到每个家庭的美满幸福,也有利于社会的安定和谐。要大力倡导以尊老爱幼、男女平等、夫妻和睦、勤俭持家、邻里团结为主要内容的家庭美德,鼓励人们在家庭里做一个好成员。"

第十一章

家庭生活方式与管理

一、什么是家庭生活方式

"作为科学范畴的生活方式,是指在一定社会历史条件下为人们价值观所指导的满足其生存和发展需要的整个生活活动的稳定形式和典型特征。也就是说,生活方式是特定历史条件下人类生命的生产和再生产的基本形式。"①家庭生活方式则是指:"以婚姻为基础和血缘关系为纽带而建立起来的共同生活的社会群体,为满足其整体和每个成员个体的需要而进行的活动方式。家庭生活方式主要包括夫妻的婚姻生活,家庭的物质与精神生活,家庭的闲暇生活,家庭的宗教生活,家庭的交往生活,家庭的子女教育和老人的赡养,以及进入每个家庭习惯的家风。"②

"作为整体系统的生活方式,是由相互联系、相互制约各个方面的要素构成的。既包括内在方面的要素,又包括外在方面的要素;既包括现实方面的要素,又包括历史方面的要素。""生活方式内在方面的要素,是指主体由需要、利益引起的生活活动的主观动机和指导它的生活观念。""生活方式的外在方面的要素,既包括主体的能动活动,又包括一定的客观条件。但是,这一定的客观条件,

---

① 贾稚岩:《生活方式小百科》,天津人民出版社1990年版,第16页。
② 同上书,第87页。

只限于构成生活方式内容的客观条件。""生活方式的内在方面与外在方面是不可分割地结合在一起的,并且存在着辩证的交互作用的关系……例如,只有出现某种消费资料,社会上才会形成某种消费心理、消费意识,进而在生活中形成某种消费结构。而某种消费结构形成后,又会刺激、推动某种消费心理、消费意识的发展,由此可见,生活方式的内在方面与外在方面是相互作用、相互制约的,两者是在这种相互作用、相互制约中结合在一起的。"①

家庭生活方式是家庭生活领域的生活方式。家庭生活方式涉及家庭生活的各个方面:既包括物质方面,也包括精神方面;既有人的主观愿望与动机,又有家庭生活的客观活动,和家庭关系、结构、功能、伦理有关。在本书的有关章节中,我们已经从不同角度多次涉及家庭生活方式问题,比如在婚姻的有关章节中我们谈到过人们的结婚、离婚、择偶等观念行为和婚姻成立的各种仪式,是家庭生活方式中的婚姻生活方式。在有关家庭关系和家庭结构章节中我们谈到过,在现代社会人们向往小家庭,两代人主张分离,保持各自独立的生活,但又密切往来,互相帮助与支援,体现了在由传统社会向现代社会变迁中,家庭结构和关系的改变,也是现代家庭生活方式的重要组成部分。另外,我们还涉及养老、家庭教育、夫妻关系、亲子关系等,这都是家庭生活方式的重要组成部分。而"家庭伦理"一章主要谈到家庭成员交往中的精神层面,是家庭生活方式的又一个侧面。本章我们将不重复上述内容,而是从消费、闲暇和家庭管理等三个方面,展开对家庭物质生活、精神生活和生活建设等方面的分析,从家庭生活方式角度进一步探讨家庭,探讨家庭与社会的关系。

二、现代家庭消费方式

现代家庭消费方式的特点源于社会化大生产使家庭由一个复合的生产单位向单一的消费单位转变。伴随着生产力的发展、生活水平的提高,家庭消费由温饱型消费向小康型消费转变,由保守存储型消费向超前借贷型消费转变,由重物质消费向重精神消费转变。

---

① 王玉波:《生活方式》,人民出版社 1986 年版,第 5—8 页。

第十一章　家庭生活方式与管理

1. 家庭是社会基本的消费单位

在现代社会,家庭作为一个基本的社会群体是社会的基本消费单位。以家庭为单位提出消费需求,制订消费计划、支出与收入,仍然是现代社会消费的一个主要特点。家庭的群体特征与家庭成员密切的内在联系、共同的生活环境和高度的利益认同决定了家庭作为一个消费单位,具有与个体消费不同的特点。这些特点有:

(1) 在消费行为过程中,家庭作为一个消费单位其决策属群体决策,家庭规模、家庭权力结构等对家庭消费决策都会产生影响。

(2) 在消费行为过程中,家庭消费是其成员的共同消费,对所拥有如住宅、家具、家用电器等固定资产共同使用。

(3) 在消费行为过程中,家庭的世代更替特征表现了上一代代际层的收入可被下一代代际层消费,下一代代际层的收入也可供其他代际层的家庭成员使用。对消费者有决定性影响的家庭财产还可以继承和转让。

家庭消费是指以家庭为单位进行的对各种商品和劳务的消费,它的主要内容是:

(1) 满足家庭成员衣、食、住、行、用等方面的物质生活需要;

(2) 组织家庭文化娱乐活动;

(3) 抚育子女及赡养老人;

(4) 安排家庭成员接受各种教育培训;

(5) 安排家务劳动。[①]

由于人类社会是由家庭组成的,家庭是社会的细胞,是社会最基本的消费单位,其消费水平和结构的变化会影响到社会整体消费的结构和水平。因此,家庭消费是社会消费的基础。

[①] 彭华民:《消费社会学》,南开大学出版社1996年版,第80页。

2. 由"温饱型"家庭向"小康型"家庭转变

现代发达国家的家庭生活水平都已经实现了普遍的"小康型"。像中国这样的发展中国家,也在由"温饱型"向"小康型"全面转变。

"温饱型"和"小康型"表明了不同的家庭消费水平和方式。由于不同国家和地区的家庭收入、物价和消费指数有很大差异,我们不能用单一的家庭收入指数来说明"温饱家庭"和"小康家庭"。德国经济学家、统计学家 E.恩格尔所提出的恩格尔系数对于辨别"温饱型"和"小康型"家庭具有普遍的意义。恩格尔根据对德国工人阶级的社会状况所做的调查统计,归纳出一条关于工资收入和生活费用关系的法则。这一法则说明,随着家庭收入的增加,用于食品的支出所占的比例下降,用于衣着、住宅、取暖和照明等支出所占比例变化较小,而满足文化等需要的支出所占的比例则越来越大。由此可以得出,在其他条件大致相同的情况下,收入中用于食品的部分可作为该类居民福利水平的指数(即恩格尔系数——食品支出总额占个人消费支出总额的比重)。家庭收入越少,用来购买食物的支出所占的比例就越大;随着家庭收入的增加,家庭收入用来购买食物的支出比例则会下降。联合国根据恩格尔系数的大小,对世界各国的生活水平有一个划分标准,一般认为,恩格尔系数达 59% 以上为贫困,50%—59% 为温饱,40%—50% 为小康,30%—40% 为富裕,低于 30% 为最富裕。恩格尔法则被经济学界和社会学界广泛运用,是分析横断面消费数据的经验之一。2013 年《经济学人》曾经公布了一份全球 22 国的恩格尔系数:其中美国恩格尔系数最低,人均每周食品饮料消费 43 美元,占收入的 7%;英国人均每周食品饮料消费与美国相同,占收入的 9%。中国人均每周食品饮料消费 9 美元,占人均收入的 21%。① 经过改革开放的中国,人民的生活水平大大提高了,家庭的收入大大增加。

3. 由物质消费向文化消费转变

现代家庭消费的重点正在由物质消费向文化消费转变,这是和家庭由温饱

---

① 《全球 22 国恩格尔系数一览:中国已成富裕国家》,http://money.163.com/13/0313/16/8PS3DI2200253G87.html#from=keyscan。

型向小康型转变相关的。所谓文化消费包括用于文化、娱乐、休闲等方面的消费,也包括用于学习和智力方面的投资。改革开放以来,随着人民物质生活水平的提高,文化生活水平也在不断提高;随着温饱问题的解决,向小康社会迈进,人们用于文化方面的消费也逐年增多。

4. 由保守型消费向超前型消费转变

这里所说的保守型消费也叫存储消费,或者说是重存储、抑制消费,是传统的消费方式。英国作家狄更斯的著名小说《大卫·科波菲尔》里的米考伯先生,曾经制定了一个快乐和忧愁的消费公式:年收入20镑,年支出19镑19先令6便士,结果快乐;年收入20镑,年支出20镑6便士,结果痛苦。这是一个典型的"量入为出"、略有节余的消费方式。不仅米考伯先生是如此,就连古典资产阶级经济学家也是如此,比如亚当·斯密就主张节制消费,认为节制消费能推动财富的增长。中国封建社会则是"崇俭抑奢"。古籍《盐铁论·散不足》中有:"诸侯无故不杀牛羊,大夫士无故不杀犬豕。"至西汉初期也有除祭祀节日外,平时不食肉饮酒的记载。在生产力低下、生活水平不高的情况下,消费只能是量入为出,崇俭抑奢。这种消费模式变成了一种消费文化,即便有了钱,也是崇尚节俭,重视存储。一些地主平日节衣缩食,过着十分寒酸的生活,却把攒下的钱装入瓦罐,埋入地下,就是崇俭重储的例子。到了新中国计划经济时代,宏观社会的计划经济,必然会影响家庭,家庭消费自然也是量入为出的。总之,保守型的消费方式,是以生产力发展水平低下和传统文化为基础的。

现代社会随着生产力的发展,财富的增长,人们生活水平的提高,以及由计划经济向市场经济的转变,人们的消费观念和方式都发生了很大变化,由保守型消费向鼓励消费、超前消费发展。今天"消费主义""享乐主义"开始流行,刺激消费的理论出现了。奢侈被列入资本的交际费用,炫耀成为取得信贷的手段,特别是现代的金融贷款制度进入家庭后,家庭的消费发生了很大变化。银行机构为了营利的需要,将借贷的原则和企业促销原则相结合,使家庭在没有足够的现期收入的情况下,可以借款、分期付款或贷款,提前消费某一商品,大大刺激了家庭消费。如今在中国和很多发达国家,买房子贷款、买汽车贷款、经商贷款、上学贷款……贷款的方式多种多样,从银行、政府、企业到私人……寅吃卯粮,明天的钱今天花,十分普遍。这种超前的消费方式正在取代保守的消费方式,进入并统治着家庭。

5. 家庭消费的现代化——"互联网+"式的消费

今天社会已经进入电子时代。电子信息技术的飞速发展,互联网时代的到来,不仅大大扩大了人们的交往范围,缩短了人们的交往距离,节省了人们的交往时间,而且促进了经济发展和消费。在"互联网+"时代,人们的消费观念、手段、方式都发生了巨大的变革与更新。今天人们在计算机前,利用互联网选择商品,完成支付(通过支付宝等),接受送货上门的服务,十分便捷,而且享受降价、折扣的待遇。美国的"黑色星期五"、中国的"双11"消费日,都是"互联网+"时代消费的代表。

三、现代家庭生活闲暇方式

闲暇生活是现代家庭生活的重要组成部分。随着家庭生活水平的提高,人们开始追求生活质量,家庭生活闲暇方式越来越得到广泛的关注。

1. 闲暇时间是一种宝贵的财富

今天,一个人、一个家庭是不是真正富有,不仅要看他拥有多少物质财富,有多少钱,还要看他拥有多少闲暇时间。对于闲暇时间,存在着不同的理解,有的人把闲暇时间理解为"业余时间"或"非工作时间",这样从事"家务劳动"的时间和"满足生理需要"的时间都可以包括在内,显然范围过宽。人们追求更多的闲暇时间显然不是用于家务劳动,也不是满足生理需要,而是用于休闲、娱乐、享受和自我发展。马克思提出的"自由支配的时间"概念可以作为今天人们要求的闲暇时间概念的基础。马克思认为,"财富就是可以自由支配的时间","这种时间不被直接生产劳动所吸收,而是用于娱乐和休闲,从而为自由活动和发展开辟了用武之地"。"自由时间,可以支配的时间,就是财富本身:一部分用于消费产

第十一章　家庭生活方式与管理

品,一部分用于从事自由活动,这种自由活动不像劳动那样是在必须实现的外在目的的压力下决定的,而这种外在目的实现是自然的必然性,或者说社会义务——怎么说都行"。① 从中我们可以得到三点启示:第一,闲暇时间所从事的活动不是来自任何外在压力、目的和义务,而应当出于自我,为了自我之目的;第二,闲暇时间所从事的活动的内容主要是娱乐和休息;第三,闲暇时间的使用为自由活动和发展开辟了广阔天地。可以自由支配的时间以及对别人劳动时间里创造出来的东西的享受,都表现为真正的财富。

闲暇时间本身就是一种社会财富,可以从三个方面来理解。

首先,闲暇时间是劳动创造的。从历史上看,人类的闲暇时间和社会财富是同步增长的。在远古时代,社会生产力很低,人们为了生存不得不终日辛苦劳动,天天都要为获得食物而奔波,那时是很少有闲暇时间的。随着生产力的发展,人们能用较少的时间生产较多的食物及其他产品,为劳动时间的缩短和闲暇时间的产生与增多提供了可能。这时人们才谈得上休息、娱乐及其他。生产力越发展,人们就越能用较少的时间创造较多的财富,得到的闲暇时间也越多。在阶级社会里,除去物质财富的分配不平等,也存在闲暇时间分配上的不平等。马克思认为在资本主义制度下,一部分人为另一部分人创造物质财富的同时,也创造闲暇时间。现代社会的发展证明,劳动生产力的提高为闲暇时间的增多开辟了广阔的前景。比如当今一些发达国家以及像我国这样的发展中国家的闲暇时间已经有了较大的增长,实行每周 5 天、每天 8 小时工作制。工作时间的缩短,意味着闲暇时间的增多,也意味人们的财富在增多。

其次,闲暇时间是满足人们日常生活需要、提高人民生活质量不可缺少的条件。闲暇时间作为一种社会财富与其他社会财富有不同点,即它不被直接的生产劳动所吸收,而是用于娱乐和休息,从而为自由活动和发展开辟了广阔天地。从某种意义上说,一个拥有物质财富而没有闲暇时间的人并非真正富有的人。闲暇时间对于我们如何安排自己的家庭生活有很多影响。

最后,闲暇时间是发展才能、激发人们去创造新的社会财富的有效途径。闲

---

① 《马克思恩格斯全集》第 35 卷,人民出版社 2013 年版,第 229—230 页。

暇时的消遣和娱乐通过身体放松,竞技,欣赏艺术、科学和大自然,为丰富生活提供了可能性。无论在城市和农村,消遣都是重要的,消遣为人们提供了激发基本才能的变化条件(意志、知识、责任感和创造力的自由发展),闲暇时间是一种自由时间,但在这时间里,人们能掌握作为人和作为社会有意义成员的价值。

闲暇时间是社会与人的一种宝贵的财富,它对于现代家庭与家庭生活是不可缺少的。

2. 闲暇时间需求的增长

自20世纪90年代中期以来,我国开始实行每周5天工作制,一些单位还实行每天7小时工作制,从这两个指标上看,人们的闲暇时间拥有量得到了增长是无疑的。从每周5天工作制上看,每周比过去增加一天休息时间,每年就增加50天个人自由支配的时间,其中自然包括闲暇时间。2008年起实施的《职工带薪年休假条例》规定:职工累计工作已满1年不满10年的,年休假5天;已满10年不满20年的,年休假10天;已满20年的,年休假15天。

事实表明,今天人们拥有的闲暇时间已经有了较大的增长。工作和家务劳动时间的减少,表明人的家庭内外负担的减轻,而闲暇时间和满足生理需要时间的增加,则是人生活方式和生活质量变化的重要标志。今天,当我们说人们富裕了,不仅应看到他们比过去有钱了,吃、喝、住、穿、行等生活条件改善了,而且应看到他们比过去有了更多属于自己的闲暇时间,有了更多用于满足享受、休息、娱乐和自我发展的时间。进入21世纪以来,为了弘扬中国的文化传统,我们增加了诸如"清明节""端午节""中秋节"等法定休假日,人们的闲暇时间又增加了。

3. 闲暇生活的知识化

家庭闲暇生活的主要目的除了休息、享乐外,还有自我实现和自我发展的目的,这是当代中国闲暇生活的新特点。一些人利用闲暇时间参与各种学习和进修,实现体力和智力的储备和提高。他们通过"自考""辅导班""老年大学"等途径,学习包括"计算机""外语""驾驶""各类专业知识""生活技能""音乐、绘画、书法、健身"等知识。学习的主要动机或者是提高知识和技术水平,或者为获得文凭,或者是为改善工作条件,或者是为增加工资收入,或者是为出国,或者是为寻找就业门路,或者是为提高生活能力,或者是为增加生活情趣与品位,有的干脆是"随大流"。各种目的都在驱使人们在闲暇中参与学习,这些活动都提高了闲暇生活的知识化水平。丰富多彩的闲暇生活应当是知识化的。在知识和信息"爆炸"的时代,人们必须利用各种机会抓紧学习,才能适应时代的要求。

四、现代家庭建设与管理

要提高家庭生活质量,实现家庭生活方式的科学化、现代化,进行家庭建设和管理是不可缺少的。家庭建设和管理是指家庭中的组织和建设。它以提高家庭物质生活和精神生活质量为中心,包括组织、决策、指导、协调和进行家庭生活的主要方面。

1. 家庭建设管理和家政

家庭建设管理也叫家政,关于家庭建设管理的学说也叫家政学。在美国,从19世纪60年代起,一些大学就开设家政学课程,讲授家庭建设与管理知识。在其他一些国家还发行了大量有关家庭管理和家庭生活的杂志,以研究家庭建设与管理的规律和方法。

"所谓家政学是以提高家庭物质生活、文化生活、感情伦理生活和社交生活质量为目的的一门应用性学科。"①

因此,所谓家庭管理或家政就是组织管理家庭中的日常生活,其中包括家庭经济管理、家务劳动管理、家庭饮食管理、家庭物资管理、家庭环境和卫生管理、家庭安全管理、家庭娱乐管理等。

实行家庭管理、搞好家庭建设十分重要。它有利于家庭职能的发挥、家庭关

---

① 雷洁琼主编:《中国大百科全书》(社会学卷),中国大百科全书出版社1991年版,第112页。

系的和谐、家庭结构的稳定,有利于提高家庭生活质量,有利于家庭生活的幸福美满。家庭是社会的细胞,使家庭细胞进行正常的新陈代谢,保持旺盛的生命力,必然有利于社会肌体的健康和发展。

2. 家庭管理的社会化原则

家庭是一种社会生活组织,如同其他社会组织一样,有其自身存在发展的客观规律性,也受社会发展的环境和各种因素制约。所谓家庭管理的社会化原则是指现代社会的发展变化对家庭管理提出的一些新的原则。

(1) 现代机关、企事业单位管理中节约时间、讲求效率的原则

争取在单位时间里做更多的事情,一些人把它运用到家庭管理中。比如:一星期制作一张周历表,将这星期每天应做的家务都排在上面,把它挂在厨房内,利用每天的空隙时间将这些家务做完。

每月制作一张一览表。在每个月的第一天填上所有的常规活动,如看戏剧和电影,参加孩子家长会,出席社会团体的聚会,拜会亲朋。还要记下这月中某些较重要的事情,如亲朋的生日祝贺等。也可以用一本记事日历来代替一览表。

尽可能先做生活中必做的事务。在保证工作和学习时间的条件下,再做其他次要的事。避免在高峰时间外出购物、就餐、上影剧院。

平日里保持饭菜简单。

为了使自己有时间来学习和工作,对那些关系不大、兴趣不大的社会约会婉言谢绝。

(2) 现代社会重信息的原则

所谓信息是指关于生活主体同外部客体之间有关情况的通知。人离不开信息,家庭离不开信息,社会离不开信息。未来学家认为,21世纪是"信息时代",信息的发达必将提高人的社会化程度。在现代家庭管理中也必须贯彻重信息的原则,保证家庭成员之间、家庭与社会之间的信息畅通。在国外有许多家庭利用计算机、电话、电视等工具,搜集和分析市场情报、社会服务信息以及各种娱乐休闲设施的服务状况,来确定购物、出行、旅游、娱乐的时间、路线和方法等,都是值

得借鉴的。自从"互联网+"的出现,利用互联网不仅可以采集信息,而且可以实际操作,直接从社会各个方面索取个人和家庭所需要的各种现实服务。

(3)现代社会把握市场经济规律的原则

现代发达国家普遍实行市场经济,把握市场经济规律,对搞好家政和家庭管理是十分重要的。比如,家庭购物要根据物价规律和供求关系,掌握购物时机,并根据商品的效用决定购物态度。市场学告诉我们,任何一种商品,都有它的生命周期,都受物价规律支配,都要经历"出现—成长—成熟—饱和—衰落"的历史过程。如今百业俱兴,商品琳琅满目,日新月异,加之社会宣传媒介发达,一个人每日要接受成百上千个商品和广告的信息刺激。因此,购物要审时度势,掌握行情,抓住时机。随着商品的成熟、饱和及工效的提高,价格自然比以前便宜,货源会更充足,甚至过剩而降价出售。一般来说,购物的最佳期是产品的成熟期,而不是出现期和衰落期,因为出现期的产品不成熟、价格高,饱和衰落期的产品则要更新换代导致物失其值。

精明的管家不仅能抓住购物时机,而且善于根据商品的效用决定购物态度。从商品心理学角度来说进入流通领域的消费品,按其功用,大体可分为日常消费品、耐用消费品和特殊消费品三大类,人们在购买这三类不同消费品时应持不同的态度。购买日常消费品,为的是满足基本生活需要,不必花费很多时间,不需太认真挑选则可决定购买,如柴米油盐等,价格比较低廉,规格比较固定,供求弹性不大,一般属日常生活不可缺少,必须重复购买的低值易耗物品。购买这些商品,只求不坏、不损、不短秤、不变质,便可迅速决定购买,就近购买,即买即用;凡属价格昂贵的耐用消费品,如各种家具、录音机、电视机、电冰箱等,价值较高,使用期较长,既有耐久的使用价值,又有较高的欣赏价值,选购时应对它的外观、造型、色彩、功能、价格进行综合比较,择优购买;特殊消费品,如首饰、化妆品、室内陈列品、珍贵工艺品,购买时要持慎重态度,量力而行。

以上列举了现代社会的发展变化为家庭管理的革新提出的一些可供参考的新原则、新方法。除此之外还有一些,比如现在是高科技时代,家庭管理也应科技化、现代化,使用现代化的家用电器和设备,既可减轻家务劳动负担,也可节约时间;再比如在家庭管理中实行民主原则,家庭成员(不分年龄、性别、角色)平等,家务事民主协商与分工合作,既能提高家庭管理效率,也能增进家庭成员之间的情感,密切家庭成员之间的关系等。总之,现代家庭管理是要把现代社会发展和管理中科学的、富有生命力的规律和准则引入家庭,用于管理家庭,目的在于提高家庭生活质量,实现家庭生活的幸福与和谐。

第十二章

家庭的历史、现状和未来

在"家庭与社会"一章中我们曾经说过,家庭是人类社会生活的组织形式之一,但不是从来就有、一成不变的。家庭是个历史范畴,是人类社会发展到一定历史阶段的产物。家庭有其产生和发展的历史,也有其现状和未来。

人类家庭史源远流长,许多学者进行过相关的研究,众说纷纭,莫衷一是。有人根据历史上遗留下来的亲属制度和民俗民风去推测历史上与这种制度相适应的家庭形式。有人观察类人猿和猕猴等人类近亲的"家庭",推论以前人类家庭的各种初级形态。有人从古代童话、民歌、民谣、民间传说中研究人类家庭的各种早期形式。有人运用考古学材料研究家庭史。还有人则进行家庭史研究的纯逻辑论证,结论各不相同,但多数学者的有一个结论是一致的,即人类家庭不是一成不变的。

美国著名民族学家摩尔根的研究成果得到了马克思、恩格斯的肯定和赞赏,并获得了很高的评价。摩尔根为了完成自己的研究,在美国纽约州和北美土著印第安人共同生活了近40年时间。为了得到当地土著印第安人的信任,他参与了印第安人的入族仪式。在近40年的参与观察中,他积累了大量第一手资料,写出了《古代社会》一书,阐述了人类历史上的家庭经历过的"血亲杂交""血缘家庭""普那路亚家庭""对偶家庭""父权家庭""一夫一妻家庭"等不同的发展阶段。本章第一部分将以此为线索,简要介绍摩尔根的研究和结论,以及其他学者对摩尔根研究的肯定、补充或质疑,重点不在于学者们的看法和结论,而是集中阐述家庭是个历史范畴这样一个历史唯物主义思想。

一、摩尔根与恩格斯关于人类家庭历史的回顾与推断

摩尔根的《古代社会》是民族学研究的一座丰碑,对后世影响极大。其研究方法,主要是田野调查、问卷调查和文献分析法三种。摩尔根在实地调查中认为,"我们研究处于上述人类文化诸阶段中的各部落和民族的状况,实质上也就是在研究我们自己的远古祖先的历史和状况"①,即当代世界现存的野蛮民族和部落,都是人类远古祖先的缩影。

摩尔根还设计并寄出了许多调查问卷,在印第安事务管理人员、传教士,以及远在太平洋岛屿、印度、远东、非洲的一些人的回复中获取了许多资料。该方法为摩尔根为研究亲属制度而首创。

摩尔根在完成《古代社会》的过程中,阅读了不计其数的不同地域的文学和历史著作,以了解该地风俗习惯和婚姻家庭等信息。

此外,摩尔根在《古代社会》中还提出了人类社会历史发展是经历蒙昧社会、野蛮社会和文明社会的三个发展阶段的理论假说:(1)蒙昧社会,分为低级蒙昧社会、中级蒙昧社会、高级蒙昧社会。(2)野蛮社会,这一时期的开始以制陶术的出现为标志,分为低级、中级和高级野蛮社会。这种划分为《古代社会》后面叙述和填补材料构建了框架。(3)文明社会,这一时期的开始以文字的出现为标志。这时人类开始废除原来的氏族社会原则而代之以政治社会原则。

恩格斯读了摩尔根的书,受到深深启发,写了《家庭、私有制和国家的起源》一书,以下简要介绍他们二人关于家庭的研究及后人对他们的结论的各种思考。

1. 血亲杂交

据摩尔根等人推断,血亲杂交时期距今 300 万年左右,即所谓的蒙昧时期。所谓血亲杂交就是在这一时期出现的一种原始状态,即人类可以"追溯到一个

---

① 摩尔根:《古代社会》,杨东莼、马雍、马巨译,商务印书馆 1977 年版,第 16 页。

第十二章 家庭的历史、现状和未来

同从动物状态向人类状态的过渡相适应的杂乱的性关系的时期"①。那时部落内部盛行毫无限制的性交关系,每一个女子属于每个男子,同样每一个男子属于每个女子。巴霍芬根据自己的研究指出人类史初期血亲杂交曾经存在过。摩尔根证实了这点。人类的这个时期距离今天太遥远了,要研究它是比较困难的。以后人们常常从四个方面证实血亲杂交确实存在过。

(1) 逻辑论证

人是从动物状态演变而来的。既然承认人类起源于动物,那就不能不承认有一个从动物状态到人类状态的过渡时期,而这个时期人类像动物一样毫无限制地性交是合情合理的。也有的人根据对以后出现的各种婚姻家庭状态的研究,发现历史越是往前,婚姻关系的限制就越小,而婚配的范围越大,因此必然有一个无限制的杂交状态。

(2) 从与现代人并存的原始部落的婚姻风俗去推测

恩格斯在《家庭、私有制和国家的起源》一书中根据班克罗夫特、勒士尔诺等人的证明,认为白令海峡沿岸的加惟基人、阿拉斯加附近的科迪亚克岛上的人、英属北美内地的提纳人、印第安赤北韦人等有过血亲杂交,不仅兄弟姐妹起初曾经是夫妇,而且父母子女间的性交也是允许的。

(3) 从与人类有共同祖先的猿猴或猩猩的生活状况推断

英国的珍妮·古道尔在对黑猩猩群所进行的长达30年的观察研究中发现,黑猩猩在两性关系上并没有什么"嫉妒的感情",当一个雄猩猩和雌猩猩性交时,其他雄猩猩没有什么烦躁不安的情绪,而是在一旁耐心等待。

(4) 根据民歌、民谣、传说来推测

我国海南岛黎族曾经有过这样的神话传说:古时天变地迁,灾难突起,人群灭绝,仅遗母子二人。上帝传旨,令其母面刺花纹,使子不能识而结成夫妻,又生殖繁衍于世。这种神话传说,是远古时代亲子可成为配偶的例证。

也有些人认为血亲杂交在人类史上根本不存在。至多只是人们的猜测而

---

① 《马克思恩格斯选集》第4卷,人民出版社1995年版,第31页。

已。他们的根据是：从逻辑上说，即便人起源于动物，也和动物有本质的区别。人一旦脱离动物界可以称为人，就不再同野兽一样，不会有杂交状态存在；尽管在现代还存在的一些原始民族部落中有乱婚杂交的事例，但它仅仅是少数民族的奇风异俗，从未成为人类的普遍的文化和制度。从第一章国外学者对猿猴和猩猩的生活状况的研究中推断人类也没有杂交状态时期。

尽管对于人类初期是否有过血亲杂交有争论，但总的看来这种状态可能存在过。所谓杂交，是说后来习俗所规定的那些性关系的限制在当时还不存在。但是把血亲杂交看成是乱得毫无秩序也未必尽然。在杂交中也可能有某些秩序，比如存在着短时期成对的配偶也不是不可能的。

根据血亲杂交的产生和特征可以知道血亲杂交还不是一种婚姻，也不是家庭。因为杂交既无任何规范，也不构成一种制度。恩格斯曾经表示不同意巴霍芬用"杂婚"一词来表示这种状态。他指出这是一个不恰当的词。马克思则认为，杂交的男女关系是无婚姻可言的。这些议论都是正确的。婚姻家庭是一种社会制度，它与杂交的群一开始就处于一种对立之中，互不相容。当人们对杂交开始限制时，群就会被削弱，各种家庭才会慢慢发展起来。所以称之为血亲杂交，而不是家庭，只是家庭的前身。

2. 血缘家庭

大约在170万年前，即人类蒙昧时期的中级阶段，血缘家庭出现了。

恩格斯称血缘家庭是家庭的第一个阶段。其特征是，婚姻集团是按照辈分来划分的：在家庭范围以内的所有祖父和祖母都互为夫妻，他们的子女，即父亲和母亲也是如此；同样，后者的子女，构成第三个共同夫妻的圈子，以此类推。这种家庭的典型形式应该是一对配偶的子孙中每一代都互为兄弟姐妹，正因为如此，也互为夫妻。在这种情况下，凡是兄弟姐妹的子女，不分亲疏远近，都是他（她）们共同的子女，而这共同的子女，不分亲疏远近也都是兄弟姐妹。他们把自己母亲同辈的兄弟姐妹都称为父亲和母亲，把自己的子女同辈的兄弟姐妹都称为自己的儿子和女儿。相对于"血亲杂交"来说，它的进步在于排除了父母和子女之间相互的性交关系。

第十二章　家庭的历史、现状和未来

夏威夷的亲属制度证明血缘家庭曾经存在过。根据对我国云南纳西族的调查,还找到过同母兄弟姐妹之间偶居的"六例"。这些可以说是血缘家庭的遗迹。

血缘家庭在一些流传着的古诗和古神话中也得到证明。我国纳西族史诗《创世纪》中说:"除了利恩六兄弟,天下再没有男的,除了利恩六姐妹,世上再没有女的……兄弟姐妹成夫妇,兄弟姐妹相匹配。"古希腊神话中天神宙斯与天后赫拉是夫妻也是姐弟关系。法国文学家瓦格纳在《尼贝龙根》歌词中说:"谁曾听说过哥哥抱着妹妹做新娘?"对此,马克思回答说:"在原始时代,姊妹曾经是妻子,而这是合乎道德的。"①

以上说明,在人类历史上血缘家庭的存在是可能的。至于它是否成为过人类社会普遍的家庭文化模式还需要深入研究。要了解血缘家庭是如何从血亲杂交发展起来的,还得从社会生产的发展中去寻找原因。

"一俟原始群团为了生计必须分成小集团,他们就不得不分成血缘家族,仍实行杂交。"②处于蒙昧时期中级阶段的人类已经开始学会使用火,由于火的使用,人们可以取暖,并扩大了食物的种类,鱼类、虾类、贝壳类以及其他水陆两栖动物都可食用了,与此相应的是人的活动范围的扩大,不受地域和气候的限制了。火的使用大大增强了人们征服自然的能力。人们可以分成比原来更小一些的群体到新的资源丰富的地区去觅食,去寻找生存的资源。但毕竟当时的生产力发展水平有限,人们群分的规模不能太小,至少也要十几个人,乃至几十个人才能生存。我国山顶洞人住的山洞一般长12米,宽约8米,可容纳数十人,即可以反映血缘家庭的一般规模。

在群分的过程中,往往是年轻力壮的一代先分离出去。他们适合迁徙和长途跋涉,而老年人则留在原来的地方,这种分裂的结果,逐渐分清了辈分。另外,在生产的发展中不同辈分的人的不同作用也日益显露出来。老年人比青年人有经验,比如在火的使用中,保护火种不熄灭是一件大事。这件事情常常由年长者

---

① 《马克思恩格斯选集》第4卷,人民出版社1995年版,第33页。
② 马克思:《摩尔根〈古代社会〉一书摘要》,人民出版社1965年版,第20页。

来承担。在风雨到来的时候,他们用身体保护火种,次数多了,身体上都是灼痕。灼痕越多的人越受尊敬。年长者的这种作用在人们的思想中自然产生了长幼有序的观念。同时,就人类自身生产方面说,为了生产体魄健壮和智力更发达的人种,人们也隐约感到,限制异辈间性交是必要的。自然选择的原则已开始起作用了。

血缘家庭之所以被称为人类历史上的第一个家庭的形式,是因为在血缘家庭阶段人们第一次对两性关系有了某种限制,两性关系开始有了规范化的模式。但是血缘家庭还不是科学意义上的家庭,"群"仍然是血缘家庭的主要特征。

3. 普那路亚家庭

普那路亚是夏威夷语,意思是亲密伙伴。普那路亚家庭是说若干数目的姐妹是她们共同丈夫的妻子,但是在这些共同丈夫中,排除了她们的兄弟。这些丈夫已不是她们的兄弟,也不再和她们互称兄弟姐妹,而是亲密伙伴。如果说血缘家庭的进步在于从血亲杂交中排除了不同辈分(父母和子女)之间的性交关系,那么普那路亚家庭又发生了第二个巨大的进步,即进一步排除了同辈(兄弟姐妹)之间的性关系。这一进步,由于当事人的年龄比较接近,所以比第一个进步重要得多,但也困难得多。

普那路亚家庭的主要特征是同族不婚,两个氏族之间的伙婚。这样婚姻就从族内婚发展到族外婚。那时的家庭至少由两个集团组成,即若干姐妹和她们的丈夫组成的集团,若干兄弟和他们的妻子组成的集团,各集团都把他们由婚而生的子女包括在内。古代有些文献中关于亲属称谓制度的记载,反映了这种族外婚制度。据《尔雅·释亲》载,"男子谓姊妹之子为'出',女子谓兄弟之子为'侄';谓出之子为'离孙',谓侄之子为'归孙'",即可反映这种情况。

普那路亚家庭最早在夏威夷群岛上的土著人那里被发现。蒙昧时期中级阶段以后在欧洲、亚洲和美洲都可以发现这种家庭。19世纪摩尔根在易洛魁人中间研究了表现这种家庭曾经存在过的先存的亲属制度,即由于社会对于同胞兄弟姐妹之间的性交关系的非难,结果就使兄弟姐妹的子女(本来是毫无差别地被承认为兄弟姐妹的人)划分为两类:有一些人像过去一样,相互之间依然是

第十二章 家庭的历史、现状和未来

（血统较远的）兄弟姐妹，另一些人即一方兄弟的子女和另一方姐妹的子女，已经不能再成为兄弟姐妹，已经不能再有共同的双亲子——无论是共同的父亲、共同的母亲，或是共同的父母；因此，在这里，第一次发生了分外甥和外甥女、内侄和内侄女、表兄弟和表姐妹撰写类别的必要，而这些类别在从前的家庭制度下是没有任何意义的。

从古歌、古诗、古谣中也能发现普那路亚家庭的遗迹。如我国少数民族歌曲《阿细人的歌》中表明了人们已经产生了兄妹不能结婚的朦胧的观念。天神也不能再像他们哥哥姐妹那样认为他们的婚配是理所当然的了，而要去试试"命运"，要带着筛子、簸箕从高山上向下滚，要是筛子滚到簸箕里，才是好兆头，才同意他们成亲。在苗族的《兄妹开亲》歌中有姜央娶妹遭妹骂的记述，表现了人们开始激烈反对兄妹开亲。

要了解普那路亚家庭的产生还得从物质生产和人类自身生产的发展入手。它既是人类进一步群分的结果，也是自然选择进一步起作用的结果。在蒙昧时期的高级阶段，弓箭被发明了，它大大提高了人们征服自然的能力。"弓箭对于蒙昧时代，正如铁剑对于野蛮时代和火器对于文明时代一样，乃是决定性的武器。"①生产的发展一方面是人们能组成更小的群体去从事生产，从而促进了人们群分的过程；另一方面也要求人们创造出更强健的人种，以适应生产发展的需要。按照摩尔根的看法，普那路亚家庭的出现进一步可以作为自然选择是怎样发生作用的最好例证。为了创造更强健的人种必须进一步排除兄弟姐妹间的性交关系。我国苗族民歌《兄妹开亲》歌之二就有"别个的心好，不娶妹妹做妻子，生的好儿子，姜央的心不好，娶妹妹做妻子，生个怪儿子"。一些民歌歌词也说，由于兄妹开亲而生下怪胎和四肢不全的人，生下异物，如冬瓜、南瓜、葫芦、肉团、皮口袋等，表现了人们已意识到血缘婚所造成的恶果。因此禁止近亲结婚是必然的。

普那路亚家庭的产生是人类家庭的又一进步。

---

① 《马克思恩格斯选集》第4卷，人民出版社1995年版，第20页。

4. 对偶家庭

恩格斯说:"由于次第排斥亲属通婚(起初是血统较近的,后来是血统越来越远的亲属,最后甚至是仅有姻亲关系的),任何群婚形式终于在实际上成为不可能的了,结果,只剩下一对暂时松散地结合的配偶,即一旦解体整个婚姻就终止的分子。"① 对偶家庭产生了。其实在群婚制度下,或者更早的时候,某种或长或短时期内成对配偶制度就已经发生了,一个男子在许多妻子中有一个主妻,而他对于这个女子来说也是她的许多丈夫中的主夫。

对偶家庭的基本特点是:

(1) 开始摆脱群婚状态,一个较固定的男子和一个较固定的女子共同生活,或虽然"一夫多妻""一妻多夫",但有"主夫"和"主妻"之分。

(2) 此时还不能和"一夫一妻"制相比,还不是独占同居,婚姻关系很不稳定,男女双方可以随时离异。

(3) 子女不仅知其母,也可能知其父。

(4) 还没有一夫一妻家庭的家庭经济。

(5) 对偶姻缘的缔结不是由本人而是由父母做主,因此还谈不到一夫一妻制中可能有的夫妻之爱。

根据恩格斯的说法,对偶家庭产生于蒙昧时代的高级阶段,只有个别地方是在野蛮时代低级阶段。当代俄罗斯有些民族学家和社会学家则认为旧石器时代的晚期,也就是蒙昧时代的中级阶段的后期对偶家庭出现了。他们用区位学方法考察了那时人们遗留下的住宅,住宅是圆形的,中间带有一个炉灶,这种住宅只可能是对偶家庭住在那里。我国有的学者认为对偶家庭大约出现在仰韶文化的晚期。在河南南阳黄山发现一处是方形的屋群,六间房屋交错相连在一起,有的独成一室,自开门户和设置炉灶,有的两间互通而以墙隔开,共设一个炉灶,反映了由群婚向对偶婚过渡的情景。

对偶家庭在北美易洛魁人和印第安人中,在非洲、太平洋岛屿、亚洲等地都

---

① 《马克思恩格斯选集》第4卷,人民出版社1995年版,第44页。

第十二章 家庭的历史、现状和未来

被广泛发现了。在实行对偶婚的地方常常是几个对偶家庭住在一个宅子中,组成集体的大家庭,在经济上实行共产制。

曾经,在我国广西瑶族、云南永宁纳西族和贵州部分地区实行的阿注婚就是典型的对偶婚,每一个人除去有自己的"主夫"或"主妻"外还可以和其他人建立临时夫妻关系。金秀瑶族的"爬楼""点火把"是男女公开社交活动的习俗。男女双方虽然名义上结了婚,进行偶居,但都可以通过"爬楼""点火把"的社交活动,来建立临时的夫妻关系。每一个人都可以有公开的情妇、情夫,出现了正夫的许多副妻,正妻的许多副夫的现象。当地的俗谚语"同锅不同房",形象地反映了这些婚俗。在金秀的部分瑶族中,每当夜幕降临,妻子的"情夫"通过"爬楼""点火把"来到家里后,妻子先给情夫一盆热水洗脚,然后由丈夫出面给予热情款待。如果情人未到,即使摆好了盛宴,一家人也要停筷等候。饭后丈夫随即"点火把"到别的村寨去会自己的情妇,把自己的妻子出让给他人。云南永宁纳西族的对偶婚向一夫一妻制更靠近了一步。那里长期的"阿注"开始排斥临时的"阿注"。也有一对男女结交"阿注"后就一起生活,组成一个有共同经济的小家庭,甚至有的举行正式的结婚仪式。这已不同于那种暮合朝离的夫妻关系。因此,有的干脆不再称"阿注",而改用专门表达夫妻的称谓,比如称丈夫为"哈楚巴",称妻子为"楚咪"。

对偶婚是在越来越排除血缘亲属结婚之上产生的,它是人类自身生产中"自然选择"原则的进一步体现。就是"没有血缘亲属关系的氏族之间的婚姻,生育出在体质上和智力上都更强健的人种;两个正在进步的部落混合在一起了,新生代的颅骨和脑髓便自然地扩大到综合了两个部落的才能的程度"①。

对偶婚标志着人类在婚姻中开始出现了较为稳定的配偶关系。婚姻结合的牢固性日益增强。婚姻的离异更加困难。子女不仅知其母,也知其父。对偶夫妻间不仅有性关系,而且开始相互承担义务。随着对偶婚向一夫一妻制过渡,家庭经济也逐渐产生了。因此,对偶婚是人类具有科学意义的第一个家庭形态。

在对偶婚之前,人类只知其母,不知其父。部落社会是依母系传递的。女子

---

① 《马克思恩格斯选集》第4卷,人民出版社1995年版,第44页。

在家庭中占有主要的地位,享有很大的发言权,受到普遍尊敬,这时是所谓的母权家庭,是母权社会时期。巴霍芬的《母权论》说出了母权社会存在的事实。在我国古代也有许多关于母权的传说。比如砍刀、木锄、木犁是女神发明的;五谷由女神从天上带到人间;女神教会人类种植谷物、驯养牲畜、获取火种等。我国考古学的研究成果也证实了母权社会确实存在过。比如在元君庙的迁徙合葬墓中,有些是一具女性尸体为一次葬,而其他男性骨架则是迁来和她合葬在一起的,表明了妇女是当时社会和家庭的中心。

据调查,我国湖南宁远、蓝山、江华等县的瑶族,曾有女权社会的痕迹。他们在举行婚宴时,要专门办一席最丰盛的名叫"奶痛酒"的酒席给妇女吃,然后男人才能入席。"从妻居"又叫"上门""赘婿""招郎入舍",有的男子入赘后,不仅要完全脱离自己的父母家庭,还要改名换姓,新生的子女也要随母姓。如桂北灌阳县的瑶族人赵财发,他入赘盘朝英家,就跟妻子改名为盘财发。有个瑶族干部,家有兄弟五人,除了三个外出工作,娶了汉族妻子外,两个哥哥均到外村去"上门",仅留一个姐姐"招郎入舍"。他们回家探亲时,都称姐夫为"哥哥",其姐姐子女也一律从其姐姐姓。江华瑶族也有同类婚俗,多行招赘女婿,权力也在女家,财产及宗祧依母系继承。

在母权社会里,母权常常由舅权代替,从某种意义上说,舅权代替了母权。我国瑶族一些村庄直到1949年后还实行舅权。如湖南省江华、宁远、蓝山等县的部分瑶族举行婚礼时,舅舅要坐婚宴的首席,而且是舅舅不喝不成婚酒。那里的瑶族人认为姑舅家通婚是最理想的婚姻,姑姑的女儿一定要嫁给舅舅的儿子为妻,只有舅舅的儿子表示不要之后方能外嫁他人。有的地区舅权表现在外甥女结婚时,一定要舅母代为梳头,否则就不能出嫁。南丹瑶族的舅权表现得更为完整和突出。舅父的长子享有娶其姑母之女为妻的优先权;外甥女出嫁时,非经舅父同意,不能举行婚礼;外甥女出嫁的身价钱的三分之二归舅父,三分之一作为"背带钱"或"养奶钱"归父母等。在苗族中,有些人结婚时的彩礼不是由父母收,而是由舅家收。这些都表现了舅权。

在谈到母权时恩格斯说:"在一切蒙昧人中,在一切处于野蛮时代低级阶段、中级阶段、部分地还有处于高级阶段的野蛮人中,妇女不仅居于自由的地位,而且居于受到高度尊敬的地位。""外表上受尊敬的、脱离一切实际劳动的文明时代的贵妇人,比起野蛮时代辛苦劳动的妇女来,其社会地位是无比低下的;后者在本民族中被看作是真正的贵妇人(lady,frowa,Frau＝女主人),而就其地位的性质说来,她们也确是如此。"①

因此,在人类婚姻史初期母权制确实存在过。在从群婚向个体婚过渡过程中,妇女也起过决定性的作用。在群婚制度下,一个集团的所有男子对于另一个相应集团的每一个女子都有丈夫的权利,而在对偶婚制下,男子的权利开始受到限制。这样,从群婚的观点来看,女子就侵犯了其他男子的权利。所以,女子为了取得只委身于一个男子的权利,把自己从古代存在过的共妻制之下赎买出来,就必须用一种有限的献身方法向本来对她有丈夫权利的其他男子"赎身"。"巴比伦的女子每年须有一次在米莉塔庙里献身;其他前亚细亚各民族把自己的姑娘送到阿娜伊蒂斯庙去住好几年,让她们在那里同自己的意中人进行自由恋爱,然后才允许她们结婚;穿上宗教外衣的类似的风俗,差不多在地中海和恒河之间的所有亚洲民族中间都是共同的。为赎身而作出的赎罪牺牲,随着时间的进展而越来越轻,正如巴霍芬已经指出的:'年年提供的这种牺牲,让位于一次的供奉;从前是妇人的淫游婚,现在是姑娘的淫游婚;从前是在结婚后进行,现在是在结婚前进行;从前是不加选择地献身于任何人,现在是只献身于某些人了。'"②在一些民族中流行的"初夜权",就是新娘一次献身给一定的人的例子。为此,巴霍芬坚决地断定,从他所谓的"杂婚制"或"污泥生殖"向个体婚制的过渡,主要是由妇女所完成,这是绝对正确的。

5. 父权制家庭

如果说此前议论的"血亲杂交""血缘家庭""普那路亚家庭""对偶家庭"和此后将要介绍的"一夫一妻"制家庭主要是从配偶的数量、两性关系的限制角度分类的,那么父权制家庭主要是谈及在家庭演化过程中,家庭权柄的转移。对偶

---

① 《马克思恩格斯选集》第4卷,人民出版社1995年版,第45、46页。
② 同上书,第47、48页。

制家庭以前的家庭是母权制,随着对偶制家庭向一夫一妻家庭过渡,出现了父权制家庭。

父权制家庭也叫家长制家庭。它的主要特点不是多妻制,而是:(1)把非自由人包括在家庭以内;(2)父权。

为什么母权制会发展为父权制?恩格斯在谈到这点时说:到对偶婚制"自然选择已经通过日益缩小婚姻共同体的范围而完成了自己的使命;在这一方面,它再也没有事可做了。因此,如果没有新的、社会的动力发生作用,那么,从成对配偶制中就没有任何根据产生新的家庭形式了。但是,这种动力开始发生作用了"①。这种动力具体说就是生产力的发展和私有制的出现。

在野蛮时代初级阶段,动物的驯养、繁殖和植物的种植都出现了。到野蛮时代中级阶段,东大陆已普遍驯养家畜,西大陆也根据灌溉之助栽培食用植物,以及在建筑上使用干砖和石头。农业、畜牧业的发展使体力比女人强健的男子在劳动中发挥了越来越重要的作用。男子逐渐成为劳动中的重要力量,成为家庭收入的主要来源,而妇女退居次要地位。

生产力的发展使人类的财富大大增加,不仅有住房、衣服、粗糙的装饰品以及获得食物和制作食物的工具——小船、武器、最简单的家庭用具,而且有了可以耕种的肥沃土地和畜群。这些财富不仅可以维持人的生存,而且有了剩余产品,慢慢地,剩余产品开始被私人占有了,首先是被那些家庭公社的首领和世袭的氏族首长所占有,私有制由此出现了。另外,在生产力低下时,战争中的俘虏统统要被杀死,随着生产力的发展,有了剩余产品,可以养活这些俘虏,同时也要驱使他们去从事和发展生产,因此俘虏不再被杀死,而是被收为奴隶。这样,在当时的家庭里不仅包括父亲、妻子和子女,也包括一定数量的奴隶。随着包括奴隶在内的财富的增加,它一方面使在家庭中丈夫占有比妻子更重要的地位;另一方面,又产生了利用这个增强的地位来改变传统的继承制度,使之有利于子女的意图。因此,必须废除母权制,代之以父权制,实行财产的父系传递。在母权制社会里,实行着群婚和不牢固的对偶婚,家庭成员基于血缘关系的结合,视彼此

---

① 《马克思恩格斯选集》第4卷,人民出版社1995年版,第50页。

第十二章 家庭的历史、现状和未来

为至亲,家庭内部没有亲疏之分,也没有现代的血统观念。到了父权制社会,随着私有制的出现,人们的家庭观念发生了很大变化,男子不仅占有财富,而且要确定谁是自己的亲生后裔,而确定谁是父亲之所以必要,是因为子女将来要以亲生继承人的资格继承他父亲的财产。在财产占有欲的支配下,歧视非血统子女,重视"亲生骨肉"的血统观念出现了。因此,血统观念是私有制的产物。

人类家庭从母权制发展到父权制经历了一个漫长过程。恩格斯认为从母权制到父权制是人类经历过的最深刻的革命之一。但他又说这"不需要侵害到任何一个活着的氏族成员……只要有一个简单的决定,规定以后氏族男性成员的子女应该留在本氏族内,而女性成员的子女应该离开本氏族,转到他们父亲的氏族中去就行了"①。有些研究认为这个结论是值得商榷的。既然从母权制到父权制是人类经历的最深刻的革命,那么从逻辑上说,这个过程就不可能是简单和平静的。它必然会遭到母权势力的强烈反抗,而在开始时,父权势力有时也不得不做出一些让步。埃斯库罗斯的《奥列斯特》三部曲是用戏曲的形式来描述没落的母权制跟发生于英雄时代并获得胜利的父权制之间的殊死斗争。根据对我国瑶族原始社会婚姻遗俗的研究可知,父权制为了战胜母权制就曾有过多种形式的斗争,比如用劳动报酬反对从妻居。男子结婚前需要到女方家做一两年工,或者结婚时名义上是到妻家居住,但新婚夫妇仍需要到女方家继续做工数月或一两年,方能组成家庭,这种做法是表示男方用劳动报酬来补偿女方的"损失",从而换取女方承认其父系氏族社会的确立。逃婚也是父权制反对母权制的方法之一。男子入赘的第二天拂晓,即"逃回"本家。"抢婚"则是男子为了加速父权制的确立而采用的最激烈的方法。男人为了抗拒"从妻居",干脆把姑娘抢回家中,然后再派人向女方家求婚。再也没有比"产翁制"更能说明男子为了得到社会地位而如何煞费苦心了。分娩、生育本来是女人的事,但偏偏要装作由男人来坐月子。在非洲,有的民族在所谓丈夫"分娩"时,还要让孩子衔着自己那没有乳汁的乳头。在墨西哥有的地方,丈夫在"分娩"过程中要装出分娩时的痛苦姿态,妻子还要在旁边不断祝贺丈夫顺产。在印度有的地方,丈夫在

---

① 《马克思恩格斯选集》第4卷,人民出版社1995年版,第53页。

"分娩"过程中,要脱成赤身裸体,像病人一样,老老实实躺在床上,接受友人的问候和女人的拥抱。而那真正分娩的妻子,却忙得不亦乐乎,又是烧饭,又是炒菜,侍候床上的丈夫,招待来往的客人。《马可波罗行纪》里写道:生活在中国西南部的金齿人,"妇女产子,洗后裹以襁褓,产妇立起工作,产妇之夫则抱子卧床四十日"①。由此可见,为了使父权制代替母权制,人类想了那么多的办法。它绝不是只要有一个简单的决定就可以,而需要一场激烈的革命和变革。

父权制终究取代了母权制,这是一个漫长的过程。有些民族开始是母权制,尔后是母权制和父权制并存,然后是父权制。父权制的出现为一夫一妻家庭的产生打开了最后通道。

6. 一夫一妻制家庭(专偶制家庭)②

在父权制家庭的基础上一夫一妻制家庭产生了。它最初出现在野蛮时代的中级阶段和高级阶段的交替时期,并在文明社会得到了充分发展,一直延续到今天得到确认的模式。

有的研究者曾经认为一夫一妻制是因男女之间的性爱和性爱的排他性而发生的。恩格斯驳斥了这样的看法。他说:"根据我们对古代最文明、最发达的民族所能作的考察,专偶制的起源就是如此。它决不是个人性爱的结果,它同个人性爱绝对没有关系,因为婚姻和以前一样仍然是权衡利害的婚姻。专偶制是不以自然条件为基础,而以经济条件为基础,即以私有制对原始的自然产生的公有制的胜利为基础的第一个家庭形式。"③

一夫一妻制以经济条件为基础,首先表现在它以生产力的发展为基础。当生产力迅速发展起来,以一夫一妻的较小家庭从事生产成为可能时,父权制大家庭就不能不进一步演变为一夫一妻制小家庭了。其次一夫一妻制以经济条件为

---

① 《马可波罗行纪》,冯承钧译,上海书店出版社 2006 年版,第 277 页。
② 在《马克思恩格斯选集》中,人民出版社 1972 年版用"一夫一妻"制,1995 年版将其改称为"专偶制",在本书中我们在引用原文译文时用新版"专偶制",而在行文时称"一夫一妻"制,这样读者更容易理解。
③ 《马克思恩格斯选集》第 4 卷,人民出版社 1995 年版,第 62—63 页。

基础,还表现在私有财产的出现和对财产的继承需要上。一夫一妻制家庭更有利于财产传递和继承确认。

一些最新的研究成果还认为"性病迫使原始人实行一夫一妻制"。美媒称科学家告诉我们,在人类悠久进化史的某些阶段,原始人实行的是一夫一妻制。按照普遍的说法,更多的性关系意味着更多的子嗣,这是自然选择最重要的推动力之一。那么早期人类为何要坚持从一而终,和达尔文对着干?英国《自然·通讯》杂志的最新论文告诉我们,这是性病在起作用。科研人员通过数学模型发现,性传播疾病的破坏力迫使远古社会最终将婚配行为从普遍的多偶制转变为严格的单偶制,并开始惩罚那些管不住自己的男人。性传播疾病似乎"促使人类的婚配行为出现了符合社会要求的单偶制","这就指明了社会性单偶制的出现方式,丰富了我们对由严酷惩罚推动的进化现象的理解"。①

一夫一妻制家庭一经产生,其婚姻关系要比以往坚固得多。它已不能由双方任意解除。所谓夫妻要"从一而终""白头到老"等观念就是对此的印证。

一夫一妻制家庭经历了野蛮社会和文明社会,也有一个发展过程,在不同的阶段有不同的特点,除去婚姻的牢固性外,还有以下特点。

(1) 在很长的时间里,一夫一妻和一夫多妻并存

比如在奴隶社会,一夫一妻制家庭的突出特点是在奴隶主家庭中不仅有夫妻、亲子等关系,而且可能包括奴隶和若干自由人。我国周代奴隶主家庭中就包括"百工、妾、庶人、啬夫、众、仆、嬉"等。在古罗马人那里,家庭起初甚至不是指夫妻及其子女,而主要是指奴隶,表现为奴隶主和奴隶之间的隶属关系,即阶级关系。多妻制是富人和显贵人物的特权,多妻制主要是用购买女奴隶的方法取得的;社会下层还都是过着一夫一妻的生活。比如在《荷马史诗》中,被俘虏的年轻妇女都成了胜利者的肉欲的牺牲品;军事首领们按照他们的军阶依次选择其中的最美丽者。《荷马史诗》每提到一个重要的英雄,都要讲到他共享帐篷和枕席的被俘的姑娘。这些姑娘也被带回胜利者的故乡和家里去同居。对于正式的妻子,则要她容忍这一切。在我国从殷墟出土的《卜辞》来看,其中已有"妃"

---

① 《研究称性病导致不育 迫使原始人放弃一夫多妻制》,《参考消息》2016年4月14日。

"嫔""妾""娣"等字。商王武丁有帚六十余人(帚即古文中的妇字)。到了周代,奴隶主贵族的多妻(妾)制又被当时的礼固定下来。因此,一夫一妻制从一开始就具有了它的特殊性质,使它成了只是对妇女而不是对男子的一夫一妻制。

表现为一夫多妻制的妻妾并存制度也是封建社会家庭制度。在中国春秋战国时期就十分流行,这种情况一直延续到1949年。在封建社会实行一夫多妻的主要是皇帝、王公、贵族、士大夫等地主阶级和阶层。

资本主义社会普遍实行一夫一妻,但仍有一夫多妻的残余。比如,现代资本主义社会所谓的一夫一妻制是以盛行的"未婚同居"为补充的。

(2) 男子在一夫一妻之外仍然享有较大的性自由

在雅典奴隶社会的全盛时期,就广泛流行受国家保护的卖淫和娼妓。比如,替雅典起草新法典、创立新法律而受人尊敬的梭伦,居然设置了公营的妓院,就是"达克态里翁"(国有妓院)。这种妓院的价格是各家一律。因为梭伦创立公娼,对雅典的男子行了方便。他还受到了人们的尊敬。在男人可以纵欲无度之时,对妇女却要求"贞操",而且十分苛刻,妇女稍有越轨,立即会遭到严厉惩罚。恩格斯认为,在以雅典人为代表的伊奥尼亚人中间,姑娘们只是学习纺织缝纫,至多也不过学一点读写而已。她们过着差不多幽居的生活,只能同别的妇女有所交往。妇女住的房间是在家中单独的一部分,在楼上或在后屋中,男子特别是陌生人不容易进入。如果有男子来家里,妇女就躲到那里去。妇女没有女奴隶做伴就不能离家外出。①

在中国,封建社会的王公、贵族、士大夫不仅可以有妻有妾,而且可以宿妓嫖娼,纵欲无度,而对妇女则要求守贞守节,有"饿死事小,失节事大"之说。封建的法律和礼教是保护男子和扼杀女人的两把刀子。

资本主义社会中的资产阶级,从不以工人的妻子、女儿受自己支配为满足,正式的娼妓不必说,他们还以诱奸别人的妻子为享乐。

然而,男子的淫乐和女子的贞洁是矛盾的,有男子的淫乐,就不可能有女子的贞洁。同靠杂婚取乐的丈夫并存的必然是还有一个被遗弃了的妻子。正如吃

---

① 参考《马克思恩格斯选集》第4卷,人民出版社1995年版,第61页。

了半个苹果以后再也没有一个完整苹果一样。男子靠杂婚取乐,必然伴随着女子的卖淫和通奸。卖淫和通奸成为一夫一妻的补充。在社会中出现了两种经常性的、以前所不知道的特有的社会人物:妻子的经常性的情人和戴绿帽子的丈夫。这是当时不可避免的社会现象。在这种情况下子女是否确凿无疑地出生自一定的父亲,至多只能依据道德的信念。

现代社会的一夫一妻制也没有真正做到将性行为限制在家庭里、在夫妻之间。

(3) 父权制和夫权制

一夫一妻制家庭是对父权制和夫权制家庭(家长制)的继承和发展。《礼记·丧服四制》中有"天无二日,士无二王,国无二君,家无二尊"之说。家长可以支配家庭中的财权、人权和一切事务。在古罗马法中也有父权和夫权的规定。就父权来说,父亲有主持一家祭祀的权力和主持一家审判的权力;有出卖子女的权力;有支配全家财产的权力。就夫权来说,罗马法规定,妻子的人身权、财产权,均为丈夫支配。

到封建社会,父权制和夫权制变得更加系统、更加完善化。中国封建社会有"三纲五常"之说,这是父权制和夫权制的充分发展形式。父权制和夫权制集中表现了封建的家长制。在封建的家长制下,父子不平等,夫妻不平等,兄弟姐妹不平等……家庭成员不平等。

资产阶级主张家庭成员平等,反对封建家庭中父权制、夫权制和家长制,在家庭民主方面向前迈了一大步。

(4) 包办买卖婚姻,婚姻不自由

我国古代《诗·齐风》上说,"娶妻如之何?必告父母","娶妻如之何?匪媒不得"。儿女的婚姻是由父母包办的。在古罗马的婚姻家庭立法中也有订婚须出于父母,子女不得抗拒之说。那时,不仅结婚不自由,而且离婚也不自由,婚姻关系一经确立就不能由双方任意解除。即便有极少数离婚,也是丈夫休妻,而妻子不能休夫。这体现了夫妻不平等,男女不平等。

在资本主义社会早期,家庭中的父母对子女的婚姻仍有较大的决定权。到

18世纪,资产阶级开始主张婚姻自由,认为婚姻为当事者之间的契约,未经当事人的合意不得成立婚姻。同样他们也主张离婚自由。资产阶级对人类的婚姻自由做出了不可磨灭的贡献。

(5)家庭经济

一夫一妻制带来了典型的家庭经济。其主要特点是,以一家一户为单位占有生产资料,以一家一户为单位组织生产劳动,以一家一户为单位实行消费,是男耕女织式的封闭的自给自足的自然经济。直到资本主义社会,社会化大生产取代了小农经济,迫使自给自足的家庭经济解体。

二、当代社会大变动中的婚姻家庭

在人类社会漫长的历史上,家庭是个历史范畴,随着社会变迁,一直在不断改变自己的形态和内涵。当代社会正在经历巨大而快速的社会变迁,婚姻家庭也面临着前所未有的挑战和考验。

"连总统都没能解决好家庭问题",这是20世纪90年代世人对美国家庭的议论。美国总统克林顿连任两届总统,而且创造了在他就任期间美国社会近十年的经济增长和繁荣的奇迹,被誉为美国历史上颇有影响的年轻有为的总统。然而,他却一度面临窘境,原因就是家庭问题。克林顿的婚外恋和婚外性行为被披露,以及被查出做伪证、干扰司法等问题,使他被共和党议员穷追猛打,处于十分被动的地位,成为美国历史上少有的差点被弹劾掉的总统。人们从一个总统对妻子和家庭的不忠,想到了全美国家庭,乃至整个西方社会的面临"崩溃"的家庭。

在世界上,中国是在家庭上最具传统、人们也最重视家庭的国家之一。还在20世纪中期,当西方国家面临着以高离婚率为标志的普遍的家庭危机时,中国还保持着低离婚率和高稳定家庭。然而,20世纪90年代中期中国社会面对家庭的急剧变化,也开始修改旧《婚姻法》和制定新《婚姻法》,以适应20世纪末婚姻家庭的需要。为了使修改《婚姻法》顺利进行,以适应社会的变化,满足人们的愿望和需求,曾经组织了全民大讨论,以征求和听取人们对《婚姻法》的具体

第十二章 家庭的历史、现状和未来

修改意见和建议。在大讨论中,社会上日益增多的"第三者"现象引起了强烈的社会共鸣。一些人主张在新《婚姻法》中增加有关"夫妻忠诚"的条款,要求把"第三者"以破坏他人家庭罪加以惩治,而且要求严格离婚理由。另一些人则反对这种主张,认为如果这样做,则意味着社会和政府干预人们的私生活,是从1980年《婚姻法》,甚至是从1950年的《婚姻法》上的倒退。法律只能用来调整人们的行为,不能用来改变人们的思想。所谓"夫妻忠诚"的条款是不能写进法律,写进去也是无法操作的。我们不就上述争论做是非判断,而是首先肯定一个事实:中国的家庭也在遇到"麻烦",而且是不小的"麻烦",家庭冲突和矛盾增加,夫妻不和,"第三者"乘虚而入,离婚者大大增加。人们在想,中国的家庭也面临解体和崩溃的危险吗?这对于千百年主张"白头到老""从一而终"的中国人来说,是一个巨大挑战。其实,我们今天面临的婚姻家庭问题不只是离婚问题,还有其他许多问题,在我们较为系统阐述这些问题时,首先应从我们的时代和社会变迁引起的家庭变化谈起。

1. 20世纪——社会急剧变迁的时代

在人类社会历史上,20世纪将以多事和急剧变迁的特征而载入史册。200多年前爆发的那场资本主义的工业革命,摧毁了古老的农业社会,创造了新的文明和一个丰富多彩的世界。资本主义社会的发展道路并不平坦,它的繁荣和"危机"几乎是同时到来、交错出现的。特别是20世纪前期,它的总危机导致两次世界大战,使数千万人丧失生命,世界遭受巨大破坏。然而,这些并没有使世界崩溃走向灭亡,反而出现了20世纪后期的奇迹般的繁荣。有人说,当今社会是个旋流涌起、急剧变革的社会,也是一个充满希望的社会。美国未来学家阿尔温·托夫勒称当今世界正在迎接第三次浪潮。他认为第一次浪潮是所谓的农业革命,历时数千年;第二次浪潮是工业革命,历时不过几百年;第三次浪潮可能只要几十年。第二次浪潮,创建了第二次浪潮的文明,一个丰富多彩的社会制度,涉及人类生活的各个方面,并把一切事物集中组织起来,形成世界有史以来最有力量、最有向心力、最有扩张性的社会制度。而今天一个新的浪潮——第三次浪潮汹涌而来,如果我们细心谛听,我们就能听到,这个新的浪潮已经在海岸近处鼓起雷鸣般的涛声。① 这是令人振奋的,然而也是令人苦恼的。美国社会预测学家约翰·奈斯比特称这个时期是"两个时代交替时期",我们可以"感受到周围在动荡",然而"有时候令人感到痛苦、感到不稳定"。② 我们应当怎样称呼这个时期,是"后工业时期",还是"信息时代",或者是"第三次浪潮"?无论怎样称呼,一个明显的事实是:在这一时期社会正面临着全面的无情的改革,社会从工业社会向信息社会转变,从一国经济向世界经济转变,新的价值观念和价值判断出现了,新的社会思潮和潮流出现了,整个世界都在发生巨变,世界上的所有事物都在这场变动中经历变革与考验,适应新时代的潮流,改变自身,并做出自己的选择。20世纪后期以来,许多新观念和新事物的孕育、生存以及发展,其速率均是前所未有的。在过去的那些个世纪,一种观念、一种新事物的形成往往要以数十年计。而现在,一种观念、一种事物的出现,简直要以月、日来计算。当人们还在思考有关信息和后工业时代的含义时,知识经济时代的概念出现了。曾几何时,"知识经济"似乎还只是一个涉嫌生造又显生硬的词汇,而今,它却已成为稍领风气之先的人们津津乐道的话题,虽说其内涵与外延远未论定。早在几十年前,极富预见的未来学家就已经预见到,在传统经济模式之后,一种新的经济模式将在20世纪末和21世纪初出现。尽管这些学者们使用的概念不尽相同,但基本思路却大体一致,那就是在人类农业、工业两次革命之后,又一次新的经济革命已经到来,这次革命并不是在土地或工厂里实现的,而几乎是在大脑里实现的,其核心是知识。如果说农业革命是第一次革命,工业革命是第二次革命的话,这次革命可称为第三次革命。知识经济这第三次革命带给人类的影响将是全面和深远的。对于政府来说,如果不能及时制定出适应这次革命的政策,抢占科技革命和知识经济时代的制高点,它所治理的国家是否能在未来稳健地立于世界民族之林就成了问题;对于企业来说,如果不能调整、改造、拓展,以适应这次革命,它的命运就难以预测;对于个人来说,观念、能力等诸种素质如果不能适

---

① 阿尔温·托夫勒:《第三次浪潮》,朱志焱等译,生活·读书·新知三联书店1983年版,第3—5页。

② 约翰·奈斯比特:《大趋势:改变我们生活的十个新方向》,梅艳译,中国社会科学出版社1984年版,第1页。

第十二章 家庭的历史、现状和未来

应这次革命的要求,他也就有些前途未卜。总之,知识经济时代的到来能引起大到国家、政府,小到企业、个人的震动。换句话说,经济基础的变化能引起整个社会的变化。今天互联网技术的发展、普及和传播已经并正在继续改变着整个世界的经济、政治、文化、人们的交往方式、心理和生活方式。无论如何,人们正在把现实社会和虚拟社会紧密联系起来、融合起来。这在人类文明史上是空前的、前所未有的。

在巨大的社会变迁中,家庭作为社会的细胞,作为社会经济基础和上层建筑的综合表现,不能不因此而改变。我们面临的事实是当今全世界家庭正在发生多方面的天翻地覆的变化。

2. 世界性的"家庭大变动"

一些人断言,在当前的社会动荡和变革之中,人们正面临着一场世界性的"家庭危机"。他们用"家庭崩溃""离析""衰落""瓦解""消失""被困"或是"处在麻烦之中"之类的词汇来形容这一危机。甚至有人断言到下一个世纪,家庭将不复存在。一些人列举了"家庭危机"的具体表现是"离婚率大大提高了""家庭分解,日趋单一化,核心化""以妇女为户主的单亲家庭的大量增加""婚外情增多,未婚同居、未婚先孕者增加""非婚生婴儿增加""老人无人赡养、照顾""儿童无人关心、抚养""家庭主妇突然出走""夫妇间冲突加剧、家庭暴力增加""生育率持续降低""各种试婚短期同居现象出现""自杀现象增多"等。全球大多数国家似乎都笼罩着所谓"家庭危机"的阴云。我们可以把它们概括为以下十个方面:

(1)家庭小型化趋势。家庭小型化包括家庭规模小型化和模式小型化两个方面的含义。规模小型化是指家庭平均人口数量减少,发达国家家庭平均人口都已降到3口人以下。模式小型化是指世代同堂的传统大家庭已经越来越少,只有两代人,一对夫妻和他们未婚子女组成的标准的核心小家庭已经成为现代家庭的主体。20世纪90年代以来,在我国一种新的只有夫妻二人组成,不要子女的"丁克家庭"出现了,还有持"独身主义"不结婚的单身户,以及由于婚姻破裂产生的单亲家庭等,都加速了家庭小型化过程。

(2)家庭多样化趋势。所谓多样化趋势是指家庭正在向多种多样的模式发展。核心家庭尽管是当代占统治地位的家庭,但种种迹象表明,家庭正在核心家庭基础上继续变化,比如向"单身户""单亲制家庭"方向转化。许多以前没有过的"反常家庭"出现了,如"未婚同居""试婚""同性恋婚姻"等。据此有人断言,将长期没有一个单一形式的家庭,而是存在高度多样化的家庭模式。现代人将不再生活在统一的家庭形式中,而是依照个人的爱好,或者沿着"已经习惯了的轨道",在新模式下度过他们的一生。

(3)家庭不稳定,离婚率增高。传统家庭崇尚"白头到老""从一而终",把家庭稳定作为理想和追求。现代社会的发展,使这些原则受到挑战。今天,许多人已不再追求形式上的"稳定"和"从一而终",而是把对"家庭生活质量"的追求放在首位,为了追求"高质量"的家庭,不惜离婚、出走、未婚同居等,打破原有的家庭格局,重新组建新的家庭或所谓同居式"准家庭"(非法律意义上的家庭)。

(4)由"义务"型向"情感"型转变。传统家庭是重"义务"、轻"情感"的,结婚成家是为了过日子、生孩子,情感和爱情居于次要位置,为了"义务"可以把"情感"压到最低的程度,甚至不要情感,有"床上夫妻床下客"之说。现代家庭则重"情感"轻"义务",浪漫主义的爱情成为衡量婚姻家庭质量的首要标准,是婚姻和家庭的第一要素。一些人为了"感情"可以把"义务"压到最低的程度,有"合不来就散"之说,只为个人,无视婚姻家庭义务,从以家庭利益为重到以个人利益为重。

(5)由"亲子"型向"夫妻"型转变。在家庭中有两种最基本的家庭关系:夫妻关系和亲子关系。夫妻关系是姻亲,是横向关系。亲子关系是血亲,是纵向关系。在传统家庭关系中,亲子关系重于夫妻关系,血亲重于姻亲,家庭靠纵向支撑,而不是靠横向维持,为了亲子义务,可以牺牲夫妻感情。今天恰恰相反,在家庭中夫妻关系越来越重要,并超过了亲子关系,家庭靠横向维持,而不是靠纵向支撑,家庭关系的重点已由亲子转向夫妻关系,为了夫妻情感和浪漫的生活,可能牺牲亲子利益和关系。在一些西方国家,有人把家庭中的孩子称为家庭中的"第三者",就是生动的说明和写照。

(6)"婚姻""性行为""生育行为"三者分离。以往人们结婚,由婚姻关系取

第十二章 家庭的历史、现状和未来

得了合法的性权利和性关系,性关系围于家庭之中,夫妻之间的性生活更多是为生育目的,导致生育后果。今天性行为比较多地超越了婚姻范围,各种婚前性行为、婚外性行为越来越多,未婚同居行为增多,非婚生婴儿增多都是表现。在家庭中性生活和性行为也越来越脱离生育的目的,甚至完全与生育无关。性生活这种以往在家庭内外不能启齿、不能言表的东西,今天已经变为能公开谈论、公开追求的话题,成为家庭和夫妻生活质量的重要标准。在"婚姻""性行为"和"生育行为"关系的问题上能集中反映现代人的道德意识的变化,也反映出作为社会与家庭调节器的现代道德规范在今天具有多义性、非确定性和灵活性。传统规范对家庭和婚姻的约束力已大大减弱。

（7）由重生育到轻生育。传统家庭是重视生育的,以多子多福为价值观念,以传宗接代为本。现代家庭的价值观念由重视下一代转为重视自身,用"享乐主义"代替"多子多福"。在今天的家庭中,"多子"不仅失去了其传统的价值,而且会降低现有家庭的生活质量。因此不少人崇尚少生育,甚至主张不生育。

（8）由家庭关系的"不平等、不民主"型向"平等、民主"型转变。在传统的婚姻家庭关系中,人与人之间关系是不平等的。现代社会的发展,使家庭向着平等、民主的方向发展,具体表现为夫妻平等、亲子平等、家庭中一切成员平等。特别是夫妻之间,不仅在经济地位上日益平等,而且在家庭经济管理、家务劳动、子女教育、两性生活及家庭生活的一切方面都在逐步得到平等的发言权和支配权。今天女性也能像男性一样参与社会生活,接受教育和劳动就业,地位发生了很大变化。

（9）生活方式现代化趋势。所谓生活方式现代化,是指用现代化科学手段组织、决策、指导、协调、研究和实施家庭生活的一切方面。它包括科学地组织、安排和管理家庭经济、家务劳动、家庭饮食、家庭物质、家庭环境、家庭安全、家庭娱乐及家庭精神生活等项,是家庭管理思想、手段和工具的现代化。今天,随着家庭由温饱型向小康型过渡,家庭生活越来越现代化了。

（10）由"封闭型"变为"开放型",由"紧密型"变为"松散型"。传统家庭是封闭的,社会的主要功能都集中在家庭之中,家庭自给自足、关系密切,家庭成员之间相互依赖性强,很少对外交往,内向而血缘观念重,排外、排他性强。现代社会的发展使家庭由封闭型变为开放型,家庭中原有的部分功能转向社会,为社会所代替,家庭成员广泛走入社会,劳动就业、和社会其他成员交往。其结果是家庭和社会之间的交流频繁、关系密切,家庭关系松弛,婚姻血缘关系被发达的业缘关系所取代,血亲观念日益淡薄,家庭成员间的依赖性低,具有较大的相互独立性和个性,家庭组织也变得松散了。

以上,我们可以认为家庭的变化是巨大的,也是不以人的意志为转移的。我们可以把这些变化概括为现代"家庭危机"。中国作为世界大家庭的一员,有自己悠久的文明史和家庭传统,当它开始跨入实现现代化的伟大行列时,其经济基础和上层建筑都发生了很大的变化,也引起了婚姻家庭的震荡和改变。中国自实行改革开放的政策以来,与世界各国开展了广泛的交流与合作,不仅有经济方面的,也有文化和思想方面的。中国的家庭也受到世界家庭的影响和冲击,出现了一些和其他国家相同的情况,比如离婚率明显上升,家庭规模急剧缩小,婚前怀孕、未婚同居、未婚生育、婚外恋现象增加,传统的老年人赡养模式开始动摇,"第三者"插足他人家庭引起了婚姻纠纷案件等。然而,中国的文化传统根深蒂固,今天也不会瞬间改变和消失,它对中国社会还会有深入和长远的影响。这种影响既有正面的,也有负面的。从正面上说,它能够帮助中国家庭坚持自己家庭传统中的优良方面,抵制现代家庭变迁中的消极方面,比如坚持家庭赡养老人等。负面影响则是延缓中国家庭的现代化进程。比如根据近年来各方面的社会调查资料证实,我国部分农村地区迄今还存在包办、买卖婚姻现象,还没有实现婚姻的自由和自主;婚姻家庭的质量也不高,结婚就是生孩子、在一起过日子,这和受封建思想残余影响有关。总之,今天的中国经济和社会发展不平衡,家庭变化也呈现了较为复杂的情况。

三、人类社会家庭的未来

家庭是历史范畴,在社会的发展和变迁中不断改变着自身的形态。今天的家庭与历史上的家庭不同,未来的家庭也会有变化。

第十二章 家庭的历史、现状和未来

1. 从后现代家庭模式说起

多年前,阿根廷社会学家提出了"后现代家庭模式"的概念。他们认为,近年来随着社会结构的变化,传统家庭模式变得模糊起来。单亲家庭、再婚家庭、非婚同居家庭和试管婴儿长大成人后组成的家庭增多,从而产生出新的爱情与亲情文化,即后现代家庭模式。这种模式的特点是家庭成员的关系不稳定,每对夫妇生育的子女的数量下降,婚姻受到普遍反对,同父异母或者同母异父的子女以及再婚家庭中年龄差距很大的子女共同生活在一起。受这种新型模式影响最大的是青年。布宜诺斯艾利斯大学社会学系的文化与社会学教授和阿根廷家庭疗法协会的教授所起草的两份研究报告一致认为,在青年人身上正在开发和培养着有关爱情的新感觉。他们对爱情新文化(偶然形成的关系的文化)津津乐道。

阿根廷社会学家从文化准则、价值观、职业和想象力等方面把"爱情新文化"归纳如下:新的爱情文化就是偶然关系文化。"抱着严肃的态度、拥有唯一的未婚妻或未婚夫直至走进婚姻殿堂这种模式已不复存在";"低浓度爱情关系的婚姻或同居的现象增多。像'未婚夫''丈夫'和'家庭'一类的词失去分量,取而代之的是'情人''对方'和'好友'";"青少年的性行为更加自由";"家庭对孩子生活的影响越来越小。孩子越小,他的朋友的意见和观点对他的影响越大"。①

阿根廷社会学家提出的所谓"后现代家庭模式"是对未来家庭的设想,也是对现实家庭已经发生着的变化的一种描述,和此前我们阐述的当代社会处于变动中的婚姻家庭有很多相近或相似之处。今天婚姻家庭领域发生的各种变化都说明,未来的家庭会不同于今天的家庭,无论我们以怎样的名称称呼它。

2. 一夫一妻制家庭会永远存在下去吗?

恩格斯曾经引用了摩尔根的话:"如果承认家庭已经依次经过四种形式而

---

① 《阿根廷社会:传统家庭模式模糊 新的爱情观登场》,http://news.qq.com/a/20040203/000416.htm。

现在正处在第五种形式中这一事实,那就要产生一个问题:这一形式在将来会不会永久存在？可能的答案只有一个:它正如迄今的情形一样,一定要随着社会的发展而发展,随着社会的变化而变化。它是社会制度的产物,它将反映社会制度的发展状况。既然专偶制家庭从文明时代开始以来,已经改进了,而在现代特别显著,那么我们至少可以推测,它能够进一步完善,直至达到两性的平等为止。如果专偶制家庭在遥远的将来不能满足社会的需要,那也无法预言,它的后继者将具有什么性质了。"①

恩格斯也曾经有过以下预言:"既然专偶制是由于经济原因而产生的,那么当这种原因消失的时候,它是不是也要消失呢？可以不无理由地回答:它不仅不会消失,而且相反地,只有那时它才能完全地实现。因为随着生产资料转归社会所有,雇佣劳动、无产阶级、从而一定数量的——用统计方法可以计算出来的——妇女为金钱而献身的必要性,也要消失了。卖淫将要消失,而专偶制不仅不会灭亡,而且最后对于男子也将成为现实……随着生产资料转归公有,个体家庭就不再是社会的经济单位了。私人的家务变为社会的事业。孩子的抚养和教育成为公共的事情;社会同等地关怀一切儿童,无论是婚生的还是非婚生的。因此,对于'后果'的担心也就消除了,这种担心在今天成了妨碍少女毫无顾虑地委身于所爱的男子的最重要的社会因素——既是道德的也是经济的因素。那么,会不会由于这个原因,就足以逐渐产生更随便的性关系,从而也逐渐产生对处女的荣誉和女性的羞耻都更加马虎的社会舆论呢？最后,难道我们没有看见,在现代世界上专偶制和卖淫虽然是对立物,却是不可分离的对立物,是同一社会秩序的两极吗？能叫卖淫消失而不叫专偶制与它同归于尽吗？"②

从上述议论中我们知道摩尔根和恩格斯都很关心一夫一妻制中的两性平等。他们都认为在他们之后的社会发展中,一夫一妻制将充分发展,两性平等将完全实现。他们也共同认为当今的一夫一妻制将会被新的模式所取代,尽管今天还不能事先预言这种新的模式将具有什么性质。

---

① 《马克思恩格斯选集》第4卷,人民出版社1995年版,第82页。
② 同上书,第74页。

3. 思考家庭未来的"核心问题"

我们现在还不能准确地预测未来的家庭形式。今天的一夫一妻制家庭是人类文明社会对家庭模式的选择。实践证明，它有利于产生更聪明、更强健的人种，有利于对孩子的呵护、抚养、教育，有利于将生物性的婴儿培养成为社会性的人，换句话说它有利于人类自身的生产和再生产。这是人类家庭产生和存在的基本根据，讨论和预测家庭的未来也离不开这个根据。

思考家庭未来的"核心问题"是如何继续保证人类自身生产和再生产的有效性。人类在现有的婚姻家庭模式中，对现在的一夫一妻制提出疑问、思辨，是可以理解的。如何在保证人类自身生产和再生产的有效性的前提下思辨、选择、更新？宗旨还是维护人类社会有机体的健康、延续和传递。这里包含两个基本问题：一是怎样生产健康的后代；二是后代由谁来呵护、培养和教育，直至他们能够自立于社会。

一些人并不否认人自身的生产和再生产对未来社会的重要性和必要性，但是他们断言，一定会有"新的生育方式"代替现在通过婚姻家庭和男女交媾进行生育的办法。他们的主要依据是现代科学技术的新发展为解决这个问题所提供的前景。从人工蛋白质的合成和试管婴儿的诞生，人们就预想到生育在未来可能脱离母体，被其他方式所取代。在克隆羊多利出现以后，已经很少有人对克隆人表示怀疑，而克隆人类并不需要性器官，只用身上的某块切片就可以再造一个同样的生命。照此推理，人们完全可以按照自己的意愿造出人的自身，包括他的体格、相貌、心理、性别，这为人类自身的生产描绘了一幅十分"美好的愿景"。但如果我们用科学发展观去审视和思考这一"美好的愿景"，它并不诱人，而且值得怀疑和警惕。

首先，人在社会发展中不能不开始考虑人类自身生产的生态平衡问题。20世纪经济和社会发展给人最深刻的启示是，人类必须尊重自然和客观规律。人类如果一意孤行，完全按照自己的主观意愿行事，破坏大自然的生态平衡，必将受到大自然的惩罚。人不能违背自然规律，而要按照规律办事，保护环境，实现生态平衡。今天，这一观点应该被借鉴到人类自身的生产和再生产中来。天体造物,自然演化,有男有女,男女交媾,父精母血,孕育和产生新的生命,这是不可抗拒的客观规律。世上之人有高有矮、有胖有瘦,千差万别,构成了丰富多彩的大千世界,构成了人类自身的生态平衡,也是不可改变的。我们可以改造人的自身,使未来的人种更强健聪明,但绝不可能把未来的人都变成一个样。以前,当新闻媒体传出有人试图用科技手段检测和控制生育的性别时,社会上就有人忧虑,即如果每个人都按自己的意愿行事,选择男女(比如重男轻女,只要男孩,不要女孩),会造成男女性别比例失调的社会灾难。这样的担忧导致多数医院拒绝帮助孕妇在未生育前检测未出生婴儿的性别。如果人们想到用克隆技术和其他技术,用工厂生产物质产品的方法去生产人类自身,以致被生产出来的人没有差别,都是一个样,一样的高矮、一样的长相、一样的谈吐、一样的思维方式……那将要制造出一个怎样的种群社会？这种挑战人类自身生产的客观规律、破坏人类种群结构"生态平衡"的行为是十分可怕的。它会遭到客观规律的更加严厉的惩罚。在"这条路上"人们不能不望而却步,回到科学规律上来。

其次,人类自身生产和再生产的内涵也对"新的生育方式"提出了质疑。生育从概念上可以把生殖和抚育分得清楚,生殖是新生命的制造,抚育是生活的供养,但在事实上只有在用分裂法来生殖的单细胞生物中,这两件事的分界才可以划分得出来,在其他高等动物中,两性生殖细胞结合之后,新生命就已产生,但是胚胎要能长成一个个体还得靠外来的营养和保护,多多少少是要一段抚育的时间。还应当指出的是人与动物的抚育也不相同,在人的抚育中还包含教育,只有这样才能使生物之人转变为社会之人。可见人的生产和再生产即生育,是一个有深刻内涵的系统工程。它不仅包括"生",还包括"养",包括"教",这"教"是从胚胎就开始了的。所谓"新的生育方式"是不能建立起这个系统工程的。家庭作为人类社会基本的社会群体,具有亲密的面对面的互动与合作的特征,父母与子女之间的天然的血缘联系和共同的生活环境,使得家庭教育对于人的影响是终身的,不可用其他方式取代。社会学者常常说的话是:缺少家庭教育的人是人格不健全的人,是社会化不完全的人。男孩子不能在母亲那里得到全盘的生活教育,女孩子不能在父亲那里得到全盘的生活知识。孩子的全盘生活教育需要一个父亲,还需要一个母亲,即需要一男一女合作的团体——家庭。从这个意义上说,家庭的功能是不能被轻易取代的。

人类在漫长的社会发展中创造了家庭文明。人们把家庭中得到的欢乐说成是"天伦之乐"。"天伦"即天地伦理纲常,有如日月经天,不可改变。如果人一定要挑战和毁灭"天伦",最终要承担抗逆和违背自然规律的极其严重的后果。

主要参考文献

参考书目

樊爱国：《转型期的中国人的爱情与婚姻》，中国妇女出版社1998年版。

费孝通：《生育制度》，天津人民出版社1981年版。

费孝通：《乡土中国　生育制度》，北京大学出版社1998年版。

雷洁琼主编：《中国大百科全书》（社会学卷），中国大百科全书出版社1991年版。

李景汉：《北京郊区乡村家庭生活调查札记》，生活·读书·新知三联书店1981年版。

李克玉、张静：《婚姻家庭社会学》，新华出版社2010年版。

李宜琛编著：《婚姻法与婚姻问题》，正中书局1946年版。

李银河、郑宏霞：《一爷之孙——中国家庭关系个案研究》，内蒙古大学出版社2009年版。

刘达临：《中国婚姻家庭变迁》，中国社会出版社1998年版。

龙冠海：《社会学》，三民书局1991年版。

罗敦伟：《中国之婚姻问题》，大东书局1931年版。

马春华等：《转型期中国城市家庭变迁：基于五城市的调查》，社会科学文献出版社2013年版。

潘光旦：《中国之家庭问题》，上海商务印书馆1934年版。

潘允康：《家庭社会学》，中国审计出版社、中国社会出版社2002年版。

潘允康：《家庭社会学》，重庆出版社1986年版。

潘允康：《现代家庭生活方式》，天津人民出版社1989年版。

潘允康：《中国城市婚姻与家庭》，山东人民出版社1987年版。

潘允康、柳明主编：《当代中国家庭大变动》，广东人民出版社1994年版。

彭华民:《消费社会学》,南开大学出版社1996年版。

上海社会科学院家庭研究中心:《中国家庭研究》第五卷,上海社会科学院出版社2010年版。

沈崇麟、杨善华、李东山主编:《世纪之交的城乡家庭》,中国社会科学出版社1999年版。

孙本文:《社会学原理》,上海商务印书馆1935年版。

《孙本文文集》第一卷,社会科学文献出版社2012年版。

王辉、潘允康:《天津市千户城市居民户卷调查》,天津社会科学院出版社1995年版。

王云五:《云五社会科学大辞典》(社会学卷),台湾"商务印书馆"1971年版。

徐安琪、叶文振:《中国婚姻研究报告》,中国社会科学出版社2002年版。

杨善华:《家庭社会学》,高等教育出版社2006年版。

杨心恒主编:《社会学概论》,知识出版社1997年版。

中国婚姻家庭研究会、珍爱网:《中国幸福婚姻家庭调查报告——2015年十城市抽样调查》,中国妇女出版社2015年版。

《马克思恩格斯选集》第1—4卷,人民出版社1995年版。

阿尔弗雷·索维:《人口通论》上册,查瑞传等译,商务印书馆1983年版。

阿尔弗雷德·金西:《金西报告——人类男性性行为》,潘绥铭编译,光明日报出版社1989年版。

阿尔温·托夫勒:《第三次浪潮》,朱志焱等译,生活·读书·新知三联书店1983年版。

霭理士:《性心理学》,潘光旦译注,商务印书馆1997年版。

奥古斯特·倍倍尔:《妇女与社会主义》,葛斯、朱霞译,中央编译出版社1995年版。

古德:《家庭》,魏章玲译,社会科学文献出版社1986年版。

J. 罗斯·埃什尔曼:《家庭导论》,潘允康等译,中国社会科学出版社1991年版。

罗素:《性爱与婚姻》,文良文化译,中央编译出版社2005年版。

马克·赫特尔:《变动中的家庭——跨文化的透视》,宋践、李茹等译,浙江人民出版社1988年版。

马克思:《摩尔根〈古代社会〉一书摘要》,人民出版社1965年版。

马凌诺斯基:《文化论》,费孝通译,华夏出版社2002年版。

摩尔根:《古代社会》,杨东莼、马雍、马巨译,商务印书馆1977年版。

西格蒙德·弗洛伊德:《性爱与文明》,滕守尧译,安徽文艺出版社1987年版。

阎云翔:《私人生活的变革:一个中国村庄里的爱情、家庭与亲密关系(1949—1999)》,龚小夏译,上海人民出版社2017年版。

参考论文

潘允康:《对建设平等和谐家庭的理性思考》,《妇女研究论丛》2007年第2期。

潘允康:《婚姻质量的家庭结构观》,《理论与现代化》1997年第10期。

潘允康:《建设和谐家庭的社会标准》,《江苏社会科学》2010年第1期。

潘允康:《离婚现象的理性思考——辩证统一的社会观》,《杭州师范学院学报》2001年第5期。

潘允康:《论婚姻的社会性》,《社会学评论》2013年第2期。

潘允康:《试论费孝通的家庭社会学思想和理论——纪念费孝通先生诞辰100周年》,《天津社会科学》2010年第2期。

潘允康:《试论婚姻中的交换价值》,《社会科学战线》1985年第4期。

潘允康、潘乃谷:《试论我国城市的家庭和家庭结构》,《天津社会科学》1982年第3期。

潘允康、林南:《中国城市现代家庭模式》,《社会学研究》1987年第3期。

潘允康:《中国婚姻家庭的社会管理》,《南方论丛》2010年第1期。

潘允康:《中国家庭网的现状和未来》,《社会学研究》1990年第5期。

潘允康、林南:《中国的纵向家庭关系及对社会的影响》,《社会学研究》1992年第6期。

潘允康等:《住房与中国城市的家庭结构——区位学理论思考》,《社会学研究》1997年第6期。

刘阳阳:《中国城乡居民养老居住意愿的影响因素分析》,山西财经大学2017年硕士学位论文。

汪洁:《城市家庭问题社区干预的思考——天津市河北区家庭问题社区干预调查分析》,《社会科学研究》2003年第4期。

杨堃:《家族、婚姻发展史略说》,《北京师范大学学报》1982年第1期。

教师反馈及教辅申请表

北京大学出版社本着"教材优先、学术为本"的出版宗旨,竭诚为广大高等院校师生服务。为更有针对性地提供服务,请您认真填写完整以下表格后,拍照发到 ss@pup.pku.edu.cn,我们将免费为您提供相应的课件,以及在本书内容更新后及时与您联系邮寄样书等事宜。

书名		书号	978-7-301-	作者	
您的姓名				职称、职务	
校/院/系					
您所讲授的课程名称					
每学期学生人数	_____人	_____年级		学时	
您准备何时用此书授课					
您的联系地址					
联系电话(必填)			邮编		
E-mail(必填)			QQ		
您对本书的建议:					

我们的联系方式:

北京大学出版社社会科学编辑部

北京市海淀区成府路205号,100871

联系人:武 岳

电话:010-62753121 / 62765016

微信公众号:ss_book

新浪微博:@未名社科-北大图书

网址:http://www.pup.cn

更多资源请关注"北大博雅教研"